하나님의
시그니처

우리 인생의 가장 근원적인 질문 중 하나는 바로 '하나님은 계시는가?'일 것입니다. 이 질문의 답은 삶에 지대한 영향을 미칩니다. 우주의 근원, 생명의 의미, 고통의 존재 이유, 죽음 이후의 운명 등 인생의 궁극적 문제들이 하나님의 존재 여부에 달려 있기 때문입니다.

이 책은 바로 그 질문에 대한 답을 찾아 나서는 한 저널리스트의 지적 여정을 담고 있습니다. 《시카고 트리뷴》 기자였던 리 스트로벨은 하나님의 존재를 밝히기 위해 전국을 누비며 각 분야의 권위자들을 만나 심도 있는 인터뷰를 진행합니다. 그는 날카로운 질문으로 그들의 지성을 자극하고, 열린 귀로 그들의 통찰을 경청하며, 예리한 분석력으로 핵심 논점을 짚어냅니다. 그의 집요한 진실 추구는 독자들에게 깊은 감명을 줍니다.

저자는 지적 호기심을 충족시키는 데 그치지 않습니다. 이성의 기준으로 진리를 찾아가는 중에 뜨거운 영적 열정이 용솟음치고 있음을 보여줍니다. 그의 절실한 물음은 진리에 대한 갈증으로 읽는 이의 영혼을 적십니다. 그 진정성 앞에서는 하나님을 부정하던 무신론자의 마음조차도 녹아내릴 수밖에 없습니다. 이론이 아닌 실제 체험의 고백은 진리를 향해 방황하는 현대인들에게 깊은 울림을 전합니다.

오늘날 수많은 사람이 진리에 목말라 합니다. 믿음의 첫걸음을 떼려는 사람이든 아니면 깊은 방황에서 헤매는 사람이든, 이 책은 진리를 향한 우리 모두의 고민에 따뜻한 손을 내밀어줍니다. 현대인의 실존적 갈증을 해소해줄 훌륭한 길잡이가 되어 줄 것입니다.

오정현 사랑의교회 담임목사

리 스트로벨은 무신론자였지만, 예수 그리스도에 관한 성경적 주장을 조사하던 중 조사 결과를 받아들이고 그리스도인이 되었습니다. 이후 그는 현대 첨단 과학시대에 기독교 변증의 선두주자로 자리매김했습니다.

이 책에서 스트로벨은 "하나님은 존재하시는가?"라는 신앙의 근본적인 질문과 그에 따른 여러 질문들("우주 탄생에는 원인이 있는가?", "인간 생명의 기원은?", "부활 사건은 실제인가?", "인간 고통과 신의 침묵 문제는?" 등)에 대해 진지하고 흥미로운 탐구를 진행합니다. 이 시대 가장 탁월한 기독교 탐사 저널리스트답게 그는 성서학, 과학, 역사 등 다양한 분야의 전문가들과 인터뷰를 진행하며, 하나님을 믿어야 할 강력한 근거를 명쾌하고 설득력 있게 제시합니다.

치밀한 철학적 논리와 다양한 과학적 논증을 담고 있기에 독자의 입장에선 조금은 곤혹스럽고 따라가기가 그리 쉽지는 않겠지만, 인내심을 가지고 천천히 읽어나간다면 책을 다 읽었을 때 "하나님은 살아계시며, 우리에게는 영원한 소망이 있다!"라는 고백을 하게 될 것입니다.

젊은 세대를 지도하는 신학생, 전도사, 목회자들과 진지한 구도자들에게 추천하고 싶은 책입니다.

류호준 백석대학교 신학대학원 은퇴 교수

집단지성의 시대에도 권위 있는 인터뷰는 힘이 있다. 리 스트로벨은 신앙의 난제에 관한 한 누구에게 물어야 하고 누구를 신뢰해야 하는지를 누구보다 잘 안다. 지금까지 그가 대면한 증인들과 그가 수집한 증거들은 언제나 가슴을 뛰게 한다. 그는 치열한 전직 사건 기자의 근성으로 또다시 무신론자와 불가지론자들에게 부인할 수 없는 하나님의 서명을 들이댄다. 더구나 그의 논증은 자신이 만난 예수 그리스도의 긍휼과 사랑에 힘입어 한층 따뜻해졌다. 예수 전하기가 무척이나 어렵다고 맥이 풀린 분들과 예수 얘기만 하면 고개를 돌리는 분들에게 이 책이 꼭 전해지기를 바란다.

조정민 베이직교회 담임목사

리 스트로벨이 또 해냈다. 이 책은 인생의 중요한 질문에 대한 답을 찾는 구도자와, 신앙의 합리적 근거를 이해하고자 하는 신자 모두에게 완벽한 선택이다. 신앙의 여정 어디에 있든 이 책은 당신에게 통찰을 줄 것이다.

션 맥도웰 바이올라대학교 변증학 교수, 《예수를 위한 증거》 공저자

리 스트로벨이 쓴 책 중에서 단 한 권만 고르라면 이 책을 선택하겠다. 수상 경력에 빛나는 모든 책들의 장점을 취하고, 업데이트하고, 새로운 정보를 추가해 이 한 권의 책에 전부 담아냈다. 이와 같은 증거로 보건대, 하나님은 정말 존재하시고 우리에게는 분명 영원한 소망이 있다.

프랭크 튜렉 CrossExamined.org 대표, 《진리의 기독교》 공저자

첨단 과학기술이 진짜와 가짜에 대한 일반적인 혼란을 증가시키는 이 시대에, 리 스트로벨은 저널리즘 전문 지식을 바탕으로 인생에서 가장 중요한 여덟 가지 질문에 대한 인터뷰를 진행했다. 저명한 학자들과의 대화를 통해 하나님의 실재를 명확히 보여주는 사례를 제시하고, 제공된 증거에 담긴 효력을 놀라울 정도로 잘 드러낸다. 의심과 씨름하는 사람이나 의심에 사로잡힌 사람, 그리고 그들을 돕고자 하는 모든 이들에게 이 책을 강력히 추천한다.

휴 로스 천체물리학자

깊은 교훈과 용기를 주는 책이다! 리 스트로벨 특유의 저널리즘 스타일이 과학과 역사, 성서학에 이르기까지 다양한 분야의 전문가들과의 인터뷰에서 빛을 발한다. 그는 하나님의 존재와 기독교의 진실성에 대한 복잡한 질문들을 쉽게 이해할 수 있도록 풀어내며 탐구의 문턱을 낮춘다. 의심과 해체가 만연한 이 시대의 문화에 한줄기 신선한 바람을 불어넣는다.

알리사 칠더스 《또 다른 복음?》, 《너의 진리를 따라 살라와 그 외 거짓말들》 저자

살다 보면 도무지 이해할 수 없는 일들이 일어나 하나님이 정말 계신지 의심이 들 때가 있다. 나의 벗 스트로벨은 이런 문제를 포함해 다른 많은 질문을 이 책에서 다루고 있다. 난해한 질문에 대한 해답을 찾는 데 도움을 주는 그의 창의적이고 실용적인 접근법이 인상적이다. 한때 무신론자였던 그는 성경과 논리에 따른 논증을 통해 인생의 중대한 질문에 성실하게 답한다. 신자라면 이 책을 통해 자신의 의심을 이해하고 믿는 바를 더 견고하게 하는 데 도움을 받을 수 있다. 아직 신자가 아니라면 그토록 찾아 헤매던 답을 발견하게 될 것이다.

그렉 로리 하베스트 크리스천 펠로우십 목사

이 책은 리 스트로벨의 걸작이다. 그가 쓴 책들은 항상 명료하고 흥미진진하며 풍부한 아이디어로 가득하다. 사람들이 궁금해하는 난해한 질문을 피해 가지 않는다. 그리고 이 책은 그 정점에 있다. 인생의 가장 근본적인 질문, 즉 "하나님은 실재하며 우리 삶에는 목적이 있는가? 하나님은 어떤 존재인가? 이런 질문에 대한 우리의 답이 진실하고 합리적이라는 것을 어떻게 알 수 있는가?"에 초점을 맞춘다. 더욱이 스트로벨이 인터뷰 대상자로 선정한 이들을 보면, 이처럼 뛰어난 사람들을 어디서 또 만날 수 있을까 싶을 정도다. 무신론자, 그리스도인, 다른 종교인들에게 이 책을 간곡히 권한다. 지적 솔직함이 필요할 정도로 좋은 책이다.

J. P. 모어랜드 바이올라대학교 탈봇신학교 철학과 석좌교수, 《의식의 본질》 공저자

리 스트로벨은 수년 동안 흥미진진하고 통찰력 있는 책들을 저술하며 회의론자와 신자 모두를 격려하고 도전해왔다. 이 책에서 또다시 그 일을 해냈다. 신자들은 신앙의 확신을 얻고, 회의론자들은 신앙으로 초대받는다.

더윈 L. 그레이 변혁교회 공동 창립자, 담임목사, 《사랑으로 불을 밝히라》 저자

깊이와 접근성을 둘 다 갖추고 있다는 점에서 리 스트로벨의 책을 높이 평가한다. 이 책에서 그는 하나님의 존재를 믿어야 하는 가장 강력한 이유를 종합적으로 설명한다. 영적 여정 중에 있는 수많은 사람에게 답변뿐 아니라 소망을 선사하는 과학적, 철학적, 역사적, 실존적 논증에 대한 탐구를 시작하게 한다. 그는 강압적으로 하나님의 존재를 믿으라고 밀어붙이지 않는다. 단지 자신만의 은혜로운 방식으로 다가와 초대한다.

메리 조 샤프 휴스턴기독교대학교 변증학 조교수

리 스트로벨이 다시 한번 놀라운 성과를 이뤄냈다. 이번에는 저널리스트로서 탁월한 재능을 우리 시대의 가장 긴급한 질문에 답하는 데 쏟아부었다. 전문성, 인터뷰 기술, 사회적 위치 등에서 자격을 갖춘 몇 안 되는 전문가인 리 스트로벨은 하나님의 존재에 관해 답하기 매우 곤란한 질문을 던지고, 증거를 체계적으로 정리해 독자들이 최종 판단을 내리도록 이끈다. 이런 질문을 한 적이 있거나 그런 사람을 알고 있다면 이 책을 추천한다.

J. 워너 월리스 콜슨기독교세계관센터 선임연구원,

게이트웨이 신학교 변증학 겸임교수, 《베테랑 형사 복음서 난제를 수사하다》 저자

하나님의 존재, 기독교의 진리, 무너진 세상에서도 소망을 가질 만한 이유를 뒷받침하는 핵심 논증을 참신하게, 친근한 방식으로 다뤄야 한다는 필요성이 어느 때보다 절실하다. 리 스트로벨 특유의 재치와 통찰력 있는 인터뷰 기법은 기독교 신앙을 탐구하는 사람들과 신앙을 돈독히 하고 전도 방식을 보강하려는 신자들에게 탁월한 입문 자료다.

멜리사 케인 트래비스 《하나님의 생각, 과학, 창조주의 마음 생각하기》 저자

우리는 전지전능하거나 모든 것을 알 필요는 없다. 그러나 하나님의 존재에 대해 불확실한 채로 살 수는 없다. 만약 하나님이 실재하지 않는다면 아무것

도 의미가 없겠지만, 하나님이 실재한다면, 생각 하나, 단어 하나, 행동 하나 하나가 다 중요해진다. 리 스트로벨은 하나님의 실재성뿐만 아니라 그분과 친밀한 관계를 맺는 법에 대해서도 제시한다. 그는 하나님의 실재를 보여주는 명확하고 간결하며 강력한 증거를 보여주고 있다.

커크 캐머런

하나님을 발견하는 것은 인간에게 주어진 가장 위대한 모험이다! 리 스트로벨은 내로라하는 사상가들을 한자리에 모아 우리에게 가장 시급한 질문들을 조명한다. 접근 방식은 간단하다. 진리를 탐구하고 진리가 이끄는 대로 기꺼이 따르는 것이다. 하나님의 사랑을 더 잘 알아가는 데 확실한 도움이 된다!

팀 티보

신앙을 가진 사람이든, 회의론자든, 리 스트로벨과 함께 이 모험에 열린 마음으로 참여한다면 새로운 것을 배울 수 있다! 하나님의 존재에 대해 고민하고 있다면, 리 스트로벨의 탁월한 탐구 방법과 다양한 전문가들과의 심층 인터뷰를 통해 흥미롭고 유용한 통찰력을 얻는다.

섀넌 브림 〈폭스 뉴스 선데이〉 앵커

빅뱅, 미세조정자,
생명 설계
원리로 보는
하나님 존재의
증거들

하나님의
시그니처

리 스트로벨 ― 김애정 옮김

IS G✝D

Exploring the Ultimate Question of Life

REAL?

국제제자훈련원

서론

하나님의 존재를 찾아가는 길

믿음만으로 진실이 되지 않으며, 진실을 바라는 마음만으로는
그것이 실현되지 않는다.
하나님의 존재는 주관적인 문제가 아니라 객관적인 현실이다.
존재하든지 아니면 존재하지 않든지, 그것은 개인의 견해와 무관하다.
사람들은 자신의 견해를 가질 수 있지만,
자신만의 사실을 만들어낼 수는 없다.

리키 저베이스, "내가 무신론자인 이유", 《월스트리트저널》, 2010. 10. 9.

인터넷 검색 엔진은 매초마다 하나님의 존재에 대한 질문으로 넘쳐
난다. "하나님은 실제로 존재하는가?"와 같은 단순한 질문에 대해
구글은 0.67초 만에 37억 개의 검색 결과를 내놓는다. 이는 깨달음보
다는 혼란을 더하는 디지털 정보의 홍수와 같다.[1]

애플의 인공지능 개인비서인 시리Siri는 하나님의 존재에 대한 질
문에 "저는 도무지 알 수 없는 미스터리예요"라고 대답하며, 이 문
제에 대한 확실한 답을 제공하지 못한다. 챗GPT는 하나님의 존재에
대해 여러 관점을 제시한 후 자기는 개인적인 의견을 제시할 수 없다
고 슬쩍 발을 뺀다.

하나님의 존재 여부는 우리 인간에게 무엇보다 중요한 문제다. 여기에 너무나 많은 문제가 달려 있기 때문이다. 정확히 어떤 문제인가? 진화생물학자이자 무신론자인 윌리엄 프로빈William Provine이 말했듯, 창조주가 없다면 필연적으로 다음과 같은 사실들을 인정해야 할 수밖에 없다.

- 하나님에 대한 증거가 없다.
- 죽음 이후의 삶이 없다.
- 옳고 그름에 대한 절대적 근거가 없다.
- 인생에 절대적 의미가 없다.
- 인간에게는 자유의지가 없다.[2]

최근 몇 년 동안 하나님을 믿는 미국인의 비율이 감소하고 있다. 갤럽 조사에 따르면, 2017년에는 87%가 하나님을 믿는다고 응답했지만, 2022년에는 81%로 떨어졌으며, 이는 미국 역사상 가장 낮은 수치다. 1967년에는 98%였던 것과 대조적이다. 하나님의 존재를 확신하는 미국 성인은 이제 64%에 불과하다.[3]

그래도 몇 가지 긍정적인 징후가 있기는 하다. 2022년 말의 설문조사에 따르면, 미국 성인의 3분의 2가 영적으로 성장하고 싶어 하며, 거의 절반은 팬데믹 이전보다 하나님에게 더 마음을 열고 있다고 응답했다.[4] 밀레니얼 세대의 75%는 인생의 목적을 찾고 있다고 말한다.[5]

미국의 젊은이들, 특히 Z세대(1999~2015년 사이에 태어난 세대)로 알려진 이들은 종교에 대해 이전 세대와는 상당히 다른 인식을 보인다.

바나리서치에 따르면, 이들에게는 "무신론자"란 단어가 더 이상 금기어가 아니다. 실제로 Z세대 중 자신이 무신론자라고 밝히는 비율이 기성세대의 두 배에 이른다(13% 대 6%).[6]

그런가 하면 우울증과 불안 증상은 젊은 층 사이에서 급격히 증가하는 추세다. 미국질병통제센터CDC의 2023년 보고서에 따르면, "거의 60%의 여학생들이 지난 한 해 지속적인 슬픔이나 절망감을 경험했으며, 25%에 가까운 비율로 자살 계획을 세웠다."[7]

청소년 사역 전문가인 그렉 스티어는 "슬프지만 Z세대가 슬픔, 외로움, 불안감에 파묻혀 있다"라고 지적한다. 하지만 고무적인 점은, 이들이 경험하는 절망감이 영적 해답을 모색하는 데 마음을 열게 하는 기회가 되고 있다는 사실이다.[8]

전국을 돌며 청년들과 신앙에 관한 대화를 나누는 셰인 프루이트Shane Pruitt는 2023년, "개인적으로 지난 3년간 대학생과 십 대 청소년들이 예수님을 따르기 시작하는 모습을, 지난 18년 사역 기간을 통틀어 본 것보다 더 많이 목격했다"라고 전한다.[9]

여론조사 전문가 데이비드 키너맨은 "젊은이들 사이에서 기독교가 사라졌다는 주장은 심하게 과장된 이야기"[10]라고 말한다. 사실 미국에서는 200여 년 전부터 기독교의 쇠퇴를 예견해왔다. 1820년대에 토머스 제퍼슨은 기독교가 기적을 도외시하는 현대 신앙에 이제 곧 자리를 내주게 될 것이라고 주장했지만, 그러한 예상은 보기 좋게 빗나갔다.[11]

나는 여러 세대의 사람들과 깊은 대화를 나누어왔다. 이들 중 상당수는 신앙에 대한 탐구에 열정을 불태웠고, 그저 예수님에 대한 이해를 넘어, 그에게 매료되는 사람들도 적지 않았다. 일부 불안한 추세에도 불구하고, 영적인 낙관주의를 포기하는 게 오히려 어려운 일처럼 보였다.

"하나님은 정말 있는가?"라는 질문에 대해, 당신은 어떤 입장인가? 당신의 영적 나침반이 어느 방향을 향하고 있는가? 회의주의인가 아니면 믿음인가? 아니면 신앙에 대해 적대적이진 않지만, 증거가 제시되면 기꺼이 받아들이겠다는 중립적 자세인가?

하나님이 없다고 말하는 사람들

하나님이 없다고 확신하는 사람들 중에 영국의 코미디언이자 '안락의자' 철학자인 리키 저베이스Ricky Gervais가 있다. 그는 "내가 무신론자인 이유"라는 글에서, 여덟 살 때까지는 예수님이 자신의 영웅이었다고 고백했다. 어느 날 저베이스가 식탁에서 그리스도를 그리고 있을 때, 그의 형이 이렇게 물었다.

"너는 왜 신을 믿는 거냐?"

저베이스는 이렇게 회상했다. "그것은 단순한 질문이었다. 그러나 어머니는 크게 당황했다. 마치 '입 다물어'라는 듯이 '밥!'이라고 형의 이름을 불렀다. 형이 잘못된 질문을 한 것일까? 만약 하나님이 존재하고 나의 신앙이 확고하다면, 누가 무엇을 말하든 상관없지 않은가. 문제는 하나님이 존재하지 않는다는 것이다. 그 사실을 형도 알고, 어머니도 마음 깊숙이 알고 있었다. 그것은 단순한 질문이었지만, 나는 그 질문을 깊이 생각하면서 다양한 의문을 제기하기 시작했다. 그리하여 한 시간 만에 무신론자가 되었다."[12]

다른 사람들도 각기 다른 이유로 비슷한 결론을 내렸다. 《스켑틱 *Skeptic*》의 창립자이자 발행인 마이클 셔머Michael Shermer는 고등학교 때 친구 조지의 전도로 교회에 나갔다. 그의 동기는 조지의 여동생과 데이트할 가능성을 높이기 위한 것이라서 순수한 게 아니었다고 인정했다. 셔머는 대학 입학 전까지는 복음주의 그리스도인으로 생활했다. 그러나 대학에서 한 교수가 신앙에 대해 던진 몇 가지 난처한 신학적 질문에 만족스러운 답을 찾지 못하면서 차츰 신앙을 잃어갔다.

그러던 중 대학 시절 연인이 교통사고로 하반신이 마비되었다. 셔머는 그녀를 낫게 해달라고 기도했지만 아무런 차도가 없었다. 나는 셔머에게 그 경험이 신앙을 완전히 포기하게 된 계기였는지 물었다. 그는 대답했다. "거의 그랬지요. '아, 이제 그만하자'라고 생각했어요."[13]

당신도 공감이 되는 상황인가? 어려움에 직면해 기도했으나 공허함만 느껴졌던 경험이 있는가? 하나님의 존재감이 전혀 느껴지지 않아 부재하신 것 같았던 적이 있었는가?

찰스 템플턴은 한때 토론토의 급성장하는 교회의 목사였고, 유명한 복음 전도자 빌리 그레이엄의 강단 파트너였지만, 지금은 캐나다에서 가장 유명한 영적 회의론자로 변모했다. 그에게 하나님을 믿지 않게 된 특별한 계기가 있었는지 물었더니, 몇 년 전 《라이프》에 실린 한 장의 사진 때문이라고 답했다.

"북아프리카의 한 흑인 여성 사진이었어요. 극심한 가뭄을 겪고 있는 지역이었죠. 그 여성은 죽은 아기를 안고 비참한 표정으로 하늘을 올려다보고 있었어요. 나는 그 사진을 보며 생각했어요. '절실히 비가 필요한 그런 상황에서, 사랑과 돌봄의 창조주가 있다는 것을 과연 믿을 수 있을까?'"

그는 고개를 저었다. "사랑의 하나님이 존재한다면 이런 일은 절대 일어나지 않을 것을 나는 즉시 깨달았습니다. 있을 수 없는 일이에요."

템플턴은 예수님을 잃어버리고 말았다며 인터뷰 도중 눈물을 흘렸다. 몇 년 후 그가 세상을 떠날 때, 결국에는 신앙으로 돌아왔다고 믿을 만한 근거가 있다.[14]

성서학자 바트 어만은 신약성경 본문을 연구하는 과정에서 성경의 신뢰성에 의문을 제기하며 기독교에서 벗어나 불가지론자가 되었다. 그는 이 주제에 대한 책을 집필하고 스승인 브루스 메츠거Bruce Metzger에게 헌정했는데, 아이러니하게도 스승인 메츠거는 이 문제에 대한 연구가 자신의 신앙을 깊게 하는 데 도움이 되었다고 말했다.[15]

어만도 템플턴처럼 고통이 만연한 세상에서 사랑의 하나님을 발견하기 어렵다며 기독교를 떠났다. "이 지구에서 많은 이들의 삶은 불행과 고통의 연속이다"라고 썼다. "나는 그런 세상을 다스리는 선하고 친절한 통치자가 있다는 사실을 도저히 믿을 수 없었다."[16]

최근 복음주의 기독교인 사이에서 '해체'deconstruction라는 개념이 주목받고 있다. 믿음을 철저히 해부하고 재검토하여 결국 더 강하고 단단한 믿음을 갖게 되었다고 말하는 이들도 있지만,《또 다른 복음?》의 저자 알리사 칠더스Alisa Childers는 이런 과정이 일부를 무신론자로까지 이끌 수 있다고 경고한다.[17] 해체된 신앙은 대부분 "진정한 기독교의 본질"을 간직하지 못한다고도 지적했다.[18]

이러한 추세의 규모는 불확실하지만, 2023년까지 인스타그램에는 이미 #해체라는 해시태그를 사용한 게시물이 35만 건에 육박했다.[19]

션 맥도웰과 존 매리어트는 공저 《표류: 신앙의 침몰 없이 믿음 해체하기 *Set Adrift: Deconstructing What You Believe without Sinking Your Faith*》에서 다음과 같이 말했다. "청년들이 신앙을 진실로 유지하기 어렵게 되고, 결국 떠나는 경우가 많다."[20]

그러나 나는 전혀 다른 방향으로 나아갔다. 나는 나의 무신론을 해체했다.[21]

회의주의에서 믿음으로 돌아온 사람들

저널리즘과 법학 학위를 받고 《시카고 트리뷴》의 법률 편집자로 오랫동안 근무하면서 나는 회의주의자로 만족스럽게 살고 있었다.[22] 그러다가 불가지론자였던 아내가 기독교로 회심하면서 나는 거의 2년간 '예수의 부활'에 초점을 맞추어 하나님이 정말 계신지 조사하게 되었다. 탐구 끝에 예수가 자신이 하나님의 아들임을 주장했을 뿐만 아니라, 죽음에서 부활함으로써 그 점을 증명하셨다는 사실을 '어쩔 수 없이' 인정하게 되었다. 1981년에 그리스도를 믿게 되었고, 그때부터 내 삶은 완전히 바뀌었다.

실제로, 최근 몇 년간 예수님을 알게 된 후 삶의 궤도가 바뀐 이들의 이야기를 자주 들었다. 내가 알고 지내는 사람들만 보아도 이런 이야기는 수두룩하다.

• 미제사건 담당 강력계 형사 J. 워너 월리스는 숙련된 수사 기법을 활용해 복음서의 역사적 신뢰성을 철저히 분석했다. 그의 분석 결과, 이

기록물은 "불순한 동기 없이 예수님의 부활을 신뢰할 수 있도록 정확하게 묘사했다"라는 결론을 내렸다. 그는 이 사실을 깨닫고 나서 "모든 것이 바뀌었다."[23] 그는 무신론을 버리고 베스트셀러 《베테랑 형사 복음서 난제를 수사하다》를 저술했다.[24]

- 무신론자 가정에서 자란 천체물리학자 사라 살비안데르Sarah Salviander는 기독교를 "철학적으로 하찮은 것"이라고 여겼다. 그러나 빅뱅과 관련된 중수소의 존재 비율을 연구하면서 "우주의 근본 질서와 이를 과학적으로 탐구할 수 있다는 사실에 '완전히, 전적으로' 경외감을 느꼈고" 그렇게 그리스도인이 되었다.[25] 그녀는 "'하늘이 하나님의 영광을 선포하고 궁창이 그의 손으로 하신 일을 나타내는도다'라는 시편 19편 말씀으로 눈을 떴다"라고 말했다.

- 음악가 스티븐 맥위터Stephen McWhirter는 필로폰 중독자였다. 그는 목회자의 아들로 태어났지만 기독교를 싫어했다. 하루는 친구에게 예수님에 관한 책을 선물로 받았고, 그 책에서 예수님을 만났다. 새벽 3시에 널브러진 마약 기구 사이에서 책을 읽던 그는 살아 계신 하나님의 임재를 경험했다. 그는 말했다. "중독에서 벗어나 구원으로 나아갔어요. 진실로, 하나님이 계시니까요." 이제 그는 신앙을 담은 찬양곡을 작곡한다.[26]

- 소프트웨어 엔지니어 기욤 비뇽Guillaume Bignon은 한때 다양한 주제를 탐구하던 중 도덕의 근본에 대해 고민하다 기독교 신앙을 만났다. 그는 자신의 여정을 돌아보며 고백한다. "열린 마음을 갖지 않을 수 없었습니다. 모든 게 거짓이길 바랐기 때문이죠." 그러나 증거를 파고들수록 회의적인 생각은 시들해졌다. 그는 그리스도인이 되었을 뿐 아니라 철학 신학 박사학위를 받았으며, 회고록 《어느 프랑스 무신론

자의 고백》을 썼다.[27]

- 영적으로 회의적이었던 베트남 전쟁 참전 용사, 루이스 라피데스는 고대 메시아 예언을 접한 후, 예수님만이 이스라엘과 세상을 구원하기 위해 보냄받은 신성한 메시아라는 결론을 내렸다. 유대인으로 자란 그는 그리스도인이 되었으며, 훗날 목사가 되었다. "친구들은 제 인생이 바뀐 것은 알았지만 그 이유를 이해하지는 못했죠. 사실, 정확히 어떤 일이 벌어졌는지 설명하기란 쉽지 않아요. 그저 제 삶에 거룩하고 긍정적인 변화를 가져다주신 존재를 느낀다는 것만큼은 확실해요."[28]

- 무신론자였던 영문학 교수 홀리 오드웨이는 "만약 하나님이 실제로 존재한다면 어떤 의미일까?"라는 물음을 던지기 시작했다. 기독교 소설을 읽으면서 상상의 세계로 들어섰고, 기독교 철학자들의 저작을 통해 자연주의적 세계관과는 다른 관점을 접하게 되었다. 알고 보니 그녀의 펜싱 코치도 그리스도인이었다. "코치와 이런 문제에 대해 대화하면서 안전감과 존중감을 느꼈어요." 그녀는 자신의 복잡한 신앙 여정을 풀어내며 말했다. "부활이 실제로 일어난 사건으로서 역사적 진실을 가장 잘 담고 있다고 결론 내렸죠." 그녀는 그리스도인이자 변증학 교수가 되었다.[29]

- 마약 중독과 절도 전과가 있는 코디 허프Cody Huff는 라스베이거스 거리에서 생활하던 중 한 교회를 찾아가 무료 샤워 서비스를 이용했다. 어느 자원봉사자가 "예수님은 당신을 사랑하세요"라는 말과 함께 그를 포옹했는데, 이 순간이 그의 인생을 바꾸는 전환점이 되었다. "그 즉시 무언가가 달라졌어요"라고 그는 말했다. "예수님에 대해 들을수록 더 많이 듣고 싶었습니다. 성경을 아무리 읽어도 싫증 나지 않

았어요." 그는 신앙을 갖게 되었고, 침례교 목사 안수를 받았으며, 남은 생애를 노숙자를 돕는 데 바치기로 했다.[30]

• 불법 약물에 중독되어 있던 유대인 히피 마이클 브라운은 여자친구를 사귀려고 교회에 다니는 두 친구를 '구제하기 위해' 찾아갔다가, 그리스도인들과 하나님의 존재를 믿는 이유에 대해 토론을 벌이게 되었다. 결국 그는 그리스도를 따르게 되었고, 근동 언어학 박사학위를 취득한 지금은 예수님이 메시아라는 사실을 가장 앞장서서 옹호하게 되었다.[31]

• KKK단 테러리스트였던 토마스 타란츠는 미시시피에 사는 한 시민권 운동가의 자택에 총질을 하려다가 FBI와 총격전을 벌이며 부상을 입었다. 그는 징역형을 선고받았지만 탈옥해 또 다른 총격전에서도 살아남았다. 공범은 그 자리에서 사망했다. 그런 후 그는 1.8×2.7미터 크기의 독방에서 성경과 함께 3년을 보냈다. 그는 성경을 깊이 파고들면서 그리스도에 대한 믿음을 갖게 되었고, 인종 증오에서 벗어났다. 마침내 석방된 그는 박사학위를 얻고 C. S. 루이스 연구소의 총장이 되어 인종 화해의 옹호자가 되었다.[32]

다시 한번 강조하지만, 이 사람들은 내가 개인적으로 아는 사람들 중 일부에 불과하며, 이런 사례는 더욱 많다. 이들 모두에게는 몇 가지 공통점이 있다. 처음에는 하나님을 의심하면서도 마음을 열고 어디에서든 증거와 논증을 추구했다. 결국 충분한 정보와 논증을 바탕으로 하나님에 대한 결론에 도달했다.

초월자에 대한 갈망: 탐구를 시작하다

하나님이 실재하는가에 대한 질문은 모든 인간의 내면 깊숙한 곳에서 울려 퍼진다. 우리가 어디서 왔고, 죽어서 어디로 가는지 알고 싶지 않은 사람이 있을까? 우리는 한밤중에 어둠을 응시하면서도 인생의 목적이 과연 무엇인지 알고 싶어 한다.

우리 인간은 잠시 번성했다가 시들고 썩어 영원히 없어질 운명을 타고난 자연의 산물인가? 아니면 우리를 사랑하고 우리 존재에 의미를 불어넣어 주는 자비로운 창조주의 작품인가? 무덤 너머에도 정말 소망이 있을까? 아니면 그것은 죽음에 대한 두려움을 자각할 수 있는 존재들만이 가질 수 있는, 위안을 얻기 위한 단순한 착각인가?

때때로 우리는 하나님에 대한 갈망을 느낀다. 우리가 그런 갈망을 지니고 태어났다는 사실 자체가 하나님의 실존을 뒷받침하는 증거일 수 있다. 철학자 더글러스 그로타이스는 "인간은 신의 부재를 아픔으로 느낀다"라고 말했다. "한편으로는 초월적인 것에 대한 갈망이 있고, 다른 한편으로는 그런 갈망을 충족시키기엔 세상의 모든 것이 부족하다는 인식이 있다. … 우리는 모두 현실의 제약을 초월하는, 다시 말해 초월적인 영광을 간절히 열망하고 동경한다."[33]

그로타이스는 C. S. 루이스가 몇몇 놀라운 사례에서 느꼈던 이해하기 어려운 감동에 대해 언급했다고 설명한다. "루이스는 그 빛나면서도 잠깐의 귀중한 순간을 '기쁨'의 경험이라고 불렀습니다. 그는 일상의 세계가 폐쇄적인 시스템이 아니며, '섀도우랜드'shadow land를 통해 가끔은 저 너머의 빛을 엿볼 수 있다는 것을 알게 되었죠. 초월을 조금이라도 경험하게 되면, 오히려 더 커지는 이 갈증이 결국은 해소될 수 있음을 시사합니다."[34]

루이스는 《순전한 기독교》에서 이렇게 말했다. "피조물이 태어날 때부터 욕구가 있다면, 그 욕구를 채워 줄 것 또한 있는 게 당연합니다. 아이는 배고픔을 느끼니 음식이 존재합니다. 새끼 오리는 헤엄치고 싶어 하므로 물이 있습니다. 사람이 성욕을 느끼니 섹스가 있습니다. 그런데 만일 이 세상의 경험으로는 채울 수 없는 욕구가 내 안에 있다면, 그건 내가 이 세상이 아니라 다른 세상에 맞게 만들어졌기 때문이라는 게 가장 그럴듯한 설명일 것입니다. 지상의 쾌락으로 그 욕구를 채울 수 없다고 해서 우주 전체를 가짜로 볼 수는 없습니다. 지상의 즐거움은 애당초 이러한 갈망을 충족시키기 위해 존재하는 것이 아니라, 그저 이 갈망을 자극하고 참된 기쁨이 무엇인지를 암시하기 위해 주어진 것일 수 있습니다."[35] 초월자에 대한 갈망은 어쩌면 초월자가 실제로 존재한다는 단서일 수 있다.

하지만 다른 설명도 가능하다. 어떻게든 죽음에 대한 두려움에서 벗어나기 위해 우리의 상상력이 신이라는 존재를 떠올렸는지도 모른다. 죽음에 대한 불안을 해소하기 위해 사랑의 하나님과 영원한 천국에 대한 잘못된 생각을 무의식적으로 만들어낸 것은 아닐까?

우리의 신념은 어떻게든 현실에서 의미 있는 결과를 낳는다. 우리가 인생을 어떻게 살아가며, 삶에서 무엇을 가치 있게 여기는지는 우리의 믿음에서 비롯된다. 가장 중요한 것은 그 신념이 사실에 기반을 두고 있는지, 혹은 단지 환상에 불과한지를 판단하는 일이다.

나의 동기는 결과가 어떠하든 진실을 발견하는 데 있었다. 《시카고 트리뷴》에서 탐사보도를 할 때, 뉴스를 최대한 정확히 전달하기 위해 사실을 끝까지 추적해본 경험이 이런 동기를 불러일으킨 듯하다. 법률을 공부하며 진실을 드러내기 위해 설계된 법체계에 대한 감탄이 그 근간이 되었는지도 모른다. 어쨌든 나는 하나님의 실존 여부에 관한 진실을 파헤치고, 어떤 결과가 나오든 받아들이겠다고 결심하기에 이르렀다.

진짜 신이 존재한다면 나는 개인적으로 그분을 알고 싶었다. 만약 진짜가 아니라면, 그 어떤 종교적인 일에도 관심을 두지 않을 생각이었다. 결국 중요한 것은 진실이기 때문이다.

"이러다가 진리를 발견하면 어쩌지?"

"북미 대중문화에서 가장 현명한 해설가"[36]로 평가받는 캐나다 작가 더글라스 커플랜드는 거의 30년 전에 《신을 찾아가는 아이들 *Life after God*》이라는 책을 출간했다. 그의 작품은 시대를 초월해 오늘날에도 여전히 큰 울림을 전한다.

그 책에는 혼란의 시대를 헤쳐 나가는 한 청년이 나온다. 그는 자신의 잘못을 후회하고 있다. 정체된 결혼 생활, 의미를 찾지 못하고 권태로운 일상, 진정한 우정 대신 유지되는 피상적 인간관계가 그를 괴롭힌다. 예전과 느꼈던 감정이 사라져버려 걱정이다. 그러나 그는 목적 없는 삶과 좌절감을 겪은 후 이렇게 결론을 내린다.

"저, 이건 비밀입니다만, 이렇게 마음을 열어 털어놓는 일은 아마도 다시는 없을 것 같아서, 이 글을 읽으실 때는 조용한 공간에 계시기를 권해드립니다. 그 비밀은 내게 하나님이 필요하다는 것입니다. 나는 아프고 더 이상 홀로 버틸 수 없거든요. 나는 더 이상 베풀 수 없으니 베풀 수 있도록 도우시고, 더 이상 친절할 수 없으니 친절할 수 있도록 도우시고, 더 이상 사랑할 수 없는 듯하니 내게 사랑을 가져다주실 하나님이 필요합니다."[37]

어쩌면 당신도 커플랜드와 비슷한 감정을 겪고 있을지 모르겠다. 어쩌면 당신도 비밀이 있고, 지금 처한 상황 때문에 당신의 세상에 새 희망과 생명을 불어넣어 줄 하나님이 필요하다고 결론 내렸을지도 모른다. 아니면 이기심과 냉소주의에 부식된 마음의 껍질을 벗겨내기 위해 하나님이 필요할 수 있다. 그도 아니라면 솔직히 이유가 뭔지 몰라도 하나님이 필요할 수 있다. 직장, 하루 세 끼 식사, 무언가 잃어버린 것 같은 찜찜한 느낌보다 훨씬 더 근원적인 것이기 때문이다.

그래서 하나님의 존재를 믿는 게 과연 타당한 일인지 진지하게 탐구하고자 당신도 이 책을 펴들지 않았는가? 여러 질문이 마음속에서 소용돌이치고 있지 않은가? 이러다가 진리를 발견하게 될까봐 두려운 마음이 조금씩 우리를 엄습하기도 한다.

하나님에 대한 지식은 충분히 가지고 있지만, 실제로 하나님을 개인적으로 아는 사람은 의외로 많지 않다. 어릴 적 교회를 다녔던 경험이나 종교 교육을 받았던 것이 오히려 마음을 더 굳게 닫게 만들었을 가능성도 있다. 많은 이들이 영적인 삶에 대한 깊은 동경을 가지고 있음에도, 실제로는 자신의 영혼을 진정으로 만족시킬 수 있는 믿음으로부터 멀어져 가는 상황에 있을지도 모른다.

한 가지 제안을 하겠다. 이 책의 첫 장을 읽기 전, 당신의 영혼에 큰 변화를 일으킬 수 있는 기도를 하기 바란다. 길지 않다. 누가 듣거나 말거나 이렇게 기도해보라. "하나님, 만일 당신이 계시다면, 저에게 당신이 누구신지 볼 수 있는 눈을 열어주십시오. 그렇다면 저는 제 삶을 온전히 드리겠습니다."

이 기도는 위험할 수 있다. 진심으로 기도한다면, 단순히 관찰자의 위치에서 벗어나 하나님의 진리를 향해 나아가는 주인공으로 거듭날 수 있는 기회가 주어지기 때문이다. 이는 미지의 여정을 시작하는 것과 같다. "당신이 무엇을 구할지를 조심스럽게 선택하라. 진심으로 원하는 것이라면 정말로 얻게 될 테니까"라는 옛 속담이 떠오른다.

예수님을 따르면 도덕이라는 굴레에 갇혀 숨 막힐까 봐 두려운 마음이 들 수 있다. 지금까지 자유롭게 잘 살아왔는데, 이제 와서 규율에 묶여 자유를 상실하게 될까 봐 두려울 수도 있다.

내가 결코 되고 싶지 않았던 그런 사람으로 변한다면? 말끝마다 "아멘!"을 붙이는 광신도가 되거나 신앙을 이유로 즐거움과 재미를 모두 포기해야 하는 거라면?

그리고 차마 인정하고 싶지 않았던 나의 모습을 억지로 받아들이다가 자존감이 떨어지는 것도 원하지 않는다. 실수를 들춰내기보다 내가 하는 긍정적인 일에 집중하는 편이 더 낫지 않을까?

1980년 1월 20일, 나는 기도했다. 당시에도 걱정이 꼬리에 꼬리를 물었지만 말이다. 나는 하나님을 탐구했고, 만났으며, 헌신과 믿음으로 응답했다. 이제 나는 내 인생에 일어난 엄청난 변화를 뒤돌아보며 초창기에 내가 그런 위험들을 잔뜩 부풀려 상상했다는 것을 솔직히 말할 수 있다. 개인적으로는 하나님이 "자기를 찾는 자들에게 상 주시는 이"라는 성경의 약속이 참되다는 사실을 깨달았다.[38]

북미 대륙을 가로지르며 만난 학자들

당신은 어떤가? 증거를 냉정하게 평가하며, 하나님의 존재에 대해 정보에 기반한 결론을 내릴 의향이 있는가? 야구 경기장 홈플레이트 뒤에서 사심 없이 공평하게, 눈에 보이는 대로 스트라이크와 볼을 외치는 심판이 되었다고 상상해보라. 선입관과 편견을 최대한 배제하면 된다.

물론, 우리가 삶에서 만나는 많은 현상은 "2+2=4"와 같은 명쾌한 일들은 아니다. 따라서 우리는 주로 우세한 증거의 무게에 따라 결정을 내린다. 어떤 증거가 가장 설득력이 있는지, 어떤 가설이 증거와 잘 들어맞는지, 사실이 아닐 가능성이 어느 정도인지, 이 사건은 말이 되는지를 평가해야 한다.

이렇게 생각해보라. 지금 나는 텍사스 휴스턴 외곽에 있는 홈오피스에서 타이핑을 하고 있다. 가끔은 잠시 쉬면서 물을 마시기도 한다. 그런데 그 물이 안전한지 어떻게 확신할 수 있을까?

음 일단, 그 물은 평판이 좋은 업체에서 판매하는 상품이다. 마시기 전에 물병은 밀봉되어 있었다. 물은 맑아 보인다. 이상한 냄새도 나지 않는다. 최근에 이 물을 마시고 병에 걸린 사람이 있다는 얘기를 들어본 적이 없다. 아내에게 이 물병을 받았는데, 아내는 나를 해칠 이유가 없다.

비록 완벽한 안전성을 입증할 증거는 없을지라도, 이런 다양한 정황을 바탕으로 물이 깨끗하다는 합리적인 확신을 갖게 되는 것이다. 하나님을 믿는 과정도 이와 유사하다. 우리는 증거를 평가하고, 주장을 반박하며, 명확함을 추구하고, 더 깊은 답을 찾는다. 그리고 결국 충분한 확신이 서면, 시편 34편 9절의 조언을 받아들인다. "너희는 여호와의 선하심을 맛보아 알지어다. 그에게 피하는 자는 복이 있도다."

실제로 예수님은 '생수'를 주겠다고 선언하셨다.[39] "내가 주는 물을 마시는 자는 영원히 목마르지 아니하리니 내가 주는 물은 그 속에서 영생하도록 솟아나는 샘물이 되리라."

이제 당신을 짜릿한 발견의 여정으로 안내하겠다. 나는 보스턴부터 시애틀, 덴버에서 로스앤젤레스, 텍사스에서 인디애나에 이르기까지 미국 곳곳을 여행하며 수많은 학자와 인터뷰를 거쳐, 하나님이 실재하는지에 대한 근본적인 질문을 던져보았다. 이 과정에서 신의 존재, 과학, 철학, 역사, 도덕 그리고 인간 본성에 관한 문제를 함께 탐구해보자.

최근 조사에 따르면 미국인의 52%가 지난 몇 년간 종교적 의심을 경험했다고 답했다.[40] 따라서 신앙에 선행하는 두 개의 중대한 질문, 즉 만일 하나님이 존재하신다면 왜 세상에는 고통이 있는 것인지, 그리고 만일 하나님이 계신다면 왜 우리에게 그렇게 감추어진 것처럼 보이는지를 탐구해보겠다.

추론과 믿음은 현실 세계에 실제로 영향을 끼친다. 전문가들의 가장 탄탄한 주장들을 듣고, 그 통찰을 심사숙고해보라. 예수님께서 약속하신 '생수'를 마실 만한 증거는 충분한지 고민해보라.

그런 다음 결정하라. 하나님은 정말 있는가?

1장

우주에는 창조주가 필요하다

빅뱅 이론이 유신론에 힘을 실어주는 것처럼 보인다는 사실이
일부 무신론적 물리학자들을 당혹스럽게 한다.

C. J. 아이샴(천체물리학자),
《양자 프로세스로 본 우주 창조 *Creation of the Universe as a Quantum Process*》

집 근처 가판대에서 잡지를 훑어보았다. 한 여성이 패션지《글래머》
를 장식하고 있었다.《모터 트렌드》에는 미끈한 자동차들이 줄지어
등장했다. 그리고《디스커버》표지에는 새하얀 배경에 아무런 장식
없이 단순한 붉은 구체가 떠 있었다. 지름이 2센티미터에 불과했고,
구슬만 한 크기였다.

놀랍게도 그 구체의 크기는 우주가 탄생한 지 무한히 짧은 시간
이 지난 후 극히 미세한 파편이었을 때, 우주 전체의 실제 크기를 나
타낸 것이었다. 헤드라인은 "모든 것은 어디서 왔는가?"라고 외치고
있었다.[1]

수천 년 전 히브리인들은 이에 대한 해답을 성경 첫 구절, "태초에

하나님이 천지를 창조하시니라"에서 발견했다고 믿었다.[2] 모든 것이 최초의 '피아트 럭스'(fiat lux, 라틴어 역본인 불가타에 나오는 구절—편집자), 즉 "빛이 있으라"는 하나님의 말씀에서 시작되었다는 주장이다.[3]

이 주장을 어떻게 생각하는가? 단순한 미신 같은가? 근거 없는 이론 같은가? 아니면 신의 영감을 받은 통찰로 보이는가? 우주의 시작이 신성한 창조주의 존재를 나타내고 있다고 믿는가?

어떤 이들은 우주는 우주의 존재 자체만으로도 충분히 설명된다고 본다. 빌 브라이슨은 그의 책 《거의 모든 것의 역사》에서 이렇게 말했다. "무에서 유를 창조한다는 것은 불가능해 보인다. 하지만 한때 아무것도 없었으나 지금은 드넓은 우주가 펼쳐져 있다는 사실은 그런 일이 가능하다는 분명한 증거가 된다."[4]

하지만 이것이 과연 타당한가? 영국의 천체물리학자 에드워드 밀른Edward Milne이 수학 논문을 마무리하면서 했던 말이 옳을지도 모른다. "우주의 최초 원인에 대해서는 독자에게 맡기겠다. 그러나 우리의 이해는 그분 없이는 결코 완전할 수 없다."[5]

나는 근거 없는 추측이나 안락의자에 앉아 사변적으로 생각하는 데는 관심이 없었다. 오직 진실을 밝히는 데 매진했다. 수학의 확실성, 우주론의 신뢰할 수 있는 데이터와 객관적 사실에 기반한 합리적 추론을 추구했다. 그래서 수십 년간 이 문제를 연구하고 토론해온 저명한 학자를 만나기 위해 조지아주 애틀랜타 교외로 향했다.[6]

빅뱅 너머의 진실: 우주 기원의 논리

윌리엄 레인 크레이그

신학박사, 철학자,
가장 영향력 있는 현존 철학자 50인에 선정

1971년에 대학을 졸업한 윌리엄 레인 크레이그William Lane Craig는 하나님의 존재에 대한 다양한 주장들이 근거가 허약하고 시대에 뒤떨어지며 결국에는 아무 쓸모 없다고 배웠다. 하지만 철학자 스튜어트 C. 해켓Hackett이 1957년에 집필한 《유신론의 부활》이라는 책을 우연히 접하면서 그의 견해는 바뀌기 시작했다.[1]

해켓은 이러한 신학적 논증들을 심도 있고 엄정하게 다룬 탁월한 사상가였다. 그는 자신이 발견하거나 상상할 수 있는 모든 반대 의견으로부터 이 주장을 방어해냈다. 이 책의 주장 중 하나는, 우주에는 반드시 시작이 있다는 것인데, 이는 창조주의 존재를 함축한다고 설명한다.

크레이그는 이 주장에 흥미를 느껴 영국 신학자 존 힉John Hick 밑에서 박사 과정을 밟아 이 주장이 철저한 검증을 견뎌낼 수 있는지 진지하게 탐구하기로 한다. 마침내 그는 이 주제에 관한 논문을 썼고, 이를 계기로 평생 우주론을 탐구하는 길로 들어섰다.

크레이그는 현재까지 《칼람 우주론적 논증The Kalam Cosmological Argument》, 《유신론, 무신론 그리고 빅뱅 우주론Theism, Atheism, and Big Bang Cosmology》, 《시간과 영원Time and Eternity》 등 30권이 넘는 서적을 저술하고, 철학 및 신학 전문 학술지에 다수의 학술 논문을 게재했다. 2016년에는 더베스트스쿨The Best Schools이 선정한 가장 영향력 있는 현존 철학자 50인에 이름을 올렸으며, 하버드, 예일, 스탠포드, 옥스퍼드, 케임브리지, 모스크바 대학 등 전 세계 유수의 대학에서 강연해왔다.

크레이그는 학문적 업적도 뛰어나지만, 난해한 이론들을 쉽고 명확하게 설명하는 탁월한 재능을 갖추고 있다. 나는 이 어려운 주제를 통해 그 능력을 시험해보기로 했다.

칼람 우주론적 논증 3단계

"박사님은 신의 존재에 대한 칼람 우주론적 논증을 지지하는 분으로 유명하시죠." 이렇게 말을 건네며 나는 대화를 시작했다. "몇 가지 배경 지식을 알려주세요. '칼람'Kalam이 무슨 뜻인가요?"

그는 논증의 기원부터 설명하기 시작했다.

"고대 그리스에서 아리스토텔레스는 신이 우주의 창조주가 아니라 단지 우주에 질서를 부여하는 존재라고 믿었습니다. 그의 견해에 따르면, 신과 우주는 모두 영원합니다. 물론 이런 생각은 하나님이 무에서 유를 창조하셨다는 히브리인의 개념과는 상반됩니다. 그래서 그리스도인들은 나중에 아리스토텔레스의 생각을 반박했습니다. 이 주제에 관해 설명한 저명한 기독교 철학자 중 한 명이 4세기에 살았던 알렉산드리아의 존 필로포누스John Philoponus입니다. 그는 우주에 시작이 있다고 주장했지요.

이후 이슬람이 북아프리카를 점령했을 당시, 무슬림 신학자들은 창조론을 믿었기 때문에 이러한 주장을 받아들였습니다. 가장 유명한 무슬림 지지자 중 한 명이 알가잘리(1058~1111)입니다.

이제 '칼람'이라는 단어로 가봅시다. 칼람은 아랍어로 '연설' 또는 '교리'를 의미합니다. 중세 이슬람 신학 운동 전체를 아우르는 용어가 되었습니다. 중세 시대의 고도로 학문적인 신학을 칼람이라고 불렀는데 후에는 사용하지 않게 되었습니다."

"칼람 논증은 어떻게 구성되어 있나요?"

"알가잘리가 정립한 논증은 간단하게는 세 단계로 이루어져 있습니다. '존재하기 시작한 모든 것에는 원인이 있다.' '우주는 존재하기 시작했다.' '따라서 우주에는 원인이 있다.' 이후에는 이 '원인'이라는 개념을 깊이 분석함으로써 신성한 속성들을 식별해내며, 이를 통해 우리는 신의 존재와 그 속성을 이해할 수 있게 됩니다."

나는 최근 몇 년 사이 점점 더 논쟁의 중심에 서고 있는 이 주제에서 출발하여, 천 년 전부터 이어져 온 알가잘리의 논증까지 면밀히 살펴보기로 했다.

1단계: 존재하기 시작한 모든 것에는 원인이 있다

크레이그는 말했다. "칼람 논증을 지지하기 시작했을 때 저는 '존재하기 시작한 모든 것에는 원인이 있다'는 첫 번째 전제에는 대부분 동의할 거라 예상했어요. 사람들이 토론할 부분은 '우주는 존재하기 시작했다'는 두 번째 전제일 것이라고 생각했죠. 하지만 과학적 증거가 쌓이면서 심지어 무신론자들도 우주에 시작이 있다는 사실을 부인하기 어려워졌습니다. 그 결과 그들은 첫 번째 전제를 공격하는 전략을 취하게 된 것이죠."

그는 당혹감을 표현하며 고개를 저었다. "모든 존재하는 것에 그것을 존재하게 한 원인이 있다는 것은 형이상학적으로 자명한 진리입니다. '무'로부터 '유'가 저절로 생겨나지는 않으니까요. 하지만 무신론자인 쿠엔틴 스미스는 '가장 합리적인 믿음은 우리가 무에서, 무에 의해, 무를 위해 왔다는 것'이라고 주장하며 이 주제에 대한 책을 마무리했습니다.[2] 마치 무신론 버전의 게티스버그 연설처럼 그럴듯하게 들리지요! 이런 주장이 대중에게 합리적으로 받아들여질 수 있다고 여기는 것 자체가 놀라울 따름입니다.

대개 이런 주장을 하는 사람들은 전제 자체가 잘못되었다고 하면서 증명을 제시하지 않습니다. 그렇게 할 수 없으니까요. 대신 그들은 팔짱을 끼고 '그게 사실임을 증명할 수 없다'고 하면서 회의론자인 척합니다. 회의주의를 지나치게 강조하게 되면 어떤 증거로도 그들을 설득할 수 없습니다."

"어떤 확실한 증거를 제시할 수 있나요?" 나는 물었다.

"첫 번째 전제는 절대 무의 개념을 명확히 이해하면 직관적으로 분명해집니다." 그는 말했다. "아무것도 없는 데서 사물이 생겨날 수 있다는 발상은 마술보다 더 억지입니다. 마술사가 모자에서 토끼를 꺼낼 때는 최소한 마술사와 모자는 있잖아요! 하지만 무신론에서는 우주가 아무런 설명 없이 그냥 아무것도 없는 데서 튀어나와 존재한다고 말합니다. 절대적인 무의 개념을 이해한다면, 무언가에 시작이 있다면 무에서 튀어나올 수 없고, 그것을 존재하게 만든 원인이 반드시 있어야 한다는 사실이 분명해지겠지요."

나는 반박하기 어려웠지만 좀 더 손에 잡히는 실체가 필요했다. "직관보다 더 확실한 근거를 제시할 수 있을까요? 어떤 과학적 증거가 있나요?"

"네, 우리는 확실히 이 전제가 진실이라는 경험적 증거를 가지고 있습니다. 일상적으로 확인할 수 있고 예외 없는 원칙이에요. 사물이 아무것도 없는 데서 원인 없이 생겨나는 경우를 우리는 실제로 본 적이 없습니다. 예를 들어, 출근하느라 집을 비운 동안 말 한 마리가 아무런 이유 없이 갑자기 거실에 나타나 카펫을 더럽힐까 봐 걱정하는 사람은 아무도 없습니다. 그런 일은 절대 일어나지 않으니 걱정하지 않아도 됩니다. 이러한 원칙은 과학적으로 꾸준히 확인되며, 그렇기에 이것이 거짓이라기보다는 참일 가능성이 더 높다는 걸 인정해야 합니다.

그러나 제 연구를 통해 칼람 논증의 첫 번째 전제에 도전하는 것처럼 보이는 하나의 중요한 예외 사례를 발견했습니다. 양자 물리학이라는 기묘하고 비일상적인 세계에서 벌어지는 현상을 통해서요. 빅뱅 폭발로 우주 전체가 탄생하게 된 우주 초기 단계에서, 전자, 양성자, 중성미자와 같은 아원자 수준에서 일어나는 다양하고 예측 불가능하며 기묘한 현상들이 그 출발점이 됩니다.

과학작가 티모시 페리스의 표현대로[3] '고전 과학의 논리적 기반이 허물어지는' 이 양자 불가사의로 가득 찬 환경에서는, 우리가 상식적으로 이해하는 원인과 결과의 관계가 제대로 적용되지 않을 수도 있습니다."

우주는 공짜 점심인가?

나는 구슬만 한 크기로 표현된 우주가 표지 장식으로 실린 《디스커버》를 펼쳤다. 내가 크레이그에게 들려준 기사에 따르면, 양자이론은 보통 수명이 매우 짧은 아원자 입자 쌍이 진공 상태에서도 실제 사물로 나타날 수 있다고 설명한다. 기사는 "분자 크기의 물질이 자발적으로 그리고 지속적으로 생성되는 일은 매우 드물다"라고 밝혔지만, 1973년 컬럼비아대학교의 한 조교수는 우주 자체가 이와 같은 방식으로 존재할 수 있다고 제안했다. MIT의 물리학자 앨런 구스의 말을 빌리자면, 우주 전체는 "공짜 점심"[4]일 수 있다.

크레이그는 이어서 설명한다.

"기사에서 말하는 이러한 아원자 입자를 '가상 입자'라고 부릅니다. 가상 입자는 이론적 실체이며 단지 이론적 구성물에 불과할 뿐이어서 실제로 존재하는지조차 확실치 않습니다. 하지만 훨씬 더 중요한 점이 있습니다. 이 입자들이 실재할지라도, 그것은 무에서 나오는 게 아니라는 점입니다. 양자 진공은 사람들이 흔히 생각하는 '진공'의 개념과는 전혀 다릅니다. 다시 말해, 아무것도 없는 상태가 아닙니다. 오히려 그것은 요동치는 에너지의 바다이고, 풍부한 물리적 구조를 지니고 있으며, 물리 법칙으로 설명할 수 있는 격렬한 활동의 장입니다. 이러한 입자는 진공 상태의 에너지 변동에서 비롯되는 것으로 추정됩니다.

따라서 그것은 무에서 생겨난 게 아니고, 원인 없이 생겨난 것도 아닙니다. 그 원인은 바로 양자 진공과 그 진공 속에 내재된 에너지입니다. 그렇다면 우리는 '양자 진공의 기원은 무엇인가', '그것은 어디에서 왔는가'라고 물어야 합니다."

크레이그는 그 질문을 이어가기 전에 잠시 머뭇거렸다. "결국 창조 문제를 뒤로 미루었을 뿐이지요. 이 역동적인 에너지 바다가 어떻게 생겨났는지 설명해야 하니 말입니다. 어쩌다 보니 우리는 기원이라는 본질적인 질문에 돌아와 있네요."

크레이그의 설명에 나는 만족했다. 사실, 칼람 논증에 심각한 도전을 제기할 만한 타당한 반론은 보이지 않았다. 이 논증은 몇 세기 전 초기 철학자들로부터 시작되어 오늘날에 이르기까지 일관된 방식으로 사용되었으니까.

2단계: 우주는 존재하기 시작했다

칼람 논증의 두 번째 전제를 다시 짚으며, 나는 크레이그에게 질문을 던졌다. "만약 우리가 100년 전에 여기에 앉아서 이야기했다면, '우주가 과거의 특정 시점에 존재하기 시작했다'라는 발상은 상당한 논쟁의 여지가 있었겠지요?"

크레이그는 고개를 끄덕이며 답했다. "물론이죠. 고대 그리스 시대부터 물질세계는 영원하다는 믿음이 지배적이었습니다. 그리스도인들은 성경의 계시를 바탕으로 이를 반박했지만, 세속 과학은 이 믿음을 계속해서 받아들였습니다. 그런데 20세기에 우주가 변할 수 있는 존재이며 영원하지 않다는 사실이 드러나자 세속적 사고방식은 완전히 충격을 받았지요."

"우주가 과거의 어느 한 시점에서 시작되었다는 것을 어떻게 알 수 있을까요?" 나는 물었다.

크레이그는 체계적으로 답했다. "본질적으로 우리는 두 가지 경로를 통해서 이를 알 수 있습니다. 하나는 수학적, 또는 철학적 접근이고, 다른 하나는 과학적 접근입니다. 이와 관련하여 먼저 앞서 언급한 필로포누스와 중세 이슬람 신학자들의 논리부터 탐구해보겠습니다."

수학적 경로

크레이그는 초기 기독교와 이슬람 학자들이 수학적이고 철학적인 추론을 통해 무한한 과거가 존재할 수 없음을 증명했다고 설명했다. 따라서 그들의 결론에 따르면 우주의 나이는 유한하며, 다시 말해 시작이 있었다.

"무한한 수의 사물을 가정할 경우, 이것은 납득하기 어려운 패러독스를 초래한다고 그들은 주장했습니다. 무한한 과거를 상정한다면 사실상 무한한 수의 사건들이 포함될 것이므로 과거는 무한할 수 없다는 것이지요."

이어서 그는 구체적인 예를 들며 설명을 계속했다.

"제가 무한한 수의 구슬을 가지고 있다고 하고, 그중 무한한 수를 당신에게 주고 싶다고 가정해봅시다. 그렇게 할 수 있는 방법 중 하나는 구슬 전체를 한 번에 드리는 것이죠. 이 경우, 제게는 구슬이 하나도 남지 않게 됩니다.

또 다른 방법은 당신에게 홀수 개의 구슬을 모두 주는 것입니다. 그러면 저에게는 여전히 무한대의 구슬이 남아 있고, 당신도 무한대의 구슬을 가지게 되지요. 당신도 내가 가지고 있는 만큼의 구슬을 갖는 것이지요. 사실 우리 각자는 홀수와 짝수로 나누기 전의 원래 수만큼 구슬을 갖게 됩니다! 또 다른 방법은 제가 4번 이상의 구슬을 당신에게 모두 주는 것입니다. 이 경우에 당신은 무한대의 구슬을 가지게 되지만 저에게는 세 개의 구슬만 남습니다.

이 예시에서 우리는 무한한 수의 사물이 있다는 개념이 실제로 모순된 결과를 낳는다는 점을 알 수 있습니다. 첫 번째 경우 무한에서 무한을 뺀 값은 0이고, 두 번째 경우 무한에서 무한을 뺀 값은 무한이며, 세 번째 경우 무한에서 무한을 뺀 값은 3입니다. 각각의 경우에 동일한 수에서 동일한 수를 뺐지만 동일하지 않은 결과가 나왔습니다.

이러한 이유로 수학자들은 무한연산에서 뺄셈과 나눗셈을 금지했습니다. 모순이 생길 수 있기 때문입니다. 실제로 무한이라는 개념은 단지 개념일 뿐이어서 우리 머릿속에서만 존재합니다. 개념의 영역에 한정해 수학자는 특정한 규칙을 정해놓고 작업하면서 무한한 양과 무한한 수를 다룰 수는 있습니다. 하지만 문제는 현실 세계에서 일어날 수 있는 일을 설명하지 못한다는 것이지요."

지금까지는 크레이그의 말을 따라가며 이해할 수 있었다. "그렇다면 과거에는 사건이 무한정 있을 수 없다는 말이로군요." 나는 응수했다.

"맞습니다. 비슷한 역설에 부딪힐 테니까요." 크레이그가 말했다. "'구슬'을 '과거의 사건'으로 바꾸면, 어떤 부조리한 결과가 초래되는지 알 수 있습니다. 따라서 우주는 과거에 무한한 수의 사건을 가질 수 없습니다. 분명 시작이 있었을 것입니다."

나는 이렇게 물었다. "그렇다면 신이 무한히 오래되었다는 생각은 어떨까요? 당신의 추론은 영원한 신에 대한 생각도 배제하는 것은 아닙니까?"

"무한한 과거의 시간을 견뎌온 신이라는 개념은 배제합니다. 이는 고전적인 신에 대한 이해와는 다릅니다. 시간과 공간은 빅뱅에서 시작된 신의 창조물이니까요. 시간의 시작 자체를 넘어서면 영원이 있을 뿐이지요. 여기에서 영원이란 시간을 초월한다는 의미입니다. 영원한 하나님은 시간을 초월한 존재입니다. 하나님은 창조의 순간까지 무한한 시간을 견디지 않았습니다. 그런 말 자체가 어불성설입니다. 하나님은 시간을 초월합니다. 그분은 시간을 넘어서 계십니다. 하나님이 우주를 창조한 후 시간 속으로 들어오실 수는 있지만 그것은 전혀 다른 차원의 이야기입니다."

나는 크레이그의 논증을 신속하게 다시 훑어보며, 그의 논리가 일관성 있음을 인정했다. "그렇다면, 수학적으로 이 경로가 얼마나 설득력이 있다고 생각하십니까?"

크레이그는 자신감 있게 대답했다. "저는 매우 확신합니다! 우주의 시작에 대한 과학적 증거가 없다시피 했던 19세기에 살았더라도 이 논증을 들었다면 우주에 시작이 있다고 믿었을 겁니다. 그만큼 그 논증은 탄탄합니다."

과학적 경로

우리는 이렇게 한 단계를 넘어서, 수십억 년 전에 일어난 빅뱅을 통해 우주가 탄생했다는 과학적 증거에 관한 논의로 넘어갔다.[5] "과학자들이 이 모델을 찾아내고 집중하게 된 결정적인 발견이 무엇이었나요?" 나는 물었다.

"1915년 알베르트 아인슈타인이 일반 상대성 이론을 정립하고 이를 우주에 적용했을 때, 정적인 우주를 설명할 수 없다는 점에 큰 충격을 받았습니다. 그의 방정식으로는 우주가 확장하거나 수축해야만 합니다. 결국 아인슈타인은 자신의 방정식에 우주 상수를 도입하여 우주가 정적인 상태를 유지하도록 수정했습니다.

하지만 1920년대에, 러시아의 수학자 알렉산드르 프리드만과 벨기에의 천문학자 조르주 르메트르는 아인슈타인의 상대성 이론을 토대로 우주가 팽창한다고 예측하는 모델을 개발했습니다. 그들의 예측은, 시간을 거슬러 올라가면 우주가 원시적 단일 지점에서 시작되었음을 의미했죠. 프레드 호일이 이 이론을 조롱하며 '빅뱅'이라고 명명했다는 사실은 잘 알려져 있습니다. 그 이름은 곧 이론의 대명사가 되었지요.

1920년대를 시작으로, 과학자들은 이 수학적 예측을 뒷받침하는 실제 증거를 찾기 시작했습니다. 1929년, 에드윈 허블은 먼 은하에서 오는 빛이 적색편이 현상을 보인다는 것, 즉 실제보다 붉게 관측된다는 점을 발견했습니다. 이 현상은 은하가 우리에게서 멀어지고 있음을 의미한다고, 그는 결론지었습니다. 우주가 실제로 엄청난 속도로 확장하고 있다는 것이지요.

그리고 1940년대에, 조지 가모프는 만약 빅뱅이 실제로 일어났다면 우주 전역의 온도가 절대영도 $0K$보다 약간 높아야 한다고 주장하며, 이것이 우주 초기 상태를 반영하는 지표가 될 것이라 예측했습니다. 실제로 1965년에 우주배경복사가 우연히 발견되었을 때, 그 온도는 절대영도 위로 3.7도 높았고, 이는 우주 초기, 매우 고밀도 상태의 우주에서 비롯된 것임이 분명해졌습니다. 이는 빅뱅 모델이 예언한 것과 정확히 일치하는 바로 그 흔적이었습니다.

빅뱅이 일어났다는 세 번째 주요 증거는, 탄소나 철과 같은 무거운 원소들이 별 내부에서 생성되고 초신성을 통해 우주로 퍼져 나가는 반면, 중수소와 헬륨과 같은 가벼운 원소들은 그러한 과정에서 만들어질 수 없다는 사실에서 찾을 수 있습니다. 이런 가벼운 원소들을 합성하기 위해선 훨씬 더 높은 온도가 필요한데, 이는 빅뱅이라고 할 만한 수십억 도에 달하는 극도의 고온에서 생성됐을 가능성을 시사합니다.

이러한 기술적 자료에 근거한 예측들은 끊임없이 입증되어 왔고, 빅뱅 모델에 대한 대안적 설명을 제시하려는 다양한 시도들이 좌절되면서 빅뱅 모델의 정확성은 한층 더 공고해졌습니다. 빅뱅 모델이 과학적으로 견고하다는 사실은 명백합니다."

그러나 내가 알기로는 표준 빅뱅 모델이 최근에 더욱 견고해지고 있다. 이 부분을 물었다. "현대에 와서 빅뱅 모델의 타당성은 어떻게 평가되고 있나요?"

크레이그의 어조에는 확신이 가득했다. "현대 우주론에서는 빅뱅 모델이 표준 패러다임으로 자리 잡고 있습니다. 그 큰 틀이 과학적 사실에 의해 잘 설명되고 있다고 볼 수 있죠. 스티븐 호킹은 '이제 거의 모든 사람이 우주와 시간이 빅뱅과 함께 시작되었다고 믿는다'[6]라고 말했어요."

지금까지 크레이그는 칼람 논증의 두 가지 전제를 뒷받침하는 강력한 근거들을 제시해왔다. 이제 남은 것은 그의 논증이 이끄는 결론과, 그 결론이 논리적으로 시사하는 함의를 파악하는 일이다.

3단계: 따라서 우주에는 원인이 있다

"무엇이든 존재하기 시작한 것에는 원인이 있고, 우주가 존재하기 시작했다는 점을 감안할 때, 우주의 기원에는 어떤 초월적인 원인이 있다고 봅니다." 크레이그는 내게 말했다.

"무신론자인 카이 닐슨Kai Nielsen조차 이렇게 말했습니다. '이런 상황을 가정해보라. 갑자기 쿵 하는 소리가 났다. … 당신은 내게 무슨 일로 쿵 소리가 났느냐고 묻는다. 나는 아무 일도 아니고 그냥 소리가 난 것이라고 대답한다. 그러면 당신은 그 얘기를 받아들이지 않을 것이다.'[7] 물론 그의 말이 맞습니다. 이와 같은 '스몰뱅'에도 원인이 필요하다면 빅뱅은 더 말할 것도 없지요. 이것은 피할 수 없는 결론이자, 수천 년을 이어온 유대-기독교 창조론에 대한 놀라운 확증이기도 합니다. 무에서 유의 창조 말입니다."

그러나 빅뱅의 원인이 무엇이라고 할 수 있는지 궁금했다. 논리적으로 어떤 원인이 빅뱅을 촉발시켰다고 해서 그 일이 빅뱅의 정체에 대해 얼마나 말해줄 수 있을지 알고 싶었다. "그 우주의 원인에 대해 좀 더 구체적으로 어떤 추론을 할 수 있나요?" 나는 물었다.

크레이그는 차분하게 답변했다. "우리가 끌어낼 수 있는 몇 가지 속성들이 있습니다. 시공간 그 자체의 원인은 시간을 초월하고, 공간을 넘어서며, 비물질적이면서, 자유의지를 지니고, 막강한 힘을 가진 인격적 존재여야만 합니다. 이것이 바로 신 개념의 핵심입니다."

"잠깐만요, 무신론자들은 여기에서 모순을 지적할 거예요. 어떻게 신이 '원인 없이' 존재할 수 있는지 이해하지 못할 테니까요. 무신론자인 조지 스미스라면 '모든 것에는 원인이 있다고 말해놓고 왜 신만 예외인가'[8]라고 반문할 겁니다."

크레이그의 눈매가 단호해졌다. "그들이 하는 말은 논점을 벗어난 것입니다. 그들은 명백히 칼람 논증의 첫 번째 전제, 즉 '시작이 있는 존재에는 반드시 원인이 있다'는 핵심 포인트를 놓치고 있습니다. 모든 것에 원인이 있다고 주장하는 진지한 철학자를 저는 본 적이 없습니다. 그렇기 때문에 그들은 칼람 논증을 올바르게 이해하고 접근한다고 보기 어렵습니다.

이 주장은 신에게만 적용되는 특별한 예외가 아니라는 것입니다. 무신론자들이 오랫동안 주장해온 바에 따르면, 우주는 영원하기에 어떤 원인도 필요 없다고 합니다. 그런데 어떻게 우주는 원인 없이 영원할 수 있고, 신은 시간을 초월하거나 원인이 없으면 안 된다고 말할 수 있을까요?"

그 순간 내 마음속에 또 다른 반론이 떠올랐다. "왜 창조주는 단 하나여야 하는 걸까요? 다수의 창조주가 참여할 수는 없을까요?"

크레이그는 대답했다. "내 생각에는 추가된 창조주들이 오컴의 면도날에 잘려나갈 것 같군요."

"오컴의 면도날이 무엇인가요?"

"그것은 과학적 원리인데, 어떤 현상이나 결과를 설명할 때 불필요하게 복잡한 가설을 추가하지 말아야 한다는 것입니다. 하나의 창조주로 충분한 설명이 가능하면, 추가적인 설명을 제시할 이유가 없다는 것이지요."

"그 답변은 좀 불충분한 것 같습니다." 나는 말했다.

"하지만 그것은 과학적 방법론의 일반적인 원칙입니다." 그는 대답했다. "또한 칼람 논증만으로 창조주에 대한 모든 것을 입증할 수는 없습니다. 그렇다고 추가적인 탐구가 불가능한 건 아니죠. 예를 들어, 예수는 유일신의 존재를 선포했고, 그의 부활이라는 믿을 만한 역사적 증거를 통해 그의 가르침이 진실임을 확인할 수 있습니다.[9] 결과적으로 우리는 예수의 말을 신뢰할 만한 타당한 근거를 갖게 되었습니다."

이러한 주장을 인정하면서도, 우주의 근원이 무엇인지에 관한 다양한 견해들이 내 머릿속에서 끊임없이 솟아오르고 있었다. 우주의 근원이 칼람 논증으로 추론되듯이 실제로 인격적 존재인지, 아니면 뉴에이지 진영이 주장하는 것처럼 비인격적인 힘인지 분명히 말해줄 수 있는지에 대한 문제는 특히나 혼란스러웠다.

창조주의 자유의지: 과학과 의지의 교차로

"칼람 논증이 주목할 만한 점 중 하나는 우주의 초월적 원인을 넘어서 직접적으로 인격적인 창조주의 존재를 암시한다는 것입니다."

"어떻게 말입니까?"

그는 설명을 시작했다. "과학적 설명과 개인적 설명, 둘로 나뉩니다. 과학적 설명은 현상을 초기 조건과 자연법칙 관점에서 이해합니다. 즉, 초기 상태가 어떻게 진화해 현재 상태가 되었는지를 분석하는 거죠. 반대로 개인적 설명은 의도를 가진 행위자agent나 의지를 통해 사물을 이해합니다."

나는 크레이그의 말을 끊고 설명을 부탁했다. 그는 이렇게 말했다. "부엌에서 물이 끓고 있는 주전자를 본다고 가정해봅시다. '왜 끓고 있나요?'라고 물으면, '불꽃의 운동 에너지가 주전자의 금속 바닥을 통해 물로 전달되면서 물 분자가 활발히 움직여 증기가 되기 때문이지'라고 과학적으로 설명할 수 있죠. 이런 게 과학적인 설명입니다. 또는 '차를 마시려고 물을 끓이는 거야'라고 개인적인 설명도 가능합니다. 두 가지 설명 모두 나름대로 타당하지만, 서로 다른 측면을 다루고 있습니다."

여기까지는 순조로웠다. "그렇다면 이것이 우주 창조와 어떤 관련이 있다는 거죠?"

"우주의 최초 상태를 과학적으로 설명하는 것은 불가능해요. 최초이기 때문에 이전 상태나 그 상태로 이끈 자연법칙으로는 설명이 되지 않으니까요. 따라서 우주의 기원을 설명하려면 인격적, 즉 의지를 가진 행위자에 대한 설명이 되어야 합니다. 이것이 우주의 원인이 개인적이어야 하는 첫 번째 이유입니다.

두 번째로, 우주의 원인은 시간과 공간을 넘어서기에 물리적 형태를 가질 수 없습니다. 비물리적, 즉 비물질적일 필요가 있어요. 시간을 뛰어넘고 비물질적인 것으로는 추상적 대상과 정신만이 존재해요. 추상적 개체는 어떠한 영향을 끼칠 수 없지만, 마음은 원인이 될 수 있죠. 따라서 우주는 인격을 지닌 마음에 의해 현존하게 된 것으로 보는 것이 논리적입니다."

크레이그는 설명을 계속했다. "마지막으로, 우주의 원인이 개인적일 수밖에 없는 세 번째 이유를 설명하는 데 도움이 될 만한 비유를 하나 들어볼게요. 물은 0도 이하에서 얼음으로 바뀝니다. 만약 온도가 항상 0도 이하였다면, 지구상의 모든 물은 이미 얼음으로 존재했을 것입니다. 그런데 실제로는 물이 얼음으로 변하는 순간이 있습니다. 이는 물이 얼기 위한 조건, 즉 온도가 0도 이하로 내려가는 시점이 있다는 것을 의미합니다.

이를 우주에 비유해보면, 우주가 존재하기 위해서는 특정한 조건이 필요하다고 가정할 수 있습니다. 만약 그 조건이 항상 충족되었다면, 우주는 영원히 존재했을 것입니다. 하지만 우주는 언젠가 시작되었으니, 그 시작을 만들어낸 원인이 있어야 합니다.

그렇다면 시간을 초월하는 원인에 의해 시작된 유한한 우주는 어떻게 가능할까요? 내가 생각할 수 있는 유일한 해석은 우주의 원인이 자유의지를 가진 인격체라는 겁니다. 이 인격체는 선행 조건 없이 결과를 만들어낼 수 있어요. 단순히 '빛이 있으라'고 말함으로써 우주를 창조할 수 있는 것입니다. 비록 무신론자들 사이에서는 이 견해가 인기가 없겠지만 말이죠."

빅뱅 모델에 대안은 있는가?

최근에 표준 빅뱅 모델을 대신할 다양한 시도가 이어지고 있다. 창조주의 존재를 필요로 하는 초기 우주에 대한 가설에 의문을 표하면서도, 창조 사건을 물리학 법칙으로 설명할 수 없다는 사실에 당혹감을 느낀다. 나는 크레이그에게 물었다. "과학자들이 빅뱅 이론을 어떻게든 피해 가려고 하지는 않았나요?"

"그렇게 볼 수 있겠죠. 1948년에 제시된 정상우주론이 그 사례입니다. 이 이론은 팽창하는 우주 안에서 은하들이 멀어지면서 존재하지 않던 곳에서 새 물질이 생겨나 그 공간을 채운다고 주장합니다. 이러한 가설은 우주가 계속해서 새 물질로 채워진다는 점에서 열역학 제1법칙과 모순되는 부분이 있습니다."

"그 가설에 대한 증거가 무엇인가요?"

"증거는 없습니다!" 크레이그가 강조했다. "실험으로 검증할 수 있는 증거를 단 하나도 확보하지 못했습니다. 순전히 빅뱅 모델이 예측한 우주의 결정적 시작을 피해 가려는 바람에서 시작되었지요. 빅뱅 이론의 창시자 중 한 명인 프레드 호일 경은 분명 그랬습니다."

그날 몇 시간 동안 나는 우주의 기원과 관련된 다양하고 기묘한 여러 이론에 관해 크레이그의 의견을 들었다. 그는 각각의 이론들이 물리학 법칙과 어떻게 상충하는지 또는 과학적 타당성이 부족한 이유를 차근차근 설명해주었다.

한 가지 도전은 무신론의 세계적인 옹호자였던 토론토 대학교의 고 하워드 소벨 교수에게서 나왔다. 그는 우주론적 주장을 비판하는 데 70페이지에 달하는 방대한 분량을 할애했지만, 주로 고트프리트 빌헬름 라이프니츠가 발전시킨 버전에 초점을 맞추고 크레이그가 대중화한 칼람 공식은 부차적으로 다루었다.

크레이그는 《캐나다 철학 저널》에 기고한 글에서, 과거의 무한성에 관한 철학적 논증에 대해 소벨이 제기한 반론에는 오류가 있다고 지적했다. 또한, 소벨의 주장을 입증하려면 "현대 천체물리학 우주론에 필요 이상의 급진적인 수정을 가해야 한다"[10]라고 지적했다.

"100년 전과 비교해 상황이 얼마나 뒤바뀌었는지 인식할 필요가 있습니다"라고 크레이그는 말했다. "그 시절에는 그리스도인들이 성경에서 말하는 대로 우주는 영원하지 않고 유한한 시간 전에 창조되었다고 믿었습니다. 하지만 지금은 상황이 정반대입니다. 우주가 유한한 시간 전에 시작된 게 아니며, 설명할 수 없는 어떤 방식으로 결국 영원하다는 것을 믿어야 하는 이들은 바로 무신론자입니다. 정반대 상황이 된 거예요. 오늘날에는 무신론자들이 불편해하고 고립감을 느낍니다."

크레이그의 사무실에 앉아 있던 내내, 칼람 논증의 날카로운 논리를 흔들 수 있는 설득력 있는 시나리오를 찾지 못했다. 현대 우주론이 제시하는 철학적 및 과학적 증거는 우주의 창조주가 유일신으로 존재한다는 결론을 강력히 지지하고 있었다.

즉, 하나님이 실제로 존재한다는 것이다.

이제 물리학 법칙과 매개변수를 고려할 차례가 되었다. 이 우주가 살아가기에 이상적인 조건을 가지도록 놀랍도록 세밀하게 조정되었다는 주장, 이른바 '미세조정 우주론'은 신의 존재를 나타내는 또 다른 측면의 증거로서 충분히 믿을 만한 것일까?

2장
우주에는 미세조정자가 필요하다

여기 신의 존재를 보여주는 우주론적 증거가 있다.
우주의 미세조정은 이신론적 설계에 대한 자명한 증거를 제공한다.

에드워드 해리슨(영국의 우주학자), 《우주의 가면*Masks of the Universe*》

제레인트 루이스Geraint F. Lewis의 직업은 '우주 창조'다. 슈퍼컴퓨터
를 사용해 렙톤, 쿼크, 그리고 자연의 네 가지 기본적인 힘을 이리저
리 뜯어 맞춰 세계가 도대체 어떤 모습인지 알아보려고 이색적인 시
뮬레이션을 구축하는 것이 그의 업무다. 세계적으로 유명한 케임브
리지 대학교 천문학 연구소에서 천체물리학 박사학위를 받았지만 창
조주 행세는 여간 벅찬 일이 아닐 수 없다.

"물리학 법칙을 가지고 놀다 보면 재앙이 될 수 있어요"라고 그는
말했다. "원소 주기표가 사라지고, 화학의 놀라운 아름다움과 유용성
을 잃어버리는 일이 자주 생깁니다. 생명을 품고 에너지를 공급하는
은하와 별과 행성이 죽음의 블랙홀이나 옅은 수소 구름으로 바뀌기

도 합니다. … 우리처럼 복합적이고 사고하는 존재를 만날 가능성이 높은 세계가 아닙니다."[1]

무에서 실제 우주를 창조하는 동시에 인간이 번성할 서식지를 세심하게 조정하는 일은 하나님의 핵심 업무다. 시편 19편 1절은 "하늘이 하나님의 영광을 선포하고 궁창이 그의 손으로 하신 일을 나타내는도다"라고 말한다.

실제로, '미세조정'은 신 존재를 나타내는 강력한 근거 중 하나다. 우주의 운행을 관장하는 숫자는 생명체가 존재할 수 있도록 놀라울 정도로 정밀하게 조정되어 있기 때문이다. 다시 말해, 우주는 단지 우연의 결과에 불과하다는 설명으로는 말이 안 될 정도로 그 물리적 현상이 정밀하게 조정되어 있다.

크리스토퍼 히친스는 열렬한 무신론자였지만, 신 존재에 대한 논쟁에서 가장 설득력 있는 주장으로 무엇을 꼽는지 물었을 때 이렇게 말했다. "내 생각에는 많은 사람이 미세조정설을 특히 흥미롭게 생각하는 것 같습니다."[2]

하버드대를 졸업한 무신론자 패트릭 글린은 그의 저서 《신: 증거 God: The Evidence》에서, 우주가 위대한 설계자의 작품이라는 강력한 증거 중 하나로 우주 미세조정을 들었다. 1960년대만 해도 과학적 증거를 따지는 지성인이라면 회의론 편에 설 가능성이 높았지만, 지금은 그렇지 않다고 그는 말했다. "오늘날 구체적인 데이터가 신(神) 가설 쪽을 강력하게 가리키고 있습니다. 이것은 〔미세조정〕 퍼즐을 푸는 가장 단순하고 확실한 해결책이지요."[3]

한때 회의론자였던 애들레이드 대학의 이론물리학 교수 폴 데이비스도 우주에는 분명한 목적이 존재한다고 이제 확신한다. 그는 《신의 마음 *The Mind of God*》이란 책에 이렇게 썼다. "과학적 탐구를 통해 우주가 단순히 자명한 사실만으로는 이해될 수 없는 경이로운 구조를 가졌음을 점점 더 신뢰하게 되었다. 우주에서 우리의 존재가 단지 운명의 장난이라거나 역사의 우연, 대우주라는 드라마의 지엽적인 사건에 불과하다는 사실을 나는 믿을 수 없다."[4]

이는 저명한 과학자에게서 나온 놀라운 발언이다. 우주의 미세조정에 대한 증거들을 바탕으로, 오클라호마의 한 물리학 교수와 깊이 있는 대화를 나누기 위해 좌담회를 준비했다.

생명을 위한 우주의 설계도를 엿보다

마이클 G. 스트라우스

오클라호마대학교 교수, 소립자물리학 분야 물리학자

UCLA에서 실험 고에너지 물리학(Experimental High Energy Physics, 기본 입자 물리학이라고도 불리는 분야로, 물질을 구성하는 가장 기본적인 입자들과 그들 사이의 상호작용을 연구한다—편집주) 박사학위를 취득한 후, 1995년 오클라호마 대학교 교수로 부임한 마이클 조지 스트라우스Michael George Strauss는 전 세계에서 강연하고 있으며, 소립자 물리학에 관한 학술 논문만 900편에 달한다. 또한 스위스에 있는 유럽입자물리연구소CERN의 대형강입자충돌기LHC에서 양성자를 충돌시켜 가장 질량이 큰 기본 입자인 탑 쿼크의 특성을 연구하고 있다.

홍미롭게도, 스트라우스가 연구하는 세계에서 가장 작은 입자들은 우주의 기원과 질서를 이해하는 데에도 점점 더 중요한 역할을 하고 있다. LHC에서 양성자를 가속하여 충돌시킬 때 발생하는 높은 에너지 밀도는 빅뱅 직후 1조 분의 1초 동안의 우주 상태를 시뮬레이션할 수 있는 기반을 제공한다. 이를 통해 우주론 연구에 새로운 통찰을 얻을 수 있게 된 것이다.

앞장에서 윌리엄 레인 크레이그는 빅뱅이 신의 존재를 설득력 있게 뒷받침하는 주장을 제시했다. 나는 스트라우스와의 대화를 통해, 우주의 운영 방식이 실제로 신의 설계를 반영한다는 증거를 찾을 수 있을지 알아보고 싶었다. 우리는 그의 집 거실에 앉아 이야기를 나누기 시작했다.

정밀 설계: 우주론의 위대한 미스터리

나는 스트라우스 박사에게 내가 예전에 《스켑틱》 편집자 마이클 셔머와 했던 인터뷰에 대해 얘기했다. 셔머는 우주의 기원에 대한 최선의 대답은 "우리는 모른다"는 것이라고 주장했다. 그는 "신이 했다"라는 설명보다 더 타당한 해설이 있을 수 있다고 했다.

스트라우스는 이렇게 반박했다. "잘 생각해보세요. 우리는 모호한 가능성이 아니라 비교적 확실한 확률을 바탕으로 살아갑니다. 예를 들어, 아내가 제 아침 시리얼에 독을 탔을 가능성이 있을까요? 물론 그럴 수도 있지만, 현실적으로는 그럴 가능성이 낮죠. 여기서 진짜 질문은 이겁니다. 우주에서 우리가 관찰하는 현상들을 고려했을 때 가장 높은 확률은 무엇인가? 모든 증거는 우주에 실제로 시작이 있었다고 말하고 있습니다. 다른 가능성은 단지 추측에 불과하고, 이를 뒷받침하는 관측이나 실험적 증거는 없습니다."

스트라우스는 우주의 미세조정에 대한 설명으로 다음과 같은 비유를 들었다. "서로 다른 물리적 매개변수를 조절하는 100개의 다이얼과 스위치가 달린 제어판을 상상해보세요. 단 하나라도 잘못 조정되면, 우주 어디에서도 지능적인 생명체가 존재할 수 없게 됩니다."

또 다른 학자는 이 복잡한 문제를 설명하면서 "단지 각 상수의 값을 조정하는 것뿐만 아니라, 그들 사이의 비율도 정밀하게 조정되어야 한다"라고 말했다. "우리가 이해하기 힘든 크기의 숫자들로 이 제어판이 가득 찬다면 실패 확률은 불가능한 수준으로 증가하게 된다."[1]

제레인트 루이스는 컴퓨터를 이용해 물리학 법칙과 상수들을 조정하며 우주 시뮬레이션을 구축하려 했으나, 그 결과는 파국적일 뿐이었다.

스트라우스는 말했다. "제어판의 다이얼 하나만 조금이라도 잘못 조정해도, 우리가 알고 있는 세계는 황량한 불모지로 변하거나 아예 존재할 수조차 없게 됩니다. 이것은 기독교 과학자들만의 견해가 아니에요. 실제로 우리 우주가 미세하게 조정되어 합리적으로 형성되었다는 사실에 거의 모든 과학자가 동의합니다. 여기서 질문은 그것이 어떻게 가능한가입니다. 가장 설득력 있는 가설은 초월적인 설계자, 즉 창조주에 의한 설계입니다."

"미세조정의 몇 가지 예를 들어주시겠어요?"

"물론입니다. 한 가지 매개변수는 우주에 있는 물질의 양입니다. 우주가 팽창함에 따라 모든 물질은 중력에 의해 다른 물질에 끌립니다. 물질이 너무 많으면 별과 행성이 형성되기 전에 우주는 저절로 붕괴되지요. 반면에 물질이 너무 적으면 별과 행성이 합쳐질 일은 없을 테고요."

"물질의 양은 얼마나 미세하게 조정되어 있나요?"

"물질의 양은 빅뱅 직후 1조 조의 조의 조의 조 분의 1로 정밀하게 조정되었다는 게 밝혀졌습니다"라고 그는 대답했다. "그것은 0이 60개인 수치예요! 동전 한 닢만큼의 아주 미세한 물질량 변화만 있었더라도 우리가 알고 있는 이 우주는 존재하지 않을 겁니다."

이것은 정말 놀라운 수준이다. 우리가 볼 수 있는 우주의 직경은 지름으로 276억 광년이라는 거대한 수치다. 그리고 이 우주의 지름을 집에서 사용하는 밀리미터 자의 눈금 하나인 1밀리미터와 비교해 본다면, 1밀리미터는 우주의 지름에 비한다면 훨씬 작지만, 그 작은 1밀리미터조차도 우주가 얼마나 섬세하게 조정되어 있는지 보여주는 이 매개변수보다 훨씬 큰 수준이 된다![2] 즉, 우리가 상상하기 어려울 정도로 정밀한 조정이 필요하다는 의미다.

스트라우스는 데이비스의 말을 인용하며 논의를 이어갔다. "불가지론자인 영국의 물리학자 폴 데이비스는 우주의 이러한 놀라운 정밀도를 '우주론의 위대한 미스터리 중 하나'라고 묘사했어요."[3]

"그는 이 현상을 어떻게 설명하나요?"

스트라우스는 대답했다. "데이비스는 우주의 급속한 팽창, 즉 '인플레이션'이 우주에 정확한 양의 물질이 존재하게 했을 가능성을 제시했습니다." 이 인플레이션 이론이란 우주 초기에 매우 짧은 시간 동안 일어났던 엄청난 속도의 팽창을 가리킨다. 그 이후로 우주는 더 완만한 속도로 팽창하고 있다.

"그 설명이 타당한가요?"

"그의 말대로 우주 인플레이션 자체가 제 기능을 한다 해도, 그 자체로는 미세조정 문제를 해결하지 못합니다."

"왜 그런가요?"

스트라우스는 비유를 들며 설명했다. "예를 들면, 아주 작은 구멍을 통해 잔디 깎는 기계에 가솔린을 주입하는 것은 극도로 정밀한 작업이 필요합니다. 구멍이 미세조정되어 있기 때문이죠. 반면에 깔때기를 사용하면 손쉽게 연료 탱크를 채울 수 있습니다. 하지만 깔때기라는 존재, 즉 메커니즘이 작동한다는 사실이 미세조정 문제를 해결한다고 할 수 있을까요? 그렇지 않죠. 작동하는 메커니즘이 있다는 것은 설계자가 있다는 뜻이기도 합니다."

"그렇다면, 우주 인플레이션이 실제라 할지라도, 그것은 단지 설계 문제를 한 단계 뒤로 미뤘을 뿐이군요." 나는 이렇게 간추려 말했다.

"바로 그렇습니다." 스트라우스가 말했다.

물리 상수의 미세 조정이 가리키는 것

그런 다음 스트라우스는 자신이 연구하는 또 다른 미세조정의 예로 강한 핵력을 제시했다. "이것이 원자핵을 하나로 묶어주는 힘입니다"라고 설명했다. "궁극적으로 이 힘의 세기에 따라 원소 주기율표가 결정됩니다."

"강한 핵력을 조작하면 어떻게 됩니까?" 나는 물었다.

"다른 모든 상수를 동일하게 유지하고 이 힘을 2%만큼 강하게 만들면, 주기율표에 더 많은 원소가 추가될 것입니다. 하지만 그 원소들은 방사성을 가지고 있어 생명을 파괴합니다. 더욱이 우주에는 수

소도, 물도, 생명도 존재할 수 없게 됩니다."

"손잡이를 다른 방향으로 돌리면 어떨까요?"

"반대로 힘을 단지 5%만 줄이면, 우주에서는 수소만 남게 됩니다. 즉, 죽은 우주가 됩니다. 제가 연구하는 또 다른 분야는 중성자와 양성자를 구성하는 쿼크와 관련이 있습니다. 가벼운 쿼크의 질량을 2~3%만 변화시켜도, 우주에서는 탄소가 존재하지 않게 됩니다."

"탄소가 없다는 것은 무슨 의미인가요?" 나는 물었다.

스트라우스 박사는 나와 자신을 가리키며 말했다. "우리 둘 다 여기 있지 못한다는 뜻입니다."

예는 얼마든지 더 들 수 있다. 실제로 그런 예만 모아놓은 책도 있다. 또 다른 예로는 중력과 전자기력의 비율이 1만 조 분의 조 분의 조 분의 1로 미세조정 되어 있다는 것이다.

천체물리학자 휴 로스는 이 수치를 이해하기 쉽게 설명하고자 북아메리카 대륙 10억 개를 10센트 동전으로 가득 채우고, 그것이 달까지(38만 킬로미터) 뻗어나가는 것을 상상해보라고 제안했다. 그중에서 임의로 동전 하나를 골라 빨간색으로 칠한 후, 동전 더미 어딘가에 놓았다고 가정해보라. 그런 다음 친구에게 눈을 가리고 10억 대륙의 동전 중에서 단 1개를 골라보라고 말해보라. 이때 친구가 빨간색 동전을 고르는 확률이 바로 1만 조 분의 조 분의 조 분의 1이다.[4]

가장 극단적인 예는 스티븐 호킹과 함께 《시간과 공간에 관하여 *The Nature of Space and Time*》를 저술한 옥스퍼드 대학의 수리물리학자 로저 펜로즈의 연구에서 찾을 수 있다. 그의 계산에 따르면, 우주가 낮은 엔트로피 상태를 갖도록 시작하려면 설정이 10^{125}의 1이라는 정밀도로 정확해야 한다.

이 충격적인 숫자에 대해 펜로즈는 "일반적인 십진법으로는 표현할 수 없습니다. 우주의 모든 입자에 0을 붙인다 해도 그럴 수 있는 입자가 충분하지 않기 때문입니다"[5]라고 말했다.

세속 과학자들도 이 사실의 중요성을 인지하고 있다. 폴 데이비스는 "현재의 우주 구조가 수치 변화에 매우 민감하며, 이는 매우 신중하게 설계되었다는 인상을 지우기 어렵다"라고 말했다. "기적 같은 이런 수치는 우주 설계에 대한 가장 강력한 증거로 남아야 한다."[6]

생명 존재를 위한 322가지 조건

스트라우스 박사의 설명은 이어졌다. "우주는 기막히게 정밀할 뿐 아니라, 우리 행성 지구는 놀랍고 운 좋게도 생명체가 살 수 있는 바로 그 위치에 있습니다."

"어떤 방식으로요?" 내가 물었다.

"우리 행성처럼 생명체가 존재할 수 있는 행성이 되려면, 먼저 적절한 종류의 은하에 있어야 합니다. 은하에는 타원형, 나선형, 불규칙형의 세 유형이 있지요. 우리 은하와 같은 나선형 은하에 속해야 생명체에 알맞은 중원소를 생산하고 적합한 수준의 방사능을 가질 수 있기 때문입니다."

그는 이어서 말했다. "하지만 은하 내에 위치한다고 해서 모든 곳에서 생명이 존재할 수 있는 것은 아닙니다. 은하 중심부에 가까울수록 방사선 수준이 높아지고, 위험한 블랙홀이 존재합니다. 반면에 중심에서 너무 멀리 떨어진 지역은 생명체에 필수적인 무거운 원소들, 즉 산소와 탄소 같은 원소들이 부족하게 됩니다. 따라서, 생명체가 존재할 수 있는 이른바 '골디락스 존'Goldilocks Zone에 위치해야 합니다."

"지적 생명체를 말하는 건가요?" 내가 물었다.

"박테리아 수준 이상으로 복잡한 어떤 것이든요." 그는 이어서 말했다. "생명을 가지려면 태양과 같은 별이 필요합니다. 우리의 태양은 오랫동안 안정적인 행성 궤도를 유지해온 G급 별로, 중년기에 접어들어 광도가 안정화된 상태입니다. 또한 생명체가 존재하기 위해서는 별이 독신이어야 합니다. 우주에는 두 개의 별이 서로 공전하는 쌍성 체계가 많은데, 이런 경우에는 안정적인 행성 궤도를 유지하기 어렵습니다. 또한, 별은 우리 태양과 같은 3세대 별이어야 합니다."

"그게 무슨 뜻입니까?"

"1세대 별은 빅뱅 때 방출된 수소와 헬륨으로 만들어졌습니다. 비교적 짧은 시간에만 지속된 원소들이지요. 2세대 별은 탄소, 산소, 규소, 철 등 우리에게 필요한 무거운 원소들을 만들어냈습니다. 3세대 별은 지구와 같은 암석 행성과 탄소 기반의 생명체를 충분히 생성할 수 있는 것들로 이루어져 있습니다."

스트라우스는 잠시 말을 멈췄지만 얘기가 끝난 것 같지는 않았다.

"지구가 생명체를 지탱하기 위해서는 매우 많은 매개변수가 필요합니다. 태양과의 거리, 자전 속도, 물의 양, 지구 기울기, 적절한 크기 등이요. 그래야 적절한 중력으로 메탄 같은 가스는 빠져나가고 산소는 머물 수 있으니까요. 또한, 지구의 기울기를 안정시키려면 우리처럼 큰 달이 필요합니다. 실제로 큰 달이 하나만 있는 경우는 매우 드뭅니다. 직관과는 다르게 들리겠지만, 전문가들은 지각 활동을 '행성 생명체의 핵심 요건'으로 꼽습니다.[7] 판구조 운동은 생물 다양성을 촉진하고, 지구가 대륙 없이 물에 잠기지 않게 하고, 자기장을 생성하는 데 도움이 됩니다. 또한 목성과 같은 거대 행성이 근처에 있어 파괴적일 수 있는 혜성과 유성을 멀리 끌어당겨 진공청소기 역할을 하는 것도 큰 도움이 됩니다."

"천문학자들이 '지구와 비슷한 행성'을 발견했다고 신문에서 가끔 발표하더군요." 내가 말했다.

"그렇기는 하지만 일반적으로 지구와 비슷한 크기이거나 지표수가 존재할 수 있는 위치에 있다는 의미일 뿐입니다. 지구에는 이 두 가지 말고도 훨씬 더 많은 요소가 있지요."

"지구와 같은 행성이 만들어지려면 얼마나 많은 조건이 충족되어야 하나요?" 나는 물었다.

"휴 로스는 그 수를 322개로 제시했습니다"[8]라고 그는 대답했다. "확률 계산을 해보면, 지구와 정말 비슷한 행성을 찾을 확률이 10의 –304승이라는 것을 알 수 있습니다."[9]

"그럼에도 많은 잠재적 후보가 있지요." 나는 강조했다. "어떤 추정에 따르면 10억조 개가 넘는 행성이 있다고 하더군요."

"맞습니다." 그는 말했다. "그 숫자를 확률 방정식에 대입해봅시다. 그 결과는 백만 조, 조 분의 1이라는 의미입니다."

"과학에서 그런 확률을 가리켜 하는 말이 있습니다." 그는 말했다.

"정말이요? 그게 뭡니까?"

그는 웃으며 말했다.

"그런 일은 절대 일어나지 않는다는 거죠."

우주의 정밀함, 우연일까 설계일까?

일부 과학자들은 우주가 미세조정된 것이 명백하다는 사실을 인지하고, 이 놀라운 정밀성이 어떻게 순전히 자연적으로 발생할 수 있는지에 대한 독특한 설명을 제시했다.

예를 들어, 존 배로와 프랭크 티플러는 저서《우주적 인본 원리 *The Anthropic Cosmological Principle*》에서 우주는 분명히 설계되었으며, 지능을 필요로 하고, 지능은 인간만이 소유할 수 있다고 말했다. 따라서 인간은 언젠가 신 같은 경지에 이를 때까지 계속 진화할 것이고, 그 시점에 도달하면 시간을 거슬러 올라가 우주를 직접 창조할 것이라는 가설을 제시했다.[10]

스트라우스 박사는 미소를 띠며 "그것은 두 똑똑한 과학자가 제시한 최선의 가설에 불과합니다"라고 말했다. "당연히 이 개념은 큰 관심을 끌지 못했습니다."

우리 우주가 실제로 어떤 초능력을 가진 개발자에 의해 거대한 컴퓨터에서 실행되는 시뮬레이션 같은 것이라는 생각도 마찬가지다. 결국 이러한 가설들로는 우주가 어떻게 존재하게 되었는지에 대한 근본적인 질문에 답하기 어렵다.

또한, 블랙홀이 새 우주를 만들어내고, 그 새 우주가 다시 블랙홀을 통해 더 많은 우주를 만들어내는 식으로 끊임없이 이어진다는 개념도 있다. 이는 마이클 셔머가 소개한 개념인데, 이 또한 최초의 블랙홀을 만드는 우주가 어디에서 왔는지에 대한 의문을 해결하지 못한다. 우주론 학자 루크 반스는 "이 개념의 기초가 되는 물리학은 아무리 봐도 추측에 불과하다"[11]며 코웃음을 쳤다.

그리고 또 다른 가설은, 우주의 미세조정이 무작위적인 우연의 결과라는 것이다. 하지만 이 가설도 곧 사라졌다.

과학자들은 이 확률이 사실상 0에 가깝다고 주장한다. 윌리엄 레인 크레이그는 "이런 놀라운 정밀도를 단순한 우연으로 치부하는 것은 정말 어리석은 일이다"라고 말한다.[12]

물리학자 로빈 콜린스는 다음과 같이 설명한다. "만약 동전을 던져서 50번 연속 앞면이 나오면 천 달러를 주는 내기를 제안받았다면, 당신은 아마도 거절할 것입니다. 그런 일이 일어날 확률이 1천조 분의 1로 매우 희박하기 때문입니다. 그런 불가능에 가까운 확률을 뚫고 이길 수 있다면, 그것은 게임이 조작되었다는 강력한 증거가 되겠지요."

콜린스는 계속해서 말한다. "우주의 미세조정도 마찬가지입니다. 우연히 일어난 것이라는 결론을 내리기 전에, 우주가 '조작'되었다는 강력한 증거가 있다는 결론을 내릴 것입니다. 다시 말해, 설계되었다고 말이지요."[13]

콜린스는 또한 아직 밝혀지지 않은 '모든 것의 이론'TOE, The Theory of Everything이 물리학의 매개변수가 정확히 그 값을 갖도록 요구할 수 있다는 개념에 대해서도 언급했다. "조금도 신경 쓸 필요가 없습니다. 단지 미세조정의 가능성을 한 단계 끌어올리는 것에 불과하니까요."

그는 이렇게 덧붙였다. "무한한 가능성 중에서 이 대통일 이론이 모든 미세조정 다이얼을 돌려 생명이 가능한 우주를 만들어낼 수 있다면, 그것은 정말로 놀라운 일이 될 것입니다. … 이것은 우리가 처음 생각했던 것보다 훨씬 더 창의적인 설계자가 있다는 것을 보여주는 것이기도 합니다. 모든 개별 다이얼을 조정하는 것도 어렵지만, 모든 다이얼을 특정 위치로 계속 잡아두는 자연의 기본 법칙을 만드는 것은 더욱 어렵습니다. 그래서 우리는 창조주에 대해 더욱 경외감을 느낄 수밖에 없습니다."[14]

다중우주론을 믿으려면 큰 믿음이 필요하다

미세조정에 대한 가장 적절한 설명은 무엇일까? 과학철학자이자 《물리학 내의 형이상학 *Metaphysics within Physics*》의 저자인 팀 W. E. 모들린은 《행운의 우주 *A Fortunate Universe*》 서문에서 그럴듯한 두 가지 대안이 있다고 말했다. "다중우주 또는 설계자."[15]

"다중우주론이라는 선택지에 대해 먼저 얘기해봅시다." 스트라우스에게 제안했다. "스티븐 호킹은 거의 무한수에 가까운 다른 우주를 허용하는 M이론에 대해 이야기하더군요. 그 모든 우주에서 물리학의 다이얼을 무작위로 돌리면, 어떤 우주는 생명체가 살기에 적합한 조건을 만들어낼 것이라고 말했습니다."

스트라우스는 말했다. "우리는 M이론이 정확한지 아닌지를 아직 알 수 없습니다. 이 이론은 아직 모든 방정식이 풀리지 않은 복잡한 개념인 끈 이론에 기반하고 있습니다. 이 이론은 검증도 반증도 할 수 없습니다. 그럼 이것을 과학이라고 할 수 있을까요?"

스트라우스는 호킹이 M이론을 제안했을 때 저명한 과학저술가 존 호간이 《사이언티픽 아메리칸》에 이렇게 썼다고 언급했다. "M이론에는 거의 무한수의 버전이 존재한다는 것을 이론학자들이 알아차렸다. … 물론 모든 것을 미리 예측하는 이론은 실제로는 아무것도 예측하지 못한다." 이 주제에 대해 호간이 블로그에 쓴 글의 제목이 모든 것을 말해준다. "우주 광대: 스티븐 호킹이 제안한 모든 것의 '새' 이론은 똑같이 오래된 쓰레기다."[16]

스트라우스는 말을 이어갔다. "물리학자들은 다중우주가 어떻게 탄생할 수 있는지 다양한 아이디어를 제시했지만, 역시나 이에 대한 관찰이나 실험적 증거는 없습니다. 사실상, 우리가 사는 이 우주를 넘어서 다른 것을 발견할 방법은 없어 보입니다. 보르데-구스-빌렌킨 정리에 따르면, 우주가 여러 개라고 해도 모두 하나의 시작점으로 돌아가기 때문에, 이제 우리는 '애초에 누가 또는 무엇이 우주를 만들었는가'라는 원래의 질문으로 돌아가게 됩니다."

그의 결론은 이것이다. "다중우주론 중 하나를 믿으려면 기본적으로 맹목적인 믿음이 필요합니다."[17]

케임브리지 대학의 전 수리물리학 교수인 존 폴킹혼도 비슷한 의견을 내놓았다. "다중우주론은 때때로 완전히 과학처럼 제시되지만, 이러한 '다양한 우주의 충분한 포트폴리오'는 실제로는 냉정한 과학이 진정으로 지지할 수 있는 수준을 훨씬 넘어서는 추정에 불과하다."[18]

옥스퍼드대의 철학자 리처드 스윈번은 더욱 직설적으로 말했다. "우주의 질서를 설명하자고 단 하나의 신이 아니라 수조 개의 다른 우주를 가정하다니, 이것은 비합리성의 극치로 보인다."[19]

최근에는 프랑크푸르트 고등연구소에서 양자중력을 연구하는 독일의 이론물리학자 사빈 호센펠더는 다중우주를 "시간 낭비"라고 비판했다. 불가지론자이자 《실존 물리학 Existential Physics》의 저자인 그녀는 대중 매체가 다중 우주론을 지지하는 과학자의 수를 과장하고 있다고 지적했다. "사실 다중우주론은 틈새를 파고든 이론에 불과하다"라고 그녀는 말한다.[20]

제레인트 루이스와 루크 A. 반스는 저서 《행운의 우주》에서 어떤 과학자도 우주의 미세조정을 반박할 수 없다는 사실을 인정했다. 그들은 이 분야에서 발표된 논문 200여 편의 결론을 요약했다.

"모든 것을 고려하면, 생명을 위한 우주의 미세조정은 물리학자들의 철저한 조사에도 불구하고 여전히 유효하다"[21]라고 그들은 썼다. 그들은 미세조정이 목적 달성을 위해 물리학을 도용한 종교 신자들의 발명품이라는 것은 "사실이 아니다"라고 덧붙였다. 오히려 "물리학을 통해 미세조정에 대한 이해가 강화되는 경향이 있다"[22]라고 그들은 말했다.

135억 년의 기다림: 생명을 위한 미세조정

옥스퍼드대 출신의 물리학자이자 영향력 있는 저서 《유니버스 *Universes*》의 저자 존 레슬리는 우리 우주가 유일한 우주이고 다른 우주가 존재한다는 과학적 증거가 없다면 미세조정은 "신이 실재한다는 확실한 증거"[23]라고 믿는다.

스트라우스도 말했다. "저도 같은 생각입니다. 과학자로서, 확실히 알고 있는 사실은, 극도로 섬세하게 조정된 시작을 가진 우주가 하나 있고, 생명체가 존재할 수 있는 조건이 매우 드문 행성이 하나 있다는 것입니다. 이 모든 것을 보면, 이 모든 것을 설명하려면 신이 필요하다고 생각합니다."

나는 손을 들며 말했다. "잠깐만요. 어쩌면 우리 우주는 그렇게 정교하게 조정되지 않았다면요? 예를 들어, 창조주가 인류의 거주지를 만들고자 했다면, 왜 그렇게 많은 공간을 낭비했을까요? 우주는 상상할 수 없을 만큼 거대하지만, 대부분은 생명체가 살아가기엔 적합하지 않은 황무지잖아요."

스트라우스는 대답했다. "사실, 우주는 생명체가 살아가기엔 적합하지 않은 가장 작은 크기입니다."

나는 그 말에 충격을 받았다. "그 부분에 대한 설명을 자세히 듣고 싶군요."

"빅뱅 이후, 우리와 같은 태양계를 만들기 위해서는 이전 두 세대의 별을 거쳐야 합니다. 1세대는 주기율표의 일부 원소를 남겼지만 암석 행성과 복잡한 생명체를 만들기에는 탄소와 산소, 질소가 부족했지요. 그리고 2세대 별은 1세대 별의 잔해에서 형성되었습니다. 이 별들이 타면서 생성된 더 무거운 원소들이 우주 전체에 퍼져 나갔습니다. 우리의 태양은 그 잔해들이 합쳐진 결과고요.

말하자면 이 3세대 별들이 우리와 같은 태양계가 존재할 수 있는 첫 번째 기회라는 것입니다. 빅뱅에서 시작하여 우리와 같은 태양계가 형성되기까지 약 90억 년이 걸렸습니다. 이는 대략 45억 년 전에 우리 태양계가 형성된 시기와 일치합니다. 따라서 당신이 신이고, 사람들이 살기에 적합한 지구를 만들려는 목적을 가지고 이러한 과정을 거친다면 약 135억 년이 소요될 것입니다. 그동안 우주는 무엇을 하고 있을까요?"

"팽창하고 있습니다."

"맞습니다. 점점 커지고 있습니다. 그래서 우주가 엄청나게 큰 것은 사실이지만 생명체가 살 수 있는 행성을 하나 만들려면, 이것이 최대한 젊은 우주이면서 최대한 작은 우주인 셈이지요."

"그렇군요, 이제 이해가 되네요" 나는 대답했다.

과학적 증거로 추론한 신의 속성들

나는 스트라우스에게 물었다. "만약 신이 우리 우주와 지구에 대한 가장 그럴듯한 설명이라면, 과학적 증거를 통해 신에 대해 논리적으로 무엇을 추론할 수 있을까요?"

"몇 가지가 있습니다." 그는 손가락을 꼽아가며 말했다.

"첫째, 신은 피조물과는 구별되는 존재이므로 초월적 존재임이 틀림없습니다. 둘째, 신은 물리적 세계 이전에 존재했으므로 비물질적이거나 영이어야 합니다. 셋째, 신은 물리적 시간이 생기기 전에 존재했으므로 시간을 뛰어넘는 영원한 존재여야 합니다. 넷째, 빅뱅의 엄청난 에너지를 감안한다면 신은 강력해야 합니다.

다섯째, 빅뱅이 혼란스러운 사건이 아니라 정교하게 조율된 사건이었다는 사실을 고려한다면 신은 지적이어야 합니다. 여섯째, 창조하려면 결정을 내려야 하므로 인격적이어야 합니다. 일곱째, 창의적이어야 합니다. 우주의 경이로움을 보세요. 여덟째, 배려심이 많아야 합니다. 인간이 살 수 있는 거주지를 의도적으로 만들었으니까요."

"이 창조주가 기독교가 말하는 신이라는 것을 어떻게 알 수 있을까요?" 내가 물었다.

"우리가 증거에서 이끌어낸 모든 특성이 성경에서 말하는 하나님과 일치합니다"라고 그는 대답했다. "창조주가 한 분이라면 다신교가 배제되겠지요. 창조주는 피조물 밖에 있으므로 범신론도 배제됩니다. 우주는 순환하지 않으므로 동양 종교의 교리와도 맞지 않습니다. 그리고 빅뱅은 우주가 변함없다는 고대의 종교적 가정과도 모순됩니다."

토론토 대학교에서 박사학위를 받은 휴 로스는 성경의 고대 기록이 현대 우주론의 발견을 반영하는 몇 가지 방식을 지적한다.

"성경은 시간 자체를 포함한 물리적 현실의 초월적 시작을 언급합니다창 1:1, 요 1:3, 골 1:15-17, 히 11:3. 또한 지속적인 우주의 팽창 혹은 '펼쳐짐'에 관해 이야기합니다욥 9:8, 시 104:2, 사 40:22, 45:12, 렘 10:12. 변하지 않는 물리 법칙들렘 33:25에 대해서도 언급하는데, 그중에서 모든 곳에서 관찰할 수 있는 쇠락의 법칙전 1:3-11, 롬 8:20-22을 찾아볼 수 있습니다. 이런 설명들은 영원하고 정적인 우주에 대한 고대로부터 이어져 온 지속적인 가정과, 20세기까지 상식적으로 받아들여지던 생각에 정면으로 대치됩니다."[24]

스트라우스는 잠시 눈을 창밖으로 돌리며 우리가 함께한 마지막 시간에 철학적인 표정을 지었다. 그는 물을 한 모금 마시며 말했다.

"내 친구 중에는 예술가가 있습니다. 그 친구는 작품을 보면 그것을 만든 예술가의 영혼을 볼 수 있다고 말하지요. 나는 과학자입니다. 예술품을 알아보는 안목은 부족하지만, 우주와 아원자 세계를 깊이 관찰하면서 그것을 만든 이의 영혼을 볼 수 있답니다.

그런 다음 양자역학이라는 기이한 세계를 봅니다. 우리가 상상할 수 있는 세계와는 완전히 다릅니다. 하나님의 길은 우리의 길과 다르다고 말하는 이사야 55장 말씀을 생각나게 합니다. 하나님의 생각은 우리 인간의 생각보다 훨씬 더 큽니다.[25]

화가는 그림을 보며 '붓놀림이 화가의 마음을 말해주고 있다'라고 말합니다. 물리학자인 나는 양성자 안의 가상 입자들이 섬세하게 조율된 질량을 갖고 있음을 알고, 이는 창조주의 마음과 의도를 반영한다고 느낍니다. 창조주는 상상력이 풍부하면서 동시에 배려 깊습니다. 그렇지 않고서야 어떻게 모든 피조물이 우리에게 유익하도록 조화롭게 설계될 수 있었겠습니까?

솔직히 저는 그림을 봐도 그냥 '멋지네'라고 말하며 감탄할 뿐입니다. 저한테는 그냥 캔버스에 칠한 물감일 뿐이지요. 하지만 저는 과학자로서 특권을 누리고 있습니다. 다른 사람들이 볼 수 없는 방식으로 자연의 미묘한 차이와 세세함, 복잡함을 볼 수 있지요. 이런 발견들은 저를 하나의 명확한 결론으로 이끕니다. 신 존재에 대한 가설을 대체할 만한 다른 이론은 존재하지 않는다는 것입니다."

나 역시 그러하다. 솔직히 말해 우주론과 물리학이라는 두 영역의 증거만으로도 신의 실재를 입증하는 데 충분하다고 생각한다. 당신은 어떠한가?

하지만 신의 존재를 더욱 확실히 하는 증거는 또 있다. 바로 우리 몸의 각 세포 안에 숨겨진 생물학적 정보다. 이 복잡한 정보는 도대체 어디에서 왔을까? 단순한 진화의 산물일까, 아니면 어떤 초월적 지성의 결과일까? 이 문제를 탐구하기 위해 태평양 북서부로 향하는 비행기 표를 예매했다.

3장

우리의 DNA는 설계자를 요구한다

> 인간의 DNA는 브리태니커 백과사전보다 더 체계적인 정보를 담고 있다.
> 만약 이 백과사전의 내용이 우주에서 컴퓨터 코드의 형태로 전송되었다면,
> 대부분은 이를 외계 지적 생명체의 존재를 증명하는 증거로 여길 것이다.
> 그러나 자연 상태에서 발견되니 〔다윈주의자들은〕
> 이것을 무작위적인 힘의 작용으로 설명하려고 한다.
>
> 조지 심 존스톤, 《다윈이 옳았을까?*Did Darwin Get It Right*》

1953년에 프랜시스 크릭은 아내 오딜에게 자신과 동료가 생명의 비밀, 즉 단백질 합성 명령이 암호화되어 있는 DNA의 화학 구조를 발견했다고 말했다. 그런데 그의 아내는 그 말을 믿지 않았다. 몇 년 후 그녀는 남편에게 "당신은 집에 오면 늘 그런 말을 했기 때문에 대수롭지 않게 들었어요"[1]라고 털어놓았다.

이번에는 남편의 말이 과장이 아니었다. 그와 제임스 D. 왓슨은 '생명의 언어'가 저장되어 있는, 저 유명한 데옥시리보핵산DNA의 이중나선 구조를 발견한 공로로 노벨상을 수상했다.

과학자들은 우리 몸의 약 100조 개의 세포 속에 촘촘히 감겨 있는 DNA를 연구하면서 놀라움을 감추지 못했다. 약 2미터 길이의

DNA는 우리 몸을 구성하는 모든 단백질 생성에 필요한 유전 정보를 제공한다. 실제로 23쌍의 염색체에 내장된 3만 개의 유전자 각각은 20,500가지에 달하는 다양한 종류의 단백질을 생산할 수 있다.[2]

유전학자 마이클 덴튼은 4개의 화학 알파벳으로 세밀하게 기술된 방대한 정보를 미세한 DNA가 담아내는 능력이 "알려진 어떤 시스템보다도 훨씬 뛰어나다"라고 말했다.

사실 그는 지금까지 존재했던 모든 유기체 종(약 10억 종으로 추정)의 단백질을 만드는 데 필요한 정보를 "티스푼 하나의 DNA에 담을 수 있으며, 그렇게 해도 지금까지 집필된 모든 책의 정보를 수용할 공간이 여전히 남아 있을 것"[3]이라고 설명했다.

DNA는 정교하게 조율된 제조 과정에 필요한 정보 저장소 역할을 한다. 이 과정에서는 올바른 아미노산들이 올바른 결합으로 올바른 순서에 따라 연결되어, 올바른 종류의 단백질을 생성하며, 이 단백질들은 생물학적 시스템을 구축하기 위해 올바른 방식으로 접힌다.

한때 회의론자였던 생물학 교수 딘 케니언은 "이 새로운 분자유전학 분야는 지구상에서 설계의 존재를 가장 강력하게 보여주는 영역"[4]이라고 말한다.

마침내 과학자들이 30억 개의 인간 게놈 코드를 지도화했다고 발표했을 때(이는 《뉴욕타임스》 75,490쪽에 해당하는 분량이다), 당연히 신에 관한 언급도 넘쳐났다. 빌 클린턴 대통령은 과학자들이 "신의 생명 창조 언어를 배우고 있다"라고 말했고, 유전학자 프랜시스 콜린스는 DNA가 "이전에는 신만 알고 있던 우리 자신에 대한 사용설명서"[5]라고 묘사했다.

너무 호들갑을 떠는 것 같은가? 창조주에게 공개적으로 고개를 숙이는 것은 유신론이 지배적인 나라에서 예의로 고개를 끄덕이는 의미 이상도 이하도 아닌, 공손한 사회적 관습에 불과할까? 아니면 DNA에 담긴 풍부한 정보는 지적 설계자가 유전 물질에 '단백질 생성 명령'을 주입했을 것이라는 결론을 뒷받침할 수 있을까? 즉, 우리 세포에 존재하는 생물학적 정보는 신의 존재를 설득력 있게 보여주는 증거가 될 수 있을까?

이에 대한 확실한 답을 찾기 위해 나는 생명의 기원에 관한 미국 최고의 전문가와 대화를 나누기 위해 시애틀로 향했다.

생명 기원의 미스터리

스티븐 C. 마이어

디스커버리 연구소 과학문화센터 소장, 생물학 박사

스티븐 마이어Stephen Meyer는 물리학 및 지질학 학위를 취득한 후 케임브리지 대학교에서 과학사 및 철학 석사학위를 받았다. 나중에는 생명의 기원 생물학의 과학적, 방법론적 문제들을 분석한 논문으로 케임브리지 대학에서 박사학위를 받았다.

이후로 그는 지적 설계 운동에서 가장 설득력 있는 목소리를 내는 사람 중 하나가 되었다. 2002년 휘트워스 대학의 교수직을 그만두고 디스커버리 연구소 과학문화센터의 소장이 되었다. 저서로는 '타임스 문예부록'에서 올해의 책으로 선정한 《세포 속의 시그니처 Signature in the Cell》와 《하나님 존재 가설의 귀환 The Return of the God Hypothesis》이 있다.

나는 지난 수십 년간 생명의 기원을 연구하는 과학자들을 곤혹스럽게 만든 문제, 즉 DNA와 생명체 자체의 기원에 대한 명확한 답변을 모색하고 있었다. 이것은 신이 실재한다는 증거가 될 수 있을까? 아니면 좀 더 실질적인 유물론적 설명이 있을까?

DNA 설계 논쟁: 단백질 합성의 신비

나는 노트에 적은 마이어의 인용문을 읽으며 토론을 시작했다. "《정보와 생명의 기원*Information and the Origin of Life*》의 저자 베른트 올라프 퀴페르스에 따르면, '생명의 기원에 대한 질문은 생물학 정보의 기원에 대한 문제와 동일하다'고 말합니다."[1] 그런 다음 그에게 물었다. "이 말에 동의하세요?"

마이어는 "물론입니다"라고 답했다. "학생들에게 컴퓨터가 새로운 기능을 수행하려면 무엇이 필요한지 물으면 '새로운 코드를 입력해야 합니다'고 대답하지요. 살아 있는 유기체에도 동일한 원리가 적용됩니다.

유기체가 새로운 기능이나 구조를 갖추려면, 세포에 정보가 제공되어야 합니다. 세포의 주요 구성 요소인 단백질을 만드는 방법에 대한 지침이 필요합니다. 우리는 DNA가 세포라는 기계에 단백질 만드는 방법을 알려주는 지침이 담긴 디지털 코드 저장소라는 것을 알고 있습니다. 퀴페르스는 생명의 시작을 설명하는 데 있어 이 유전 정보의 근원, 즉 이 정보가 어디서 왔는지가 중대한 난제라는 것을 인식했습니다.

레시피를 보면서 수프를 만든다고 생각해보세요. 모든 재료를 갖추고 있어도 적절한 비율이나 어떤 재료를 어떤 순서로 넣어야 하는지, 얼마나 오래 끓여야 하는지 모른다면 맛있는 수프를 만들 수 없습니다.

많은 사람이 '원시 생명체 수프'prebiotic soup에 대해 얘기합니다. 이는 생명체가 탄생하기 이전의 원시 지구에 존재했을 것으로 추정되는 화학 물질들을 가리킵니다. 생명체의 세포를 구성하는 데 필요한 화학 물질이 존재한다 하더라도, 이들이 생물학적 기능을 수행하려면 이 물질들을 아주 특정한 배열로 조합하는 방식에 관한 정보가 요구됩니다. 1950년대와 1960년대부터 생물학자들은 세포의 중요한 기능이 대개는 단백질에 의해 수행되고, 이 단백질은 DNA에 저장된 '조립 지침'에 따라 만들어진다는 것을 인지했습니다."

"그럼 DNA에 대해 얘기해볼까요?" 내가 말했다. "당신은 'DNA 설계 논쟁'이 있다고 썼지요. 그게 무슨 뜻인가요?"

"아주 간단히 말하자면, 생명이 시작되는 데 필요한 DNA 정보의 기원은 과학자들이 일반적으로 사용하는 자연주의적 원인보다는 지적 원인으로 가장 잘 설명할 수 있다는 뜻입니다."

"DNA의 '정보'에 대해 얘기할 때 당신이 의미하는 바는 정확히 무엇입니까?" 내가 물었다.

"우리는 알파벳 26글자나 컴퓨터 코드에서 사용되는 0과 1 같은 두 가지 문자로도 정보를 전달할 수 있다는 것을 경험적으로 알고 있습니다. 20세기의 가장 놀라운 발견 중 하나는 DNA가 정보(단백질 조립에 대한 상세한 지침)를 4자리 디지털 코드 형태로 저장한다는 것입니다.

이 문자들은 아데닌, 구아닌, 시토신, 티민이라는 화학 물질을 가리킵니다. 과학자들은 이것을 알파벳 문자와 유사하게 A, G, C, T로 표현합니다. 이 네 '염기'의 적절한 배열은, 세포가 단백질의 기본 요소인 아미노산의 다른 서열을 만들도록 지시합니다. 염기 배열이 변경되면 아미노산 순서도 달라집니다."

마이어는 대학생들에게 자주 사용하는 예시를 들었다. 그는 책상 서랍에서 어린이들이 자주 가지고 노는 커다란 플라스틱 스냅락 구슬 몇 개를 꺼냈다. 그러더니 주황색, 녹색, 파란색, 빨간색, 보라색 등 다양한 모양의 구슬을 들어 보였다.

"이것은 단백질의 구조를 표현한 것입니다. 기본적으로 단백질은 아미노산이 길게 일렬로 배열된 형태거든요." 그는 구슬을 한 줄로 꿰면서 말했다. "아미노산 사이의 상호작용 때문에 단백질은 아주 독특한 3차원 형태로 접힙니다."라는 말을 덧붙이며 구슬 줄을 구부리고 비틀었다.

"이 3차원 형태는 열쇠의 톱니처럼 매우 불규칙하며, 세포 내의 다른 분자와 마치 자물쇠와 열쇠처럼 맞물립니다. 단백질은 흔히 반응을 촉진하거나 구조적 분자, 연결 고리, 또는 분자 기계의 일부로 기능하지요. 단백질이 기능을 수행하게 하는 이 특정한 3차원 모양은 아미노산의 1차원 서열에서 직접 유래합니다."

그런 다음 그는 구슬 몇 개를 빼내 순서를 바꾸기 시작했다. "빨간색 구슬과 파란색 구슬의 위치를 서로 바꾸면 상호작용하는 힘의 조합이 달라지고 단백질이 완전히 다르게 접힐 것입니다. 따라서 아미노산 서열은 사슬이 제대로 접히도록 하여 실제로 기능적인 단백질을 형성하는 데 중요합니다. 서열이 잘못되면 사슬이 접히지 않아 아미노산 서열이 제 기능을 발휘하지 못합니다.

단백질은 세포에서 핵심 기능을 담당하는 분자이며, 단백질이 없다면 생명체는 존재할 수 없습니다. 단백질은 어디에서 오는 걸까요? 이 질문은 단백질의 3차원 형태를 만드는 아미노산의 1차원적 순차 배열을 지시하는 DNA 지침이 어디에서 오는지에 대한 더 깊은 문제로 이어집니다." 그는 이렇게 강조했다. "궁극적으로 단백질의 기능적 특성은 DNA 분자에 저장된 정보에서 비롯됩니다."

생명 기원 연구: 지적 설계론 vs. 다른 시나리오

나는 마이어가 설명하는 과정에 푹 빠져들었다. "DNA가 단백질을 만드는 방법이 담긴 설계도와 같다는 말이로군요." 나는 전에 여러 번 스치듯 들었던 비유를 들어 말했다.

하지만 마이어는 주저했다. "사실 설계도 비유가 저는 마음에 들지 않아요"라고 그는 말했다. "세포와 유기체에는 다른 정보원이 있을지도 모릅니다. DNA가 중요하기는 하지만, 그렇다고 모든 것을 만들지는 않습니다. DNA는 단백질 분자를 합성하는 역할을 하지만, 이 단백질들은 다시 조합되어 정보를 전달하는 더 큰 구조의 구성 요소로 기능할 뿐입니다."

"그렇다면 더 적절한 비유가 있을까요?"

"DNA는 도서관과 비슷합니다"라고 그가 응답했다. "유기체는 DNA에서 필요한 정보에 접근해 중요한 구성 요소를 만들 수 있습니다. 도서관 비유가 더 적절한 이유는 알파벳의 특성 때문입니다.

DNA에는 단백질의 구조와 접힘을 형성하기 위해 정교하게 배열된 A, C, G, T로 이루어진 긴 서열이 존재하거든요. 단백질 하나를 만들려면 일반적으로 1,200~2,000개의 염기 또는 뉴클레오타이드가 필요한데 실로 엄청난 양의 정보입니다."

"그 정보의 출처가 다시 한번 궁금해지는군요"라고 나는 말했다.

"이건 단순히 호기심 차원의 질문이 아닙니다"라고 그는 힘주어 말했다. "이것은 매우 중요하고 근본적인 질문입니다. 정보가 어디에서 왔는지 설명할 수 없다면 생명도 설명할 수 없기 때문입니다. 분자를 실제로 기능하는 무언가로 만드는 것은 정보니까요."

"정보의 존재는 어떤 의미를 가지나요?" 나는 물었다.

"세포 내에 담겨 있는 정보는 지적 존재의 활동으로 가장 잘 설명될 수 있습니다"라고 그는 대답했다. "빌 게이츠는 DNA를 소프트웨어 프로그램과 비교했고, 인간이 만든 어떤 것보다 훨씬 복잡하다고 말했습니다. 마이크로소프트사에서 게이츠가 지능을 가진 프로그래머들을 통해 소프트웨어를 개발한 사실을 생각하면, 그의 말은 큰 울림을 줍니다. 정보이론가 헨리 퀘슬러Henry Quastler는 1960년대에 '새로운 정보의 생성은 항상 의식적인 활동과 연관되어 있다'고 했습니다.[2]

가장 단순한 세포라 할지라도, 우리가 현재 연구하거나 화석 기록에서 찾을 수 있는 것들은 모두 DNA나 다른 정보 전달체에 저장된 정보를 필요로 합니다. 우리는 경험을 통해, 정보가 항상 의식적인 활동과 연관되어 있다는 것을 알고 있습니다. 이러한 추론을 바탕으로, 최초의 세포에 내재되어 있던 초기 정보는 지적 설계에서 비롯되었을 가능성이 있다고 볼 수 있습니다."

그의 추론을 따라가다 보니 한 가지를 제외하고는 모든 퍼즐이 맞아 들어가는 듯했다. "하지만 주의할 점이 하나 있습니다." 내가 말했다.

마이어는 눈썹을 치켜올렸다. "가령 어떤 것인가요?"

"더 나은 설명을 찾을 수 없다면 그 모든 주장이 사실이겠지요."

"네, 물론입니다." 그가 말했다. "동일한 효과를 낼 수 있는 다른 원인을 배제해야 합니다. 생명의 기원을 연구하는 과학자들은 수십 년 동안 다른 가능성을 탐구해왔지만, 솔직히 말해 별 성과가 없었어요."

얘기를 더 나누기 전에, 나는 다른 가능한 시나리오가 지적 설계론을 따라오지 못한다는 사실을 확신하고 싶었다.

생명의 기원에 대한 3가지 설명

1871년 찰스 다윈은 편지에서 이렇게 추측했다. "다양한 암모니아와 인산염, 빛, 열, 전기 등이 있는 따뜻한 작은 연못에서 화학적으로 단백질 화합물이 형성되었을 때, 생명이 시작되었을 것이다."[3]

"과학자들이 원시 생명체 수프에 대해 얘기하는 것을 많이 들었습니다"라고 나는 마이어에게 말했다. 세포 형성에 필요한 기본 유기 화합물이 초기 지구의 바다에 축적되었다는 생각도 언급했다. 수백만 년에 걸쳐 고분자, 단백질, 핵산이 형성되었고, 결국 그렇게 해서 번식 능력이 발달한 것으로 추정된다. 최초의 단순한 세포가 등장할 때까지 이 과정은 자연 선택에 의해 점점 더 복잡해졌다.[4]

"이 영양소 수프, 즉 원시 수프가 실제로 존재했다는 증거가 얼마나 있는 건가요?" 내가 물었다.

"증거는 없습니다"라고 그는 대답했다. "이 원시 수프가 실제로 존재했다면 아미노산이 풍부했을 것입니다. 아미노산은 질소를 함유하므로, 질소도 많았을 것입니다. 따라서 지구의 초기 퇴적물을 조사하면, 질소가 풍부한 광물이 대량으로 퇴적된 것을 발견할 수 있어야 합니다."

"그럼 과학자들은 무엇을 발견했나요?"

"그런 퇴적물은 발견하지 못했습니다." 그는 말했다.

사실 그는 짐 브룩스Jim Brooks가 1985년에 《생명의 기원 Origins of Life》에서 이렇게 썼다고 말했다. "고대 선캄브리아기 퇴적물이 형성될 당시, 지구에 상당한 양의 '원시 수프'가 존재하지 않았음을 합리적으로 확신할 수 있습니다. 설령 그런 수프가 존재했더라도 그 시기는 매우 짧았을 것입니다."[5]

놀라운 일이었다. "과학자들이 원시 수프를 기정사실인 양 얘기하는 게 놀랍지 않습니까?" 내가 물었다.

"네, 분명 놀랍지요. 마이클 덴튼은 '생명의 기원에 관한 많은 논의에서 원시 수프가 마치 기정사실처럼 다뤄지지만, 정작 그 존재를 뒷받침할 확실한 증거는 전무하다는 점이 충격적이다.[6] 게다가 원시 수프가 존재했다고 가정하더라도 그 안에서 일어날 수 있는 교차 반응에는 심각한 문제가 있었을 것이다'라고 썼습니다."

"그게 무슨 뜻인가요?"

"이론적으로 원시 수프에 아미노산이 있었다고 해도, 다른 화학물질과 쉽게 반응했을 가능성이 있습니다. 그리고 이런 반응은 생명체

형성에 큰 장애가 되었을 것입니다."

세계가 생물학적 전구물질의 바다로 가득 차 있었다고 해도, 원시 지구에 생명체가 형성되는 데 방해가 되는 걸림돌은 엄청나게 많았을 것이다. 그런데도 생명에 이르는 합리적이고 자연주의적인 경로가 있었을까? 사건의 실마리를 쫓는 형사처럼, 나는 다양한 시나리오를 분석하며 그중 가장 그럴듯한 것이 무엇인지 파악해보기로 했다.

시나리오 #1: 무작위적 우연

나는 관찰부터 시작했다. "생명이 우연히 형성되었다는 가설은 과학계에서는 철 지난 이야기라고 들었습니다"라고 나는 말했다.

마이어도 동의했다. "생명의 기원 전문가들 대부분은 그런 접근법을 완전히 버렸습니다." 그는 손을 내저으며 말했다.

"그런데도 대중적으로는 이런 생각을 여전히 많이 하는 것 같습니다." 나는 지적했다. "이런 연구에 관심 있는 많은 대학생이 여전히 '우연'을 강조하고 있어요. 아미노산이 수백만 년 동안 무작위로 상호작용하면 어떻게든 생명체가 나타날 것이라고 생각하는 것이지요."

"그래봤자 소용없어요"라고 마이어는 대답했다. "스크래블 글자 타일을 바닥에 무한정 많이 던진다 해도 단순하게라도 책 한 권이 나올 수 있겠습니까? 빅뱅 이후의 시간이 지나도 우연히 그 분자를 생성하는 데 필요한 적절한 자원을 얻을 순 없어요. 단순한 단백질 분자나 그 분자를 만드는 유전자조차 정보가 너무 많기 때문입니다."

"최초의 분자가 오늘날의 분자보다 훨씬 단순했더라도 그럴까요?" 내가 물었다.

"최소한의 복잡성 임계값이라는 게 있습니다." 마이어는 대답했다. "단백질은 특정 기능을 수행하려면 3차원 구조 형태로 접혀야 하며, 이를 위해선 적어도 75개 이상의 아미노산이 필요합니다. 보수적으로 잡아도 그렇습니다. 우연히 단백질 분자가 형성되기 위해 몇 가지 조건이 충족되어야 하는지 생각해봅시다.

첫째, 아미노산 간의 올바른 결합이 필요합니다. 둘째, 아미노산은 오른손잡이 버전과 왼손잡이 버전이 있는데, 왼손잡이 버전만 사용해야 합니다. 셋째, 아미노산은 문장 내 글자처럼 정해진 순서로 연결되어야 합니다.

이러한 조건이 모두 충족될 확률을 계산해보면, 짧은 기능적 단백질이 우연히 형성될 확률은 십만 조조조조조조조조조조조 분의 1입니다. 뒤에 0이 125개가 붙은 수준입니다! 단 하나의 단백질 분자가 그렇다는 겁니다. 아주 작은 복합 세포만 해도 300~500개의 단백질 분자가 필요하지요. 그리고 이 모든 일이 지구가 냉각되는 시기와 우리가 발견한 가장 초기의 미세 화석 사이의 대략적인 시간인 1억 년 동안에 이루어져야 합니다.

이러한 확률을 무시하고 그저 우연을 말하는 건 자연주의적 기적을 주장하는 것과 같습니다. 무지하다는 고백이지요."

시나리오 #2: 자연 선택

우연적 변이는 생명의 기원을 설명하기 어렵다고 하지만, 진화생물학자인 리처드 도킨스는 자연 선택이 우연한 변이에 작용하면 진화가 어려운 일을 해낼 수 있다고 주장했다.[7]

"진화가 최초의 생명체를 만들어내는 이 거대한 장벽을 어떻게 극복할 수 있었는지, 그것을 자연 선택으로 설명할 수 있을까요?" 나는 마이어에게 물었다.

"생물학적 진화 내에서 자연선택의 역할에 대한 논의는 다양하고 복잡하지만, 생명의 기원과 관련해서는 좀 더 명확한 구분이 있습니다. 특히 생명이 출현하기 이전, 즉 생명체가 존재하지 않았던 단계에서는 자연 선택의 개념을 적용하기 힘들다는 점이 중요합니다"라고 마이어는 대답했다. "테오도시우스 도브잔스키가 말했듯 '생명체 출현 이전의 자연 선택은 용어의 모순'이라고 할 수 있습니다."[8]

"어떻게 그런가요?"

"자연 선택이 작동하려면 자기 복제가 가능한 생명체가 필요하다는 점은 다윈주의자들도 인정합니다"라고 마이어는 설명했다. "생명체는 번식하고, 그 후손은 변이를 가지며, 환경에 더 잘 적응한 생명체가 더 잘 살아남습니다. 그런 적응은 보존되어 다음 세대에 전달됩니다. 하지만 번식이 일어나려면 세포 분열이 이루어져야 하고, 세포 분열은 정보가 풍부하게 담긴 DNA와 단백질이 존재해야 가능합니다. 이것이 바로 문제입니다. 그들이 설명하려는 바로 그 문제입니다!

즉, 다윈주의자들이 주장하는 진화가 일어나려면 자기 복제가 가능한 생명체가 필요한데, 그렇게 되려면 DNA에 필요한 정보가 있어야 합니다. 그러나 그 정보가 없으면 자기 복제 생명체를 가질 수 없습니다. 이것은 마치 구덩이에 빠진 사람이 사다리가 필요하다는 걸 알고서, 구덩이에서 나와 집으로 가서 사다리를 가져온 뒤 다시 구덩이로 뛰어 드는 것과 같습니다. 말이 안 되는 일이지요."

나는 또 다른 가능성을 제기했다. "혹시 복제가 훨씬 더 간단한 방식으로 시작되었고, 그 후에 자연 선택이 작용하지 않았을까요? 예를 들어, 일부 작은 바이러스는 유전물질로 RNA를 사용합니다. RNA 분자는 DNA보다 단순하고 정보를 저장할 뿐만 아니라 복제까지 할 수 있어요. 번식 생명체가 DNA보다 훨씬 덜 복잡한 영역에서 시작되었다는 'RNA 최초 가설'은 어떤가요?"

"그 가설에는 산더미 같은 문제가 있습니다"라고 마이어는 말했다. "몇 가지만 예로 들자면 이래요. 우선, RNA 분자가 작동하려면 DNA와 마찬가지로 정보가 필요하므로 정보가 어디서 왔는지에 대한 문제로 다시 돌아가게 됩니다. 또한 RNA 분자 하나가 복제되려면 그 주변에 동일한 RNA 분자가 있어야 합니다. 하지만 적절한 길이의 동일한 RNA 분자 두 개를 합리적으로 얻으려면 100억 개의 RNA 분자로 이루어진 라이브러리가 필요합니다. 이것은 원시 복제 시스템이 우연히 생겼다는 주장을 사실상 불가능하게 만듭니다."[9]

RNA 이론은 한동안 인기를 얻었지만 이에 회의적인 사람들도 적지 않았다. 생명의 기원 연구자인 그레이엄 케언스 스미스는 "이 분야에 대한 흥미롭고 상세한 많은 실험"을 통해 이 이론이 "매우 신뢰하기 어렵다"[10]라는 것이 밝혀졌다고 말했다. 스크립스 연구소의 생화학자 제럴드 조이스는 더욱 신랄하게 비판하면서 "RNA가 최초의 생명을 이루는 물질이었다는 주장을 하려면 허수아비 위에 허수아비를 올려야 한다"[11]라고 말했다.

시나리오 #3: 화학적 친화력과 자기정렬

마이어는 1970년대 초에 생명의 기원을 연구하는 과학자들 대부분이 무작위적 우연과 자연 선택이라는 대안에 흥미를 잃었다고 언급했다. 그 결과 일부 과학자들은 정보를 담고 있는 거대 분자 DNA와 단백질의 기원에 대한 세 번째 가능성, 즉 다양한 자기조직화 이론을 탐구했다.

예를 들어, 일부 과학자들은 DNA의 네 글자 알파벳이 화학적 친화력에 의해 자가 조립되었거나, 아미노산 간의 자연적 친화력에 의해 서로 결합하여 단백질이 형성되었다는 이론을 제시했다.

"이 접근법을 처음으로 널리 알린 주요 인물 중 한 명은 바로《생화학적 예정*Biochemical Predestination*》이라는 중요한 교재를 공동 집필한 딘 케니언이었습니다"라고 마이어는 설명했다. "이 책의 제목은 생명의 기원이 단백질의 아미노산과 DNA의 염기 같은 기본 분자들의 자연스러운 자체 조립 능력에 의해 사실상 미리 결정되어 있다는 아이디어를 효과적으로 전달합니다. 생명의 발생은 마치 우주의 법칙에 따라 불가피한 결과인 것처럼 여겨졌죠."

그러나 케니언이 나중에 다음과 같이 말하며 자기가 썼던 책의 결론을 부인했다는 사실을 나는 알고 있다. "가장 단순한 세포라고 할지라도 화학적 진화의 기원이 될 가능성은 전혀 없다." 그리고 지적 설계는 "분자 생물학의 여러 발견과 매우 밀접하게 일치하기 때문에 큰 의미가 있다"라고 그는 선언했다.[12]

마이어는 화학적 친화력에 의해 발생하는 일종의 자기정렬 현상이 자연계에서 관찰되는 사례가 있다고 설명했다. 소금 결정이 좋은 예다. 화학적 친화력에 의해 나트륨 이온Na+이 염화 이온Cl-과 결합하여 소금 결정 내에서 고도로 정렬된 패턴을 만들어낸다. 나트륨과 염소가 계속해서 반복 배열되는 현상이다.

그러나 과학자들이 실험해본 결과 아미노산은 이와 같은 결합 친화력을 보이지 않았다고 그는 말했다. 아주 약간의 친화력은 존재했지만, 기능성 단백질에서 관찰되는 염기 서열 패턴과는 연관성이 없었다.

더욱이, 정보이론가 휴버트 요키와 화학자 마이클 폴라니는 더 심오한 문제를 제기했다. "DNA와 단백질의 서열을 자기조직화 특성의 결과로 설명할 수 있다면 어떻게 될까요? 반복되는 서열만 있는 소금 결정 같은 결과가 나오지 않을까요?"[13]

마이어는 이렇게 설명했다. "DNA에 반복되는 문자만 있다면, 조립 지침은 아미노산에게 같은 방식으로 계속해서 조립하라고 지시할 겁니다. 살아 있는 세포가 기능하는 데 필요한 다양한 종류의 단백질 분자를 모두 만들지는 못하는 것이지요. 마치 자동차 제작 지침서를 받아들었는데, 펼쳐보니 '그-그-그-그-그-그'라는 말만 적힌 것과 같습니다. '그'라는 한 단어짜리 어휘로는 필요한 모든 정보를 전달할 수 없습니다.

정보는 가변성, 불규칙성, 예측 불가능성을 내포해야 하는데, 정보이론가들은 이러한 특성을 복잡성으로 봅니다. 반면, 자기조직화는 반복되고 중복되는 구조를 제공하는데, 이러한 특성은 단순 질서로 불립니다. 복잡성과 질서는 정반대의 개념이지요. 화학진화론자들도 이 문제를 피해갈 수 없습니다."

DNA 코드가 암시하는 생명의 설계자

마이어는 숙련된 권투선수처럼, 생명과 DNA의 정보 기원에 관한 자연주의적 설명의 세 가지 범주를 능숙하게 반박했다. 요컨대 생명의 기원에 필요한 정보가 어떻게 생겨났는지 자연주의적 방법으로 설명할 수 있는 가설은 없었다고 그는 주장했다.

철학유물론자 프랜시스 크릭이 인정했듯, "현재 우리가 알고 있는 모든 지식을 활용해 보아도, 생명의 기원은 거의 기적과 같다고 말할 수 있을 것입니다. 그 기적이 이어지기 위해서는 만족시켜야 할 조건이 너무나 많습니다."[14]

많은 연구자들이 의지할 수 있는 유일한 방법은 한 과학자의 말처럼, 이전에 알려지지 않은 어떤 "마법의 광물이 핵산을 생성하는 데 필요한 반응을 일으키는 적절한 특성을 가지고 있음"이 밝혀지리라는 믿음을 잃지 않는 것이다.[15]

"언젠가 과학자들이 또 다른 가설을 내놓겠지요." 나는 마이어에게 말했다.

"아마도 그럴 겁니다"라고 그는 대답했다. "어떤 새로운 증거가 나올지 모르기 때문에 이와 같은 것을 100% 확실하게 증명할 수는 없습니다. 그래서 모든 과학자는 추론을 잠정적으로 합니다. 하지만 일부 가능성은 완전히 배제할 수 있습니다. 그런 게 막다른 길인 셈이지요."

"몇몇 회의론자들은 당신이 무지에 기반한 논증을 펼치고 있다고 주장할 것입니다." 나는 지적했다. "과학자들은 생명이 어떻게 시작되었는지 모른다고 인정하는데, 당신은 지적 설계자가 있었을 것이라고 결론을 내니까요."

이에 그는 반박했다.

"아니요, 전혀 그렇지 않습니다. 다른 이론들이 실패했기 때문에 지적 설계가 타당하다고 말하는 게 아닙니다. 나는 단지 과학자들이 과거의 문제를 추론하는 방식, 즉 '최선의 설명'을 도출하는 것뿐입니다. 과학자는 증거를 설명하는 능력에 따라 각 가설을 평가합니다. 일반적으로 핵심 기준은 설명이 해당 효과를 일으킬 수 있는 능력, 즉 '인과력'을 갖느냐의 여부입니다.

이 경우 문제가 되는 효과는 정보입니다. 우리는 우연, 자연 선택과 결합된 우연, 자기조직화 과정이라는 세 가지 모두가 정보를 생성하는 데 인과력이 없다는 것을 확인했습니다. 하지만 정보를 생성하는 데 필요한 인과력을 갖춘 실체가 하나 있는데, 바로 지능입니다. 우리는 알지 못하는 것이 아니라, 알고 있는 것을 근거로 이를 추론하고 있습니다. 그러니 무지에서 비롯된 주장이 아닙니다."

"하지만 당신의 주장에는 근본적인 약점이 있지 않나요?" 내가 물었다. "당신은 DNA의 정보를 우리가 언어에서 찾는 정보와 비교하며 유추해서 주장하고 있어요. 유추에 근거한 주장은 그 기반이 약할 수 있습니다. 옹호자들은 두 가지의 유사성을 강조하겠지만, 반대파는 차이점을 강조할 것입니다."

"저는 유추를 바탕으로 주장하지 않습니다. DNA의 코딩 영역은 컴퓨터 코드나 언어와 동일한 관련 속성을 가지고 있습니다. 책과 컴퓨터 코드가 지능에 의해 설계되었다는 것을 우리는 알고 있지 않습니까? DNA에 이러한 유형의 정보가 존재한다는 것은 그 기원이 지능에서 비롯되었음을 암시합니다.

많은 분야의 과학자들은 정보와 지능 사이의 연관성을 인정하고 있습니다. 고고학자들이 로제타 스톤을 발견했을 때, 그 위의 기호들이 무작위적인 우연이나 자기조직화 과정의 결과물이라고 생각하지 않았습니다. 기호의 순차적 배열은 명확하게 정보를 전달하고 있었으며, 그것이 지능에 의해 만들어졌다고 판단하는 것이 가장 합리적인 가정이었습니다. 이 원리는 DNA에도 동일하게 적용됩니다."

더 많은 과학자들이 이에 동의하고 있다. "생명의 기원 연구자들은 생명의 개시에 대한 엄밀한 유물론적 설명에서 어떤 실질적인 진전도 이루지 못했다"라고 파잘레 라나는 말했다. 그는 생화학에 중점을 둔 화학 박사학위를 받고, 세포막 생물물리학을 박사후과정에서 연구했다. "생명의 기원에 대한 성경의 설명과 자연의 설명 사이의 조화는 기독교 신앙의 타당성을 강력하게 증명하는 증거입니다."[16]

마이어는 지능이, 아니 지능만이 유전 물질에 정확한 정보가 존재하는 이유를 설명할 수 있다고 주장했다. 이 자체로 생명 설계자의 존재를 강력하게 뒷받침하는 증거였다. 우주의 기원과 미세조정을 종합해보면, 신이 정말 존재한다는 주장은 강력하고 설득력이 있다.

그러나 이러한 과학적 발견들이 유신론을 우리 세계에 대한 최선의 설명으로 만들어줄지라도, 기독교의 전반적인 신뢰성을 확립하는 데 이것만으로는 부족하다. 이에 나는 기독교 신앙의 핵심 주장, 즉 나사렛 예수가 죽음에서 부활하여 자신의 신성을 증명했다는 주장을 검증하기 위해 이제 역사적 탐구를 수행해야겠다고 생각했다.

4장

부활 사건은 예수가 하나님임을 보여주었다

예수님이 죽음에서 부활했다면 그분이 말씀하신 모든 것을 받아들여야 합니다.
그분이 부활하지 않았다면 무슨 말을 했듯 말든 신경 쓸 이유가 없습니다.
그분의 가르침을 좋아하고 말고가 아니라
그분이 과연 죽음에서 부활했는가 아닌가, 모든 문제가 여기에 달려 있습니다.

티모시 켈러, 트위터 게시물, 2022. 4. 5.

로스앤젤레스에 있는 호화로운 플레이보이 맨션의 거실, 그리스도인 작가에게 가장 어울리지 않는 장소였지만, 나는 그곳에 앉아 있었다. 《플레이보이》의 창립자 휴 헤프너와 TV 인터뷰를 하기 위해서였다. 그는 평소 즐겨 입는 잠옷과 실크 스모킹 재킷을 입고 있었다.

그의 영적 신념에 대해 질문했을 때, 이 쾌락주의자는 신을 "만물의 근원"이자 "위대한 미지의 존재"로 표현하며 최소한의 믿음을 고백했지만, 기독교의 하나님은 "내게는 너무나 유치해 보였다"라고 말했다.

그러다가 예수의 부활 이야기를 꺼내자 그의 눈이 반짝였다. 그리고 감탄하듯 이렇게 말했다. "아, 예수가 죽음에서 살아났다는 진짜 증거가 있다면, 그것이 우리를 놀라운 일들로 이끌 시작점이 될 것입니다. 사후 세계가 실재하며, 우리가 기대하는 모든 것들이 실제로 가능하다는 것을 입증하는 증거니까요."

그러나 헤프너는 예수의 부활에 대한 역사적 증거를 직접 살펴본 적은 없다고 고백했고, 여전히 의구심을 품고 있었다. "내가 예수를 하나님의 아들로 생각한다고 보세요?"라고 그는 물었다. "나는 예수가 우리보다 더 하나님의 아들이라고 생각하진 않습니다."[1]

다시 말해, 부활이 사실이 아니라면 말이다. 모든 것은 부활로 귀결된다. 사도 바울은 "그리스도께서 다시 살아나신 일이 없으면… 너희 믿음도 헛것"[2]이라고 썼다. 십자가는 예수를 사기꾼으로 폭로하거나, 그의 신성을 입증하는 초자연적인 부활의 문을 열어주었거나, 둘 중 하나였기 때문이다.

어쨌거나 예수는 말과 행동으로 자신이 하나님이라고 주장했다.[3] 예를 들면 다음과 같다. 그는 죄를 사했는데, 이는 하나님만 할 수 있는 일이었다마 9:1-3. 그는 자신을 인자the Son of Man라고 불렀는데, 이는 다니엘서 7장 13-14절에 나오는 주권적이고 영원하며 경배받는 신성한 인물을 가리키는 말이다. 그는 하나님처럼 자연을 다스리는 능력을 보여주었다마 14:30-33. 그는 자신이 하나님 우편에 앉아 그분의 심판을 행할 것이라고 말했는데막 14:61-64, 유대 지도자들은 이를 신성모독으로 간주했다. 그는 경배를 받았고마 28:17, 하늘과 땅의 모든 권세를 받았다고 주장했으며마 28:18, 편재성마 28:20과 전지성마 9:4을 비롯한 신적 속성을 보였으며, 아버지와 같은 존경을 받을 자격이 있다고 주장했다요 5:22-23.

예수는 "나와 아버지는 하나"[4]라고 선언했다. 그리스어로 '하나'

라는 단어는 남성형이 아니라 중성형으로 쓰인다. 이는 예수가 "나와 아버지는 같은 인격"이라고 말한 것이 아니라, "나와 아버지는 본성이나 본질에서 하나"라는 의미를 내포한다고 볼 수 있다.[5] 예수의 반대자들은 한낱 사람에 불과한 자가 자칭 하나님이라고 주장했기 때문에 신성모독을 응징하기 위해 그에게 돌을 던졌다.[6] 유대 당국은 "우리에게 법이 있으니 그 법대로 하면 그가 당연히 죽을 것은 그가 자기를 하나님의 아들이라 함이니이다"[7]라고 말했다.

물론 누구나 자기 자신을 하나님이라고 주장할 수는 있다. 하지만 예수가 자신을 하나님이라고 주장하고 죽었다가 부활했다면, 이는 그가 말한 것이 진실이었다는 확실한 증거가 된다.

부활에 대한 역사적 증거를 자세히 살펴본 적이 있는가? 내게는 정말 흥미로운 경험이었다! 아내가 기독교로 회심한 후로 약 2년에 걸쳐 진행한 이 작업은 내가 회의론자에서 신자로 변화하는 데 결정적인 역할을 했다.

역사 자료를 분석하는 데 도움을 얻고자, 나는 부활 연구 분야에서 두각을 나타내는 학자에게 연락을 취했다. 그가 718쪽에 걸쳐 쓴 《예수의 부활: 새로운 역사기술적 접근법 *The Resurrection of Jesus: A New Historiographical Approach*》은 이 주제에 관한 획기적인 저서다. 그는 이 핵심 교리에 대해 논의하기 위해 우리 집에 오기로 했다.

부활에 관한 최소한의 증거들

마이클 리코나

노스웨스트대학 교수, 신학박사

남아프리카 프리토리아 대학교에서 부활 연구로 박사학위를 받은 마이클 리코나Michael Licona는 세계적인 부활 권위자인 게리 하버마스Gary Habermas의 지도를 받았다. 두 사람은 수상 경력에 빛나는 책 《예수 부활 사건The Case for the Resurrection of Jesus》을 공동 집필했다. 역사학자 폴 마이어는 이 책이 부활에 대한 자연주의적 설명과 관련해 "부활이라는 주제를 가장 포괄적으로 다루고 있다"라고 평가했다.[1]

최근 몇 년 동안 리코나는 이슬람의 열렬한 지지자인 샤비르 알리, 영성 분야의 논쟁가인 댄 바커, 회의론자인 리처드 캐리어, 자유주의자 교수인 일레인 페이걸스, 불가지론 학자인 바트 어만 등 강력한 반대파들과 토론을 벌였다.

리코나는 1985년 대학원 과정을 마칠 무렵 의심의 시기를 지나며 신앙이 더욱 돈독해졌다. 기독교의 진실성에 의문이 들면서 그는 열살 적부터 가지고 있던 신앙을 버릴 뻔했다. 그 대신 그는 기독교와 여타 주요 세계 종교들을 새로운 관점에서 연구하고 무신론을 깊이 있게 고찰하는 과정에서, 기독교가 견고한 역사적 기반 위에 서 있다는 확신을 갖게 되었다.

역사가가 지켜야 할 세 가지 R

거실의 소파에 자리를 잡은 후 나는 리코나에게 물었다. "역사학자가 부활 같은 주제를 연구하려면 어디서부터 시작해야 하나요?"

"초등교육의 세 가지 R, 즉 읽기, 쓰기, 산수에 대해 들어보셨지요?" 그가 물었다. "양질의 역사를 기술하기 위한 3R도 있습니다. 관련 자료Relevant sources, 책임감 있는 방법론Responsible method, 신중한 결론 도출Restrained results이 그것입니다.

첫째, 역사가들은 모든 관련된 출처를 파악해야 합니다. 여기에는 신약성서를 비롯해 요세푸스, 타키투스, 플리니우스의 저서처럼 예수가 언급된 몇몇 세속 자료들, 초기 기독교를 옹호했던 호교론자들, 심지어 영지주의자들의 글도 포함됩니다. 사도들의 후계자였던 사도 교부들에 대해서도 살펴보면 좋지요."

"사도 교부들 중 가장 중요한 인물은 누구입니까?"

"로마의 클레멘트는 사도 베드로의 제자로, 폴리캅은 사도 요한의 제자로 여겨지므로, 그들의 저술을 통해 사도들의 가르침을 파악할 수 있습니다. 관련 자료를 모두 확인하고 난 다음에는 책임 있는 방법을 적용해야 합니다. 이는 초기 보고, 목격자의 증언, 적대자의 증언, 해석하기 어려운 사실, 다른 사람들이 확인한 보고에 가장 큰 가중치를 두어야 한다는 뜻입니다."

"절제된 결과란 무슨 뜻인가요?"

"역사가들은 증거가 보증하는 것 이상을 주장해서는 안 된다는 뜻입니다."

"편견은 어떻게 처리해야 하나요? 사람들이 편견이라는 렌즈를 통해 역사적 증거를 바라본다는 것은 부인할 수 없는 사실이잖아요."

"물론입니다. 유신론자, 이신론자, 무신론자 할 것 없이 우리 모두는 편견을 가지고 있습니다"라고 리코나가 말했다. "그래서 일정한 견제와 균형이 필요합니다. 역사학자 게리 하버마스가 부활에 대한 '최소한의 사실 접근법'을 만든 이유이기도 하지요."

"편견을 어떻게 피할 수 있을까요?"

"이 접근 방식에서는 두 가지 기준을 충족하는 사실만 고려합니다. 첫째, 그 사실을 뒷받침하는 강력한 역사적 증거가 있어야 합니다. 둘째, 그 증거는 회의론자를 포함한 현대의 관련 전문가 대다수가 역사적 사실로 인정할 만큼 충분히 강력해야 합니다. 형이상학적 신념에 동의하지는 않더라도 그것을 받아들이는 사람이 있다면, 그것은 사실일 가능성이 더 커집니다."

"이 모든 학자가 부활에 대해 믿는 바를 어떻게 알 수 있을까요?"

"하버마스는 1975년부터 현재까지 전문가들이 부활에 관해 쓴 프랑스어, 독일어, 영어로 된 2,200개 이상의 자료 목록을 작성했습니다. 회의론자를 포함한 대다수 학자가 역사적 사실로 받아들이며 확실한 증거가 뒷받침하는 최소한의 사실들도 찾아냈습니다. 우리는 이러한 사실 기록에 최선의 역사적 설명을 제시하고자 노력하고 있습니다.

마치 직소 퍼즐을 맞추는 것과 같아요. 각각의 조각은 역사적 사실을 나타냅니다. 우리는 어떤 조각도 누락하거나 억지로 욱여넣지 않으면서 퍼즐을 완성하려 합니다. 퍼즐은 마침내 우리가 알고 있는 사실에 대한 최선의 설명을 토대로 그림을 만들어내지요."

이런 준비를 마친 후, 나는 리코나에 도전장을 내밀었다. "최소한의 사실만 사용해 예수가 죽음에서 부활했다는 주장을 얼마나 강력하게 뒷받침할 수 있는지 보여주세요"라고 말했다.

리코나는 소파 가장자리로 옮겨 앉으며 말했다. "최소한의 다섯 가지 사실만 사용할 테니 얼마나 설득력 있는지는 듣고 스스로 판단해보시길 바랍니다."

사실 #1: 예수는 십자가에 못 박혀 죽었다

"첫 번째 사실은 예수의 십자가 처형입니다. 존 도미닉 크로산 같은 극단적인 자유주의자조차 '예수가 십자가에 못 박혔다는 것은 어떤 역사적 사실보다 확실하다'라고 말합니다.[2] 회의주의자 제임스 타보르도 '예수가 로마의 십자가형에 처해졌다면, 그가 정말 죽었다는 데에는 의심의 여지가 없다고 본다'[3]라고 했지요. 무신론자인 신약비평가 게르트 뤼데만Gerd Lüdemann과 불가지론자 바트 어만 모두 십자가 처형은 명백한 사실이라고 주장합니다. 왜 그럴까요? 우선, 사복음서에 모두 기록되어 있기 때문입니다."

나는 손을 들며 말했다. "우와! 지금 성경이 영감을 받은 하나님의 말씀이라고 가정하시는 건가요?"

내가 이 문제를 제기하자 리코나는 반가워하는 듯했다. "한 가지 분명히 말씀드리자면, 저는 성경을 무오하거나 영감받은 문서라고 가정하고 증거를 검토하지 않습니다. 단지 다른 고대 기록들처럼 역사적 검토의 대상이 될 수 있는 고대 문서로 여깁니다."

그렇게 해명한 다음 그는 주장을 계속 이어갔다. "사복음서 말고도 십자가 처형을 확증하는 다른 비기독교 자료들도 다수 있습니다. 예컨대, 로마의 역사가 타키투스는 예수가 '티베리우스 치세 동안 극형을 당했다'라고 기록했습니다. 유대 역사가 요세푸스는 빌라도가 예수를 '십자가형에 처하라고 판결했다'라고 기록했지요. 그리스의 풍자작가 사모사타의 루키아노스도 십자가 처형을 언급했고, 이교도였던 마라 바 세라피온도 예수가 처형당했음을 확실히 인정했습니다. 심지어 유대인의 탈무드에도 '예슈가 매달렸다'라고 기록되어 있습니다."

"예슈요? 매달렸다고요?"

"네, 예슈Yeshu는 히브리어로 '여호수아'이고, 그리스어로는 '예수'로 번역됩니다. 그리고 고대 세계에서 나무에 매달린다는 것은 종종 십자가 처형을 의미했습니다."[4]

"사형집행자들은 예수가 정말 죽었는지 확인할 수 있는 역량이 있었을까요?"

"그랬을 것이라고 확신합니다. 로마 군인들은 늘 사형 집행을 담당했습니다. 그게 그들의 업무였지요. 그들은 아주 능숙하게 처형했습니다. 게다가 십자가형은 기본적으로 희생자가 십자가에 매달린 자세로 인한 호흡 곤란 때문에 서서히 고통스럽게 죽어가는 처형이었습니다. 그들을 속일 방법은 없었습니다. 이 첫 번째 사실은 고대 역사에서 그 무엇보다 견고한 사실입니다. 결국 예수는 십자가에 못 박혀 죽었습니다. 이에 대한 학계의 합의는 절대적입니다."

나는 예수의 십자가 죽음에 논란의 여지가 없다는 데 동의했다. 비종교적이면서 동료 평가를 거치는 《미국의학협회》 저널에서조차 십자가 처형을 분석한 후, "역사적, 의학적 증거들을 종합해볼 때, 예수는 옆구리에 상처를 입기 이전에 이미 숨을 거두었음이 명백하다"[5] 라는 결론을 내렸다.

이 사실을 확고히 정립한 다음, 리코나는 다음 최소한의 사실로 넘어갔다.

사실 #2: 제자들은 부활한 예수가 그들에게 나타났다고 믿었다

"두 번째 사실은 예수가 실제로 부활하여 그들에게 나타났다고 제자들이 믿은 것입니다"라고 리코나는 말했다.

"이에 대한 세 가지 증거가 있습니다. 첫째, 제자들에 대한 바울의 증언, 둘째, 초대교회에 내려온 구두 전승, 셋째, 초대교회에 대한 저작물입니다.

먼저, 바울의 증언부터 살펴봅시다. 바울은 베드로, 야고보, 요한 등 몇몇 제자들과 개인적으로 알고 지냈기 때문에 중요한 인물입니다.[6] 게다가 고린도전서 15장 11절에서 '나나 그들이나 이같이 전파하매'라며 예수의 부활을 전했음을 언급합니다. 다시 말해, 그는 사도들이 자신과 마찬가지로 예수가 죽은 자 가운데서 다시 살아났다고 주장한다는 사실을 알았습니다.

그다음으로 구두 전승을 살펴보겠습니다. 당시에는 녹음 장치가 존재하지 않았고 문자 해독 능력을 가진 사람도 드물었기 때문에, 전해 내려오는 이야기를 후에 문서로 기록할 때까지 구전 전승에 의지할 수밖에 없었습니다. 학자들은 이러한 구두 전승이 신조, 찬송가, 설교 요약의 형태로 신약성경 곳곳에 적혀 있는 것을 확인했습니다. 신약성경 저자들이 이 내용을 기록하려면 그 전에 이미 구두 전승이 존재해야 했으므로 이것은 정말 중요한 증거가 아닐 수 없습니다."

"그러니까 이른 시기에 말이지요."

"모든 역사가가 말하듯 아주 이른 시기에 구두 전승은 그들에게 유리하게 작용했습니다. 예를 들어, 핵심 교리를 암기하기 쉬운 형태로 정리한 신조가 있습니다. 가장 이른 시기에 작성된 중요한 신조 중 하나가 바울이 기원후 55년경 고린도 교회에 보낸 첫 번째 편지에 포함되어 전해졌습니다. 이렇게 말이지요.

'내가 받은 것을 먼저 너희에게 전하였노니 이는 성경대로 그리스도께서 우리 죄를 위하여 죽으시고 장사 지낸 바 되셨다가 성경대로 사흘 만에 다시 살아나사 게바[베드로]에게 보이시고 후에 열두 제자에게와 그 후에 오백여 형제에게 일시에 보이셨나니 그중에 지금까지 대다수는 살아 있고 어떤 사람은 잠들었으며 그 후에 야고보에게 보이셨으며 그 후에 모든 사도에게 … 보이셨느니라.[7]

많은 학자는 바울이 회심하고 나서 3년 뒤 예루살렘을 방문했을 때 베드로와 야고보로부터 이 신조를 전달받았다고 믿습니다.[8] 예수가 십자가에 못 박힌 지 5년이 채 안 되었을 때지요."

리코나는 눈을 크게 뜨며 말했다. "생각해보세요. 정말 놀랍지 않나요? 어떤 전문가가 말했듯 '이것은 고대 역사가들이 몹시 탐낼 만한 자료'[9]입니다. 매우 초기의 자료일 뿐만 아니라, 목격자나 바울이 신뢰할 만하다고 여긴 사람들로부터 전해 받은 자료라는 점에서 그 신뢰도는 더욱 높아집니다."

"이 신조가 얼마나 중요하다고 생각하세요?"

"영향력이 엄청납니다." 그는 단언했다. "초기 연대 측정 과정에서 예수의 추종자들이 조작이나 기만을 저질렀을 가능성을 완벽히 배제할 순 없지만, 시간이 지나면서 전설이 형성된 결과로 보기에는 시기가 너무나 이릅니다. 실제로 예수의 원래 제자들을 추적해 조사하면 드러날 수 있는 문제이기 때문입니다. 사실 이 신조는 부활을 부정하려는 비평가들에게 가장 큰 걸림돌 중 하나였습니다. 역사가에게는 금덩어리였지만요."

나는 이 신조를 잘 알고 있었다. 더럼 대학의 저명한 역사가이자 영국학술원 회원인 제임스 던은 이렇게 결론 내렸다. "이 내용은 예수가 죽은 지 몇 달 되지 않아 공식적으로 전승되었다."[10] 그것은 예수가 죽은 이후로 수십 년 동안 내려오면서 왜곡된 전설이기보다는 고대 역사상 신속히 전해진 소식에 가깝다.

리코나는 이어서 말했다.

"그리고 구전으로 전해 내려오는 전승이 훨씬 더 많습니다. 예를 들어, 신약성경에는 사도들의 설교가 여러 편 보존되어 있습니다. 대다수 역사가는 사도행전에 나오는 이 설교 요약본들에 초기 사도들의 가르침이 담겨 있다고 믿고 있습니다. 모호할 게 전혀 없어요. 그들은 예수가 죽음에서 육체적으로 다시 살아났다고 선포하고 있습니다.[11]

마지막으로 마태복음, 마가복음, 누가복음, 요한복음과 같은 문서 자료를 살펴보겠습니다.[12] 복음서가 1세기 무렵 기록되었다는 것에 대해선 회의적인 학자들 사이에서도 널리 받아들여지고 있습니다. 자유주의적인 학자들도 예수의 생애 후 70년 이내에 예수가 죽은 자 가운데서 살아났다는 제자들의 주장을 명백하게 보도하는 네 권의 전기가 집필되었다는 사실을 인정합니다."

복음서 연대를 예수의 생애와 가깝게 잡는 데에는 타당한 이유가 있다는 것을 나는 알고 있었다. 사도행전은 기원후 60년대에 일어난 중요한 사건을 기록하고 있지 않으므로 그 기록 연대를 62년 이전으로 잡아야 한다. 사도행전은 두 부분으로 구성된 저작물 중 두 번째에 해당하므로 첫 번째인 누가복음은 그 전에 집필되었을 것이다. 게다가 누가복음에는 마가복음의 내용을 일부 포함하고 있으므로 마가복음이 더 이른 시기에 기록되었음을 알 수 있다. 예수는 기원후 30년 또는 33년에 십자가에 못 박혔으니 최대 약 30년의 공백 기간이 있다.[13]

리코나는 이렇게 말을 이어갔다. "복음서의 연대를 더 앞당길 수 있는 훌륭한 사례가 있긴 합니다. 하지만 좀 더 편견 없이 연대를 추정해봅시다. 특히 다른 많은 고대 역사 기록과 비교해보면 복음서의 연대는 더욱 사건 자체에 가까워집니다. 가령, 알렉산더 대왕에 대한 가장 우수한 두 가지 자료는 그가 사망한 지 최소 400년이 경과한 후에야 작성되었습니다.[14]

그리고 사도들을 알았거나 그들과 친분이 있었다고 알려진 사도 교부들의 기록이 있습니다. 그들의 글에는 사도들의 가르침이 녹아들었을 가능성이 아주 높지요. 그들은 뭐라고 말하고 있는지 아세요? 사도들이 예수의 부활로 인해 극적인 영향을 받았다고 말하고 있습니다. 예를 들어, 클레멘트만 보더라도, 초대교회의 교부 이레네우스는 클레멘트가 사도들과 대화를 나누었다고 기록합니다. 실제로 이레네우스는 '그의 귀에는 여전히 사도들의 설교가 울려 퍼지고 눈앞에는 그들의 전승이 펼쳐졌을 것'이라고 논평했습니다. 아프리카 교회의 교부 터툴리안은 클레멘트가 베드로에게 직접 안수를 받았다고 말했습니다."

"그렇다면 클레멘트는 제자들의 믿음에 대해 뭐라고 전하고 있나요?" 내가 물었다.

"1세기에 기록된 고린도 교회에 보내는 편지에서 그는 '우리 주 예수 그리스도의 부활이라는 확실한 사실과 그로 인한 명령을 받아, 하나님의 말씀을 믿음으로써, 그들은 성령의 확신을 가지고 나아가 하나님의 왕이 곧 오신다는 복음을 전했습니다'라고 썼습니다.[15]

폴리캅도 빠트릴 수 없겠네요. 이레네우스는 폴리캅이 요한을 비롯해 '사도들의 가르침을 받고 그리스도를 본 많은 사람과 대화'했으며, '사도들의 말을 기억'했고, '사도들에게 배운 것을 항상 가르쳤다'라고 말합니다. 터툴리안은 요한이 서머나 교회의 감독으로 폴리캅을 임명했다는 사실을 확증합니다.

기원후 110년경 폴리캅은 빌립보 교회에 보낸 편지에서 예수의 부활을 다섯 번 이상 언급했습니다. 그는 바울과 다른 사도들을 언급하면서 '그들은 이 세대를 사랑하지 아니하고 다만 우리를 위하여 죽으셨다가 하나님께서 일으키신 이를 사랑했다'[16]라고 말했습니다.

이런 것들을 고려하면, 바울, 구두 전승 그리고 저작물이라는 세 가지 범주에서 우리가 가진 증거의 강도에 대해 생각해볼 필요가 있습니다. 부활한 예수를 목격했다는 제자들의 주장을 반영하는 초기의 증언 9건도 있습니다. 이것은 제자들이 믿음의 기초로 삼았던 중요한 내용입니다."

"그걸 어떻게 아세요?"

"제자들이 감금은 물론 순교까지 감내할 정도로 변화되었다는 증거가 있기 때문입니다. 신약성경 안팎의 여러 기록에서 이런 사실을 찾아볼 수 있습니다.

사도행전을 읽어보면 예수가 죽은 자 가운데서 부활했다는 신념을 지키기 위해 제자들이 기꺼이 고난당하는 모습을 볼 수 있습니다. 클레멘트, 폴리캅, 이그나티우스, 터툴리안, 오리겐 같은 교부들이 모두 인정하는 사실입니다. 실제로 제자들이 믿음을 지키기 위해 기꺼이 고난을 받았다고 증언하는 초기 자료가 최소한 7건에 이릅니다. 바울과 예수의 동생 야고보의 순교까지 포함하면 11건이죠."

"하지만 시대를 막론하고 다른 종교를 가진 사람들도 자기 신념을 위해 기꺼이 죽는 일은 있었습니다. 그렇다면 제자들의 고난은 실제로 어떤 것을 증명하는 것일까요?"라고 나는 반박했다.

그는 말했다. "첫째, 그것은 그들이 자신의 믿음을 분명 진실로 여겼다는 의미입니다. 즉, 그들이 고의로 거짓말을 한 것이 아님을 의미합니다. 거짓말하는 사람이 순교자가 되는 것은 불합리하니까요. 둘째, 제자들은 예수가 죽음에서 부활했다는 것을 단지 믿은 게 아니라, 그것을 직접 알고 있었습니다. 그들은 현장에 있었고, 예수의 부활을 확실히 확인할 수 있었습니다. 그랬기에 부활의 진실을 수호하기 위해 죽음까지 감수할 수 있었습니다.

이들은 오늘날 이슬람 테러리스트나 자기 신념을 위해 기꺼이 죽음을 택하는 사람들과는 완전히 다릅니다. 그들은 자신의 신념이 진실이라고 믿었을 뿐이지 확실히 알 수 있는 위치에 있지 않습니다.

반면에 제자들은 부활이 실제로 일어났는지 여부를 확실히 알고 있었고, 진실을 알았기에 믿는 바를 위해 기꺼이 목숨을 바쳤습니다."

"그럼 결론은 무엇인가요?" 내가 물었다.

리코나는 자유주의학자 폴라 프레드릭슨조차 "제자들이 부활한 그리스도를 보았다는 확신은 의심의 여지 없이 역사적으로 알려진 사실의 일부"라고 인정한다는 점을 언급했다.[17]

"이것은 부인하기가 매우 어려운 사실이며, 나는 그 증거가 명확하고, 제자들이 죽은 자 가운데서 다시 돌아온 예수를 본 것을 확증한다고 생각합니다"라고 리코나는 말했다. "하지만 이것으로 끝나지 않습니다. 우리는 아직 고려해야 할 세 가지 사실이 남아 있습니다."

사실 #3: 교회를 박해했던 바울의 회심

"여러 자료를 보면 당시 다소 출신 사울로 알려진 바울은 교회의 적이었고, 신자들을 핍박하는 일에 발 벗고 나섰다는 사실을 알 수 있습니다." 리코나는 계속 말했다. "하지만 바울은 자신이 부활한 예수를 개인적으로 만나 그의 제자로 돌아섰다고 말합니다."[18] 동지를 통해서든 적을 통해서든 예수의 부활을 증명할 수 있게 된 셈이지요. 이는 매우 중요한 의미를 갖습니다.

바울 말고도 누가, 로마의 클레멘트, 폴리캅, 터툴리안, 고린도의 디오니시우스, 오리겐 같은 이들의 고대 문헌을 보면, 바울이 자신의 신념을 위해 끊임없이 고난을 감내하고 심지어 순교까지 마다하지 않았다고 전합니다. 다시 말하지만, 거짓말쟁이는 쉽사리 순교자가 될 수 없습니다. 바울은 단순히 부활한 예수가 자신에게 나타났다고 주장만 한 게 아니라 정말 그렇게 믿었음을 확신할 수 있는 근거가 됩니다."

나는 이 말을 순순히 받아들일 수 없었다. "다른 종교로 개종하는 사람은 늘 있습니다. 바울이라고 해서 특별할 게 있나요?"

리코나는 설명했다. "사람들이 개종하는 이유는 대부분 '2차' 자료, 즉 다른 사람들이 전하는 종교 메시지를 들었기 때문입니다. 하지만 바울은 달랐어요. 그는 부활한 그리스도를 인격적으로 만나 변화되었다고 말합니다. 그의 회심은 예수가 그에게 직접 나타났다는 '1차' 증거에 근거합니다. 그것은 큰 차이입니다.

바울이 예수님의 십자가 처형 이후 어떤 희망을 품거나 비탄에 잠겨 예수님의 환영을 보고 싶어 했을 것으로 보기는 힘듭니다. 사울은 개종할 가능성이 가장 희박한 후보였어요. 기본적으로 그는 기독교 운동이 거짓 메시아를 따르고 있다고 믿으며 이에 반대했습니다. 바울이 박해자에서 전도자로 급변한 것에 대한 가장 합리적인 설명은, 다메섹 도상에서 부활한 예수를 만났다는 그의 진술이 사실임을 인정하는 것입니다. 이 일을 꾸며내더라도 그 대가로 그가 세상에서 받은 것은 고난과 순교 말고는 아무것도 없으니까요."

사실 #4: 예수의 동생이자 회의론자였던 야고보의 회심

"다음으로 살펴볼 최소한의 사실은 예수의 형제인 야고보와 관련이 있습니다." 리코나는 말했다. "야고보가 예수의 생전에 그를 따르지 않았다는 확실한 증거가 있어요. 마가복음과 요한복음은 모두 예수의 형제 중 누구도 그를 믿지 않았다고 전하고 있습니다."[19]

"그런 보고를 믿을 만하다고 여기는 이유가 있나요?" 내가 물었다.

"당혹감의 법칙이란 게 있습니다. 자신을 곤혹스럽게 만들거나 신뢰를 잃게 할 수 있는 이야기를 꾸며내는 사람은 없습니다. 특히 1세기 시절, 가족 내에 지지자가 없다는 것은 랍비에게는 굴욕적인 일이었을 겁니다.[20]

그런데 결정적인 순간이 찾아왔어요. 고린도전서 15장의 고대 신조 자료에 따르면, 부활한 예수가 야고보에게 나타났다고 합니다. 다시 말하지만, 이 신조는 매우 초기의 것으로 신빙성이 높은 기록입니다.[21]

야고보는 그 만남으로 그리스도인이 되었을 뿐 아니라 훗날 예루살렘 교회의 지도자가 됩니다. 이는 사도행전과 갈라디아서에서 확인할 수 있는 사실입니다.[22] 야고보가 부활을 통해 예수님이 메시아이심을 확고히 믿게 되어 순교에 이르렀다는 사실이 기독교 문헌과 비기독교 문헌 양쪽에서 입증됩니다."[23]

리코나는 이 말을 하며 하나 남은 최소한의 사실을 설명하기 시작했다.

사실 #5: 예수님의 무덤은 비어 있었다

"다섯 번째 사실, 즉 예수의 무덤이 비어 있었다는 것은 부활을 뒷받침하는 최소한의 사실에 속하지만, 앞의 네 가지 사실처럼 학자들 사이에서 보편적인 합의는 별로 얻지 못하고 있습니다." 리코나는 말문을 열었다. "그래도 부활을 뒷받침하는 강력한 증거가 있습니다."[24]

"얼마나 강력하지요?"

"게리 하버마스는 이 주제를 연구하는 학자의 75% 정도가 이를 역사적 사실로 간주한다고 판단합니다. 이것은 상당한 비율입니다.

편견 없이 역사적 자료를 판단한다면, 빈 무덤 역시 부활을 강력히 지지한다고 저는 개인적으로 생각합니다. 빈 무덤의 증거는 기본적으로 예루살렘 요인, 적들의 증언, 여성들의 증언이 한 가닥을 이루고 있습니다."

"예루살렘 요인이 뭔가요?" 내가 물었다.

"예수가 예루살렘에서 공개 처형을 당하고 장사지낸 후, 바로 그 도시에서 부활이 선포되었음을 말합니다. 실제로 십자가 처형이 있고 나서 몇 주 후, 베드로는 예루살렘에 모인 군중 앞서 '이 예수를 하나님이 살리신지라. 우리가 다 이 일에 증인이로다'[25]라고 선언합니다.

솔직히 예수의 시신이 여전히 무덤에 남아 있었다면, 기독교는 예루살렘에서 발붙일 수 없었을 겁니다. 로마 당국이나 유대 당국이 예수의 무덤에 가서 시신을 확인하면 오해는 불식되었을 테니까요. 하지만 그들이 시신을 확인했다는 말이 없습니다. 대신 빈 무덤에 대한 적들의 증언을 들을 수 있습니다. 예수의 적들은 뭐라고 말했을까요? 제자들이 시체를 훔쳤다고 했습니다. 마태복음뿐 아니라 순교자 유스티노와 터툴리안도 이 얘기를 합니다. 시신이 아직 무덤에 있다면 누가 시신을 훔쳐 갔느냐는 말이 왜 나오겠습니까? 이는 무덤이 비어 있었음을 암묵적으로 인정하는 것이지요.

게다가 제자들이 시신을 훔쳐 갔다는 것은 너무나 허술한 설명입니다. 제자들이 시신 훔치기를 모의하고 실행했다면, 부활이 거짓임을 알면서도 계속 고난을 겪고 죽음까지 감내했다고 보아야 할까요? 그것이야말로 오늘날 대부분 학자가 거부하는 터무니없는 생각입니다.

또한, 무덤이 비어 있었다고 여성들이 증언하고 있습니다. 그들은 무덤이 비어 있는 것을 최초로 발견한 사람들입니다. 이 사실은 사복음서 모두에 언급되어 있지요. 반면에 남성 목격자는 나중에, 그것도 두 복음서에만 등장합니다."

"그 점이 왜 중요한가요?"

"1세기 유대 문화와 로마 문화는 모두 여성을 낮게 평가하는 풍조였고, 그들의 증언을 신뢰하지 않았으니까요. 확실히 여성을 남성보다 못 미더워했지요. 예를 들어, 유대인 탈무드에서는 여성의 증언은 증거로 유효하지 않다고 말합니다. 요세푸스는, '여성의 증언은 받아들이지 말라. 그들은 성적으로 방탕하고 경솔하기 때문이다'라고 말했습니다.

요컨대 사람들을 속이려고 이야기를 꾸며냈다면, 당시 상황에서 여성이 빈 무덤을 발견했다고 주장하지는 않았을 것입니다. 신뢰성을 확보해야 하니까요. [복음서 기자들이] 그저 이야기를 조작하려 했다면 베드로나 요한, 심지어 아리마대 요셉 같은 남성이 빈 무덤을 최초로 발견했다고 주장했을 것입니다."

"이것도 당혹스러움이 기준이 되는 또 다른 예군요."

"정확히 그렇습니다. 복음서 저자들이 그토록 곤혹스러운 세부 사항을 포함시킨 이유에 대한 가장 그럴듯한 설명은, 당시 문화에서 인정받는 신빙성은 무시하고 오로지 정확한 기록을 남기려 최선을 다했다는 것입니다.

따라서 예루살렘 요인, 적의 공격, 여성들의 증언을 고려할 때, 예수의 무덤이 비어 있었다고 결론 내릴 수 있는 충분한 역사적 근거가 됩니다. 옥스퍼드 대학교의 윌리엄 워드는 이렇게 말했습니다. '우리가 가진 모든 엄밀한 역사적 증거는 [빈 무덤을] 지지하고 있으며, 이를 거부하는 학자들은 과학적 역사가 아닌 다른 근거로 그렇게 하고 있음을 알아야 한다.'"26

"좋습니다. 지금까지 최소한의 사실들을 살펴봤는데요, 당신의 입장은 어떻게 요약하시겠습니까?" 내가 물었다.

"예수가 십자가에 못 박혀 죽은 후, 제자들은 그가 죽음에서 부활한 것을 보았다고 믿었습니다. 그들은 예수가 개인뿐 아니라 여러 사람이 모인 곳에 나타났다고 말했지요. 그런 경험을 통해 부활을 확신하고 변화되어 고난과 죽음도 마다하지 않았고요. 그리고 예수를 거짓 선지자로 여겼던 두 명의 회의론자, 즉 교회를 핍박하던 바울과 예수의 동생 야고보가 있습니다. 그들은 부활한 예수를 만난 후 생각이 180도 바뀌었습니다. 그들도 제자들처럼 예수가 부활했음을 증언했고, 그러한 진실을 위해 고난과 핍박, 죽음까지 기꺼이 견뎌냈습니다.

이렇듯 우리는 예수의 친구, 기독교의 적, 회의론자 모두에게서 부활에 관한 설득력 있는 증언을 듣습니다. 결정적으로는 예수의 무덤이 비었다는 강력한 역사적 증거를 가지고 있지요. 기독교의 적들조차 그 사실을 암묵적으로 인정했습니다. 시신은 어디로 갔을까요? 제자들에게 물어본다면, 그들은 예수가 다시 살아났고, 그 모습을 직접 보았다고 말했을 것입니다.

그래서 우리는 관련 자료를 살펴보고 신뢰할 만한 역사적 방법론을 적용했습니다. 이제 필요한 것은 절제된 결과입니다. 스스로에게 물어야 합니다. 증거에 대한 최선의 설명은 무엇일까요? 다시 말해, 어떤 사실도 빠뜨리지 않고 억지로 끼워 맞추지 않는 설명은 무엇일까요? 증거에 근거해 제가 내린 결론은 예수가 실제로 죽음에서 부활했다는 것입니다."

"개인적으로 그 주장이 타당하다고 생각하세요?"

"물론입니다. 다른 가설들보다 훨씬 낫기 때문입니다. 모든 사실을 이보다 잘 설명하는 것도 없어요. 앞으로도 맞지 않는 점이 생길 가능성도 낮습니다. 역사적으로 볼 때, 설득력 있는 사건이라고 생각합니다."

부활 사건과 고대 신화

마이클 리코나가 든 사례에 대한 일반적인 반론은, 제자들이 부활한 예수를 실제로 본 게 아니라 환각을 경험했다는 것이다. "그렇다면 예수가 나타나지 않았을 수도 있겠네요?" 나는 물었다.

그는 환각은 여러 사람이 공유할 수 없지만, 학자들은 부활한 예수가 여러 사람 앞에 나타난 사례를 적어도 세 건은 확보했다고 대답했다.

"알다시피 환각은 전염되지 않습니다. 꿈처럼 순전히 개인적이지요." 리코나는 말했다. "한밤중에 자다 말고 일어나 아내에게 '여보, 나 하와이에 있는 꿈을 꿨어. 지금 빨리 나와 잠들면 내 꿈속에 들어가 공짜 휴가를 보낼 수 있어'라고 할 수는 없습니다. 환각도 마찬가지라고 과학자들은 말합니다.

게다가 그들이 환각을 경험한 것이라면 빈 무덤은 어떻게 설명할수 있을까요? 바울은 예수가 죽은 후 슬퍼하기는커녕 교회를 박해하는 데 몰두하고 있었는데, 그에게 환각이 나타났다고 볼 순 없습니다. 그런데도 그는 부활한 예수를 만났다고 믿었습니다. 또한, 야고보는 회의론자였습니다. 그에게 환각이 일어날 아무 이유가 없었습니다."[27]

나는 사람들이 일반적으로 제기하는 다른 반론으로 넘어갔다.[28] "왜 오시리스나 아도니스, 아티스, 마르둑 등 죽었다가 살아난 다른 이교도 신들 이야기보다 예수의 부활 이야기에 더 관심을 두어야 하지요? 일부 비평가들은 기독교가 이러한 이전 시대의 신화에서 부활이라는 개념을 가져온 모방 종교에 불과하다고 말합니다."

리코나도 이 논쟁에 대해 잘 알고 있었다.

"첫째, 이러한 주장이 앞서 설명한 예수의 부활에 대한 훌륭한 역사적 증거를 어떤 식으로든 부정하지 않는다는 점을 이해하는 게 중요합니다.

"둘째, 최근에 T. N. D. 메팅거(스웨덴의 원로학자, 룬드 대학교 교수, 스톡홀름의 왕립 문학·역사·고대 아카데미 회원)가 죽었다가 부활하는 고대 신에 대한 학술서 하나를 썼는데, 그의 책 《부활의 수수께끼 *The Riddle of Resurrection*》에서 기독교 이전에는 죽었다가 다시 살아난 신들은 없었다는 게 보편적인 현대 학자들의 거의 일치된 견해임을 인정합니다. 모두 1세기 이후에 나온 이야기라는 것이지요."

분명 그 타이밍이 중요하다. 기원후 1세기에 기독교가 탄생했을 당시 신들이 죽음에서 부활한다는 신화가 퍼져 있지 않았다면, 기독교는 부활 개념을 차용할 수 없었을 테니 말이다.

"그런 다음 메팅거는 기독교 이전에 적어도 세 명, 많게는 다섯 명의 신이 부활한 예가 있다고 주장하며, 그것도 소수라는 입장을 취합니다. 그러나 핵심 질문은 이러한 신화와 예수의 부활 사이에 실제로 유사점이 있는가입니다."

"그는 뭐라고 결론 내렸나요?" 나는 물었다.

"메팅거는 이 모든 기록을 면밀히 검토하고 비판적으로 분석한 결과, 그 어떤 기록도 예수의 경우와 유사하지 않았다고 밝힙니다. 그 어떤 것도요." 리코나는 강조했다.

"이 기록들은 예수가 죽은 자 가운데서 살아났다는 보도와는 전혀 다릅니다. 그것들은 알 수 없는 먼 과거에 일어난 일이며, 일반적으로 계절에 따른 식물의 생장 주기와 관련 있습니다. 반면에 예수의 부활은 반복되지 않았고, 계절 변화와 관련 없으며, 역사상 실재한 예수와 동시대에 살았던 사람들이 실제 일어난 사건으로 진지하게 믿었습니다. 덧붙여 메팅거는 '죽었다가 부활하는 신들의 죽음은 죄에 대한 대속적 고난이라는 증거가 없다'라는 결론을 내립니다."[29]

나는 나중에 메팅거의 책을 구해 리코나의 설명을 다시 확인했다. 놀랍게도 메팅거는 다음과 같은 놀라운 진술로 연구를 마무리한다. "내가 알기로, 예수의 죽음과 부활이 주변 세계의 죽고 부활하는 신들의 신화와 의식에 기반한 신화적 요소임을 보여주는 증거는 아직 없다."[30]

요컨대, 이 선구적인 학자의 분석은 예수의 부활이 이교적 기원에 뿌리를 둔 것이라고 주장하는 작가들과 인터넷 블로거들에 대한 강력한 반박이었다. 결론적으로 메팅거는 "예수의 죽음과 부활에 대한 믿음은 종교 역사에서 독보적인 성격을 띤다"[31]라고 단언했다.

예수 부활의 독특성

리코나는 부활에 대한 다른 역사적 증거들도 얼마든지 제시할 수 있지만, 역사적으로 충분히 입증되고 회의론자를 포함한 대다수 학자가 신뢰할 수 있다고 인정하는 다섯 가지 사실만을 언급했다. 그의 주장은 자유주의적이고 비종교적인 학자들의 입을 통해서도 들을 수 있기에 부활 사건의 신뢰도가 크게 높아졌다.

저명한 역사가 N. T. 라이트의 결론이 생각났다. 그는 옥스퍼드 대학과 케임브리지 대학에서 가르쳤으며, 817쪽 분량의 《하나님의 아들의 부활The Resurrection of the Son of God》이라는 책을 썼다. "부활의 가능성을 반증하는 도구로 '과학'에 안주하는 것은 바람직하지 않다. 진정한 과학자라면, 과학은 보편적으로 발생하는 사건들을 관찰한다고 말할 것이다. 기독교의 주장은, 엄밀히 말해, 예수에게 일어난 일이 보편적으로 발생하는 것이 아니라는 것이다. … 역사학자로서, 나는 모든 증거를 포괄하지 못하는 해석보다는 간결하고 본질적으로 단순한 해석을 선호한다. 초기 그리스도인들이 예수가 죽은 후에 실제로 부활했다고 믿었고, 그들이 그 믿음을 설명하는 방식을 고려해 본다면, 이는 매우 합리적이다.[32] … 예수가 죽은 후에 실제로 부활했다는 주장은 초기 기독교의 핵심적인 역사적 증거를 설명하는 데 있어 다른 어떤 해석보다도 강력하다."[33]

내가 보기에 부활 사건에 대한 결론은 명확하다. 예수는 실제로 죽은 자 가운데서 다시 살아났고, 따라서 자신이 신적 존재임을 입증했다. 그렇다. 하나님은 실존하며, 예수는 하나님의 독생자이다.

5장

하나님을 체험하다

> 그리스도인들은 하나님을 경험했기 때문에 어느 정도는
> 하나님이 참되시다는 것을 안다고 말할 수 있다.
>
> 해롤드 네트랜드(트리니티 복음주의 신학교 교수),
> 《종교적 체험과 하나님을 아는 지식*Religious Experience and the Knowledge of God*》

여성을 경멸하고 술에 찌들어 있었으며, 한때 동료를 야구방망이로 폭행해 수감된 적도 있는 오토바이 스턴트맨 에빌 나이벨은 플로리다 해변에서 하나님의 '음성'을 자신의 내면에서 들었다. "로버트야, 나는 네가 알고 있는 것보다 더 많이 너를 구해주었다. 이제 나의 아들 예수를 통해 나에게로 오너라."

나이벨은 깜짝 놀랐다! 그는 예수의 역사적 증거에 관한 책을 찾다가 마침내 완전히 회심하게 되었다. 그가 세례를 받고 간증할 때, 700명이 예수를 용서하고 인도하시는 이로 받아들였다. 나이벨은 약 1년 후 세상을 떠났으며, 그의 유언에 따라 묘비에는 "예수 그리스도를 믿으세요"라고 문구가 새겨졌다.[1]

• • •

　밥 파산티노는 신앙적으로 답하기 어려운 질문을 던져 그리스도인들을 난처하게 만드는 것을 즐기는 영적 회의론자였다. 그런데 그가 마침내 한 신학생을 만나 좋은 답변을 받게 되었다.

　어느 날 밥과 친구 브루스는 함께 차를 타고 가면서 세상이 흘러가는 위험한 방향과 장차 일어날 수 있는 일에 대비하는 방법에 대해 얘기하고 있었다. 갑자기 밥은 성령이 차 안을 가득 채우며 임재하시는 것을 확실히 느꼈다. 어떤 소리도 말도 없었지만, 그는 예수님이 말씀하시는 것을 분명히 들었다. "그런 것은 중요치 않다. 너희는 내가 아니라 너희 자신을 신뢰하고 있구나. 내가 너희를 사랑하는 게 중요하다. … 나를 따르라. … 따라와라!"

　충격을 받은 밥은 브루스에게 "이런 문제들은 중요하지 않아. 예수님이 진짜야!"라고 말했다. 놀랍게도 브루스도 이렇게 말했다. "성령을 느끼지 못해? 우리는 예수님을 따라야 해. 그분이 우리를 부르고 계시다고!" 밥은 결국 뛰어난 기독교 변증가가 되어 같은 진리를 찾는 다른 사람들을 돕는 데 평생을 바쳤다.[2]

　　• • •

　독실한 무슬림이었던 나빌 쿠레쉬는 한 그리스도인 친구와 논쟁을 벌인 후 기독교를 조사하기 시작했다. 어느 날 나빌은 하나님께 명확한 비전을 보여달라고 기도하다가 잠이 들었는데, 초대를 거절했다는 이유로 연회에서 제외되는 생생하고 섬뜩한 꿈을 꾸었다.

나빌이 친구에게 그 꿈에 대해 이야기했을 때, 친구는 나빌이 누가복음에서 예수님을 묘사하는 부분[3]을 언급한 것에 깜짝 놀랐다. 나빌은 성경을 한 번도 열어본 적이 없었기 때문이었다.

"저는 과학을 전공한 사람입니다. 의사이지요. 저는 증거와 사실, 논리를 가지고 살과 뼈를 다룹니다." 그는 적절한 단어를 찾으며 내게 말했다. "하지만 이건 제게 꼭 필요한 비전이었습니다. 네, 기적이었어요. 나에게 문을 열어준 기적!"

결국 나빌은 자신의 이야기를 담은 베스트셀러를 집필하고, 전 세계를 다니며 사람들에게 구세주를 전하는 유명한 기독교 연설가가 되었으며, 2017년 갑작스럽게 세상을 떠났다.[4]

● ● ●

하나님의 존재를 입증하는 증거가 반드시 엄밀한 데이터나 복잡한 철학적 논증에만 기반을 둬야 하는 것은 아니다. 나의 친구 에빌, 밥, 나이벨과 같이 사람들은 하나님의 존재를 극적이고 깊이 있는 영적 경험을 통해 확신한다. 그뿐 아니라 자신의 신빙성 있는 이야기를 들려주기만 해도 신은 존재한다는 결론을 내리는 데 영향을 줄 수 있다.

많은 사람은 회심 후 하나님과의 경험, 즉 그분과의 깊은 관계와 그분이 삶에 가져다준 변화를 통해 하나님의 실존을 확신하게 된다.

복음에 대해 문을 닫고 있음에도 불구하고, 중동 국가들에서 영적 체험이 확산되는 현상을 볼 수 있다. 많은 무슬림이 '예수 꿈'을 꾸고 나서 삶이 달라지고 있다는 것이다. 실제로 지난 수십 년 동안, 무함

마드 이후로 1400년간보다 더 많은 무슬림이 기독교로 회심했고, 그 중 4분의 1에서 3분의 1은 구원받기 전에 예수에 대한 꿈이나 환상을 체험한 것으로 추정된다.[5]

꿈은 개인에게 국한된 경험이지만, 실제로는 많은 경우 영적인 만남인 것으로 드러났다. 예를 들어, 많은 꿈에서 예수는 그 사람에게 다른 방법으로는 알 수 없는 정보를 알려주기도 한다. 또한, 두 사람이 동시에 같은 꿈을 꾸기도 하는데, 이는 이 사건이 객관적인 현실임을 보여준다.

이러한 꿈은 국가 간의 경계를 넘어 놀라울 정도로 일관되게 나타나는데, 이는 그저 지나친 상상의 산물이 아님을 보여준다. 무슬림 중에서도 독실한 사람들은 예수와의 만남이 이슬람 배교로 이어질 수 있으며, 일부 국가에서는 사형선고를 의미하기 때문에 이런 상상을 할 이유가 없다.

종교적 체험은 극적인 환상에서부터 삶을 변화시키는 미묘하고 설명할 수 없는 만남에 이르기까지 매우 다양하다. 예를 들어, 《에스콰이어》가 선정한 21세기 가장 영향력 있는 75인 중 한 명이고, 예명인 M. I. A.로 널리 알려진 영국의 인기 음악가 마탄기 '마야' 아룰프라가삼Mathangi 'Maya' Arulpragasam은 "스스로 힌두교에 완전히 익숙"했으며 예수는 "그저 터무니없는 이야기"라고 생각했다.

2016년, M. I. A.는 어려운 시기에 초자연적으로 예수의 환상을 보게 되었다. "저는 자고 있지 않았어요. 꿈이 아니었다고요. 환각도 아니었습니다"라고 그녀는 말했다. "처음에는 웃음만 났어요. 무슨 일이 일어나고 있는지 믿을 수 없었지요. 평소에 저는 예수를 허구의 인물이라고 생각했거든요."

환상은 잠깐이었다. 아무 말도 주고받지도 않았다. 하지만 '한순간에' 그녀는 불신자에서 기독교 신자로 바뀌었다. "도움이 필요할 때 나를 구하기 위해 나타난 신은 시바가 아니라 예수님이었어요"라고 그녀는 말했다. "이것이 진실입니다. … 체험한 거예요."[6]

가장 놀라운 체험은 기적적인 기도 응답의 형태로 나타나지도 한다. 예를 들어, 한 의학 저널은 불치병으로 10여 년 동안 실명 상태에 있었던 한 여성의 특별한 사례를 발표했다. 어느 날 잠자리에 들 무렵 침례교 목사인 남편이 그녀를 위해 기도했다. "오, 하나님! 오늘 밤 아내의 시력을 회복시켜주세요. 주님, 주님이 하실 수 있는 일이라고 믿습니다. 기도하오니 오늘 밤 그 일이 일어나게 해주세요."

그 순간 아내는 눈을 뜨고 처음으로 남편을 보게 되었다. "오랜 세월 어둠 속에 있었던 제가 완벽하게 볼 수 있었습니다"라고 그녀는 말했다. 이후로 그녀는 47년이 지나도록 시력을 유지하고 있다.[7]

영적 체험은 생각보다 흔하게 일어난다

이 다양한 종류의 영적 체험은 얼마나 널리 퍼져 있을까? 내가 바나연구소에 의뢰해 실시한 정밀한 전국 설문조사에 따르면, 미국 성인의 38%가 하나님에게서만 나올 수 있는 기적적인 체험을 한 번 이상 한 적이 있다고 답했다. 이는 9,400만 건이 넘는 영적 만남이 이루어졌다는 뜻이다. 복음주의 그리스도인의 경우 이 수치는 78%까지 치솟았다.[8]

영향력 있는 철학자 달라스 윌라드는 "신실한 그리스도인, 심지어

비그리스도인의 상당수가 하나님이 자신에게 말씀하셨다고 확신하는 구체적인 체험을 말할 수 있는데, 이 사실에 많은 사람이 놀랄 것입니다"라고 말했다.[9]

케임브리지대 출신의 인류학자 타냐 마리 루어만은 저서 《하나님이 응답하실 때 *When God Talks Back*》를 집필하기 위해 복음주의와 은사주의 계열 그리스도인들의 관습을 조사했다. "많은 미국인이 일반적인 방식으로 하나님을 믿을 뿐 아니라 하나님을 직접 체험하고 있으며, 초자연적인 존재와의 반복적인 접촉을 보고한다"라고 그녀는 썼다. "이러한 복음주의자들이 하나님의 실재에 대한 구체적인 체험을 추구하고 발전시켜왔다."[10] 루어만에 따르면, 한 연구에서는 전체 미국인 중 거의 4분의 1이 "하나님을 즉각적이고 직접적이며 개인적으로 체험하는" 기독교 영성을 수용한다고 한다.[11]

《종교적 체험과 하나님을 아는 지식》의 저자이며 철학자인 해롤드 네트랜드는 이렇게 말했다. "그리스도인들은 일상적으로 자신의 삶에 하나님이 임재하심을 말하고, 하나님이 자신에게 '말씀하시거나' 인도하시고, 죄를 깨닫게 하시고, 고난 가운데서도 특별한 평안함을 주신다고 말하는데, 이 모든 것은 체험과 관련이 있다."[12]

그는 또 이렇게 덧붙였다. "성령의 초자연적인 역사를 통해 예수 그리스도께 회심해 삶이 극적으로 변화된 개인의 이야기는 특히 중요한 종류의 체험에 대해 들려준다."[13]

그리스도인들은 고난 속에서 오히려 하나님을 더 깊이 체험했다고 말한다. 베스트셀러 작가 랜디 알콘의 아내 낸시 알콘은 4년 동안 암 투병을 하다가 결국 목숨을 잃었다. 투병하는 동안 그녀는 "암과의 싸움은 정말 힘들었다"라고 썼다. "하지만 [하나님과] 함께한 시간은 굉장했다! 생각지도 못한 방법으로 그분이 나를 만나주셨고, 그분의 주권, 자비, 변하지 않는 사랑을 마치 만져볼 수 있듯 생생하게 체험했다. 이제 나는 전에는 상상도 못 했던 수준으로 하나님을 신뢰하게 되었다."[14]

많은 신학자들은 이러한 다양한 종교적 체험은 하나님의 실재를 반영한다고 설명한다. 그러나 회의론자들은 이러한 현상에 의심의 눈길을 보내거나 일종의 자연 현상으로 설명하려는 경향이 있다.

종교적 체험은 신이 실재한다는 의미 있는 증거가 될 수 있을까? 어떤 체험이 진짜인지 분별할 수 있다고 보는가? 다른 사람의 영적인 만남이 실제로 하나님에 대한 당신의 믿음에 영향을 미칠 수 있을까? 개인적으로 당신은 어떠한가? 하나님이 주신 것이라고 확신하는 체험을 해본 적이 있는가?

철학자 더글라스 그로타이스는 특정한 종교적 체험이 "인격적이고 관계적인 존재의 실재를 보여주는 상당한 증거"가 될 수 있다고 믿는 학자 중 한 명이다.[15]

이 말이 정확하다면, 종교적 체험은 신이 과연 존재하는지 증거를 조사하는 데 매우 중요한 기준이 될 수 있다. 이 현상을 더 자세히 알아보기 위해, 나는 그로타이스가 철학 교수로 재직하고 있는 콜로라도의 덴버 신학교로 찾아가 그의 사무실에서 심층 인터뷰를 진행했다.

종교적 체험, 어떻게 신뢰할 수 있을까?

더글라스 그로타이스

덴버신학교 철학과 교수

더그 그로타이스Doug Groothuis와 처음 인터뷰할 때는 상황이 그다지 좋지 않았다. 당시 그의 아내 레베카가 뇌질환으로 죽어가고 있었고, 그는 내게 그들 부부가 겪고 있는 마음의 고통을 솔직하게 털어놓았다.[1] 그로타이스는 덥수룩한 수염에 손으로 대충 빗어 넘긴 듯한 갈색 머리카락을 하고 있었으며, 수척해 보였다. 그의 아내는 우리가 처음 만나고 얼마 지나지 않아 세상을 떠났다.[2]

몇 년 후, 그로타이스는 전혀 다른 모습으로 나타났다. 더 날씬하고 깔끔하게 면도하고 옷도 잘 차려입었다. 그는 고등학교 때부터 알던 캐슬린과 결혼하여 이제 60대 중반이 된 지금 그 어느 때보다 일에 몰두하는 것처럼 보인다.

그로타이스는 동양의 신비주의와 무신론에 빠져 있다가 열아홉 살에 독실한 그리스도인으로 변화되었다. 그는 오리건 대학교에서 철학 박사학위를 받았고, 그 후로는 일반 대학에서 강의하고 무신론자들과 토론하며, 많은 학술 논문과 대중적인 글을 썼다. 그는 총 16권의 책을 저술했는데, 내가 가장 좋아하는 그의 저서는《기독교 변증학: 성경적 믿음에 대한 종합 변론Christian Apologetics: A Comprehensive Case for Biblical Faith》이다.

그로타이스는 나를 반갑게 맞이하며 책으로 가득 찬 사무실의 작은 테이블에 자리를 내주었다. 우리는 서로의 근황을 물은 후, 하나님 체험을 가능하게 하는 것이 무엇인지 얘기를 나누기 시작했다.

하나님 체험의 다양성: 극적 만남에서 세밀한 인도까지

"기독교 신학에 따르면 사람은 하나님의 형상대로 지음받은 이성적인 피조물입니다."[3] 나는 노트를 펼치면서 이렇게 물었다. "그래서 우리가 하나님을 체험할 수 있는 것이고, 이는 자연스러운 것일까요?"

그로타이스는 고개를 끄덕였다. "맞습니다. 프란시스 쉐퍼가 지적했듯, 하나님은 무한하면서도 인격적인 존재이고, 우리는 유한하지만 인격적인 존재입니다.[4] 그래서 우리는 하나님과 인격적으로 연결되고 관계를 맺을 수 있는 잠재력을 가지고 있습니다. 우리는 하나님의 형상대로 창조되었기 때문에 그와 교제할 수 있는 문이 열려 있습니다. 죄로 인해 관계가 단절되었지만, 그럼에도 친밀감은 여전히 존재합니다. 그래서 우리는 자연을 통한 일반적인 계시와 성경을 통한 특별한 계시 그리고 우리를 창조한 하나님을 개인적으로 체험하고 그분에 대한 앎을 얻을 수 있습니다."

"이러한 체험들은 하나님이 존재한다는 증거가 될 수 있을까요?"

"물론 그렇습니다. 이런 체험들은 하나님을 향한 누적된 증거의 일부입니다. 중요한 것은 그 체험이 진실하냐는 것입니다."

"진실하다는 게 어떤 뜻인가요?" 나는 다시 물었다.

"체험이 사실을 반영하고 기만적이지 않다면, 그것은 진실하다고 볼 수 있습니다. 예를 들어, 사막에서 목마른 사람이 허상으로 본 물웅덩이는 진실한 것이 아닙니다. 그것은 잘못된 믿음입니다. 마찬가지로, 약물로 인해 일어나는 환각도 진실한 것이 아닙니다. 그러나 하나님과의 체험이 실제로 일어났고, 현실에 근거하며 사실을 전달한다면, 그것은 진실한 것입니다."

나는 나중에 그로타이스에게 체험의 진실성을 평가하는 방법에 대해 물어보기 위해 이 말을 노트에 적어 두었다. 나는 말을 이어갔다. "이런 경험에 대해 이야기해봅시다. 보통은 극적인 체험에 대해서만 나누지만 실제로는 다양한 체험들이 있지 않나요?"

그로타이스는 몸을 뒤로 기댔다. "아, 정말 많습니다. 예를 들어, 장엄하고 경외심을 불러일으키며 강렬한 신적 존재와 마주치는 경우가 있지요."

"구약 선지자 이사야가 말한 것이 바로 그런 경우겠지요?"

"네, 그는 주님이 높이 들린 보좌에 앉아 있고, 그분의 옷자락이 성전에 가득 차 있으며, 천사들이 '거룩하시다, 거룩하시다, 거룩하시다. 만군의 주님!'이라고 서로 주고받으며 외치는 장면을 보았습니다. 이때 이사야는 얼굴을 바닥에 대고 엎드려 '화로다 나여, 망하게 되었도다. 나는 입술이 부정한 사람이요 나는 입술이 부정한 백성 중에 거주하면서 만군의 여호와이신 왕을 뵈었음이로다'[5]라고 말했습니다."

"이런 종류의 체험이 성경 시대 이후에 이어지지 못했던 신학적 이유가 있을까요?"

"아니요. 사실, 오늘날에도 전 세계 곳곳에서 하나님과의 놀라운 체험을 전하는 사례들이 많습니다. 예를 들어, 폐쇄된 문화에서 살고 있는 무슬림들이 예수를 꿈에서 보는 경우가 있어요. 많은 이들이 이런 현상을 기록으로 전하고 있습니다. 우리는 하나님이 극적인 방식으로 사람들의 삶에 개입하시는 것을 봅니다. 예를 들어, 에빌 나이벨은 하나님이 자신에게 말씀하시는 것을 느끼고 나서 삶이 송두리째 바뀌었습니다. 이런 경우 말고도 우리는 하나님을 좀 더 미세하게 체험하기도 합니다. 그리스도인들은 하나님이 어떻게 그들을 격려하시는지, 확신을 주시는지, 인도하시는지, 용기와 평안을 주시는지 아니면 다른 지혜로운 방법으로 그들의 삶에서 하나님을 드러내시는지 항상 이야기하지요. 실제로 이른바 '변화되는 체험'transformational experience을 합니다."

"회심의 순간을 말하는 건가요?"

"저는 기독교 신앙, 회개, 종교적 치유 등을 통한 개인의 변화를 말씀드리고 있습니다. 성경은 그리스도 안에서 누리는 '풍성한' 삶[6]을 약속하고 있으며, 그리스도인들은 삶에서 중요한 변화를 경험하고, 이 변화를 하나님의 은혜로 받아들입니다. 일반적으로 그들은 도덕적인 인식의 변화, 인도나 소명감, 하나님에 대한 깊은 애착감 등을 경험하게 됩니다. 갈라디아서에서는 시간이 흐르면서 그리스도인들이 사랑, 희락, 화평, 오래 참음, 자비, 양선, 충성, 온유, 절제 등의 성품을 키워나가는 것을 말하지요.[7] 기독교의 메시지가 참이라면, 이런 변화를 기대하는 것이 당연합니다."

알지 못했던 평안

"당신은 어떻습니까?" 나는 물었다. "하나님을 개인적으로 체험한 적이 있나요?"

"저는 1976년부터 그리스도인으로 살아왔습니다. 그 시간 동안 수많은 역경과 도전을 겪었지만, 그 모든 과정에서 성경과 설교 그리고 경건한 친구들의 지혜를 통해 제게 하시는 하나님의 말씀을 들었습니다. 때로는 더욱 깊게 그런 체험을 했습니다."

"예를 들어주시겠어요?"

"1990년경 환우들을 위해 몇 명이 모여 기도회를 가졌던 일이 기억납니다. 귀가하고 다음 날 일어나 보니 뭔가 이상하다는 느낌이 들었어요."

"그게 무엇이었나요?"

"저는 평생 불안증에 시달려왔고, 당시에는 의사로 일하면서 스트레스를 많이 받고 있었어요. 그런데 그날부터 두 주 동안 걱정이나 불안을 전혀 느끼지 않았습니다. 주님 안에서 누리는 놀라운 자유와 기쁨이었어요. 전에는 알지 못했던 것이지요. 두 주 후에는 그 느낌이 사라졌지만, 저는 그 일이 기도회에 성령이 특별히 임재하여 일어난 일이라고 생각합니다."

"그런 체험을 통해 신앙이 단단해진 면이 있나요?"

"네, 어떤 면에서는 그렇습니다. 항우울제를 먹은 것도 아니었고, 명상이나 정신 수련으로 얻은 결과도 아니었어요. 그냥 그런 일이 일어났지요. 가끔 성령의 방문을 받으면 상당히 감동을 받지만, 그리스도인들이 그런 감동에 의존해선 안 된다는 것을 강조하고 싶습니다. 영적인 경험만을 추구하다 보면, 가짜를 만나거나 성경의 교리에서 벗어날 위험이 있습니다."

"아내의 건강이 악화되는 시기에 평안과 힘을 얻는 순간을 찾았나요?"

"그랬긴 하지만 주기적이지 않았고 특별한 방식을 통하지도 않았어요." 그는 대답했다. "우리에게는 하나님이 우리 삶에 불어넣어 주신 소망, 즉 '합리적인' 소망이 있었습니다. 복음에 대한 소망, 몸의 부활에 대한 소망, 새 하늘과 새 땅에 대한 소망이지요. 소망은 우리에게 기쁨이나 평안 그 이상의 경험이었습니다. 그 소망이 우리를 놀라운 방식으로 지탱해주었습니다."

체험의 신뢰성 확인: 4가지 가능성

다음으로, 하나님과의 명확한 체험을 어떻게 평가하고 그 신뢰성을 확인할 수 있는지 알아보고 싶었다.

"성경은 어느 영이든지 다 믿지 말고, 그 영들이 하나님에게서 났는가를 시험해보라고 했지요."[8] 나는 말했다. "그것을 어떻게 시험해볼 수 있을까요?"

"종교적 체험을 했다는 주장은 네 가지로 구분할 수 있습니다"라고 그로타이스가 대답했다. "첫째, 거짓말을 하는 것일 수 있습니다. 둘째, 환각이나 신기루처럼 순전히 주관적인 체험을 하나님과의 만남이라고 착각한 것일 수 있습니다. 셋째, 특이하지만 신적이지는 않은 체험을 하나님에게서 온 것이라고 생각할 수 있습니다. 넷째, 실제로 하나님의 실존을 경험한 것일 수 있습니다. 철학자들은 이것을 '거룩한 존재에 대한 체험'numinous experience이라고 부릅니다."

"거룩한 존재에 대한 체험이요?"

"독일의 신학자 루돌프 오토가 만든 용어입니다.[9] 체험자와 구별되는 초월적이거나 심지어 무서운 대상을 체험하는 것을 의미합니다. 즉, 체험하는 주체가 있고, 거룩한 존재에 대한 의식적인 체험이 있고, 그 초자연적인 체험의 대상이 있습니다. 핵심은 이런 체험은 체험하는 주체 외부에 있는 어떤 대상과의 만남이라는 것입니다. 이것은 단지 상상력의 산물이 아닙니다. 주체와 객체 사이에 관계가 있기 때문에, 거룩한 존재에 대한 체험은 지식의 경로가 될 수 있습니다."

"이 체험은 이사야와 하나님의 만남에 어떻게 적용할 수 있을까요?"

"하나님과 구별되는 이사야가 있고, 하나님을 만난 그의 의식적인 체험이 있으며, 객관적으로 실재하고 이사야와 분리되어 있는 하나님이 있습니다."

나는 잠시 그 개념을 깊이 생각해보았다. "그렇다면 힌두교와 불교에서 말하는 종교적 체험은 이에 부합하지 않겠군요"라고 나는 말했다.

"맞습니다." 그로타이스가 말했다. "동양의 신비주의에서는 자아라는 개념 자체가 사라지고, 알 수 있는 대상도 사라집니다. 주체와 객체의 관계는 허공에 삼켜집니다. 신비주의자들은 형언할 수 없는 순수한 의식과 경험에 대해 이야기합니다. 그것은 이사야의 체험과 비교했을 때 하늘과 땅만큼 차이가 납니다."

기독교에서 말하는 체험은 "초월적이고 인격적인 존재, 즉 외부에 있는 존재와의 만남을 포함한다"라는 것이 중요한 차이점이라고 그로타이스는 강조했다.

"종교적 체험을 했을 때 의심부터 해봐야 할까요?"라고 나는 물었다.

"우리는 이런 일에 과도하게 반응할 수 있습니다"라고 그는 대답했다. "저는 철학자 리처드 스윈번이 제안한 '수용의 원칙'principle of credulity을 좋아합니다.[10] 이 원칙에 따르면 반대의 증거가 없는 한, 누군가의 체험이 진짜일 가능성이 높다고 믿어야 합니다. 따라서 달리 생각할 이유가 없는 한 일반적으로 우리의 체험이 진실을 전달하고 있다고 받아들이는 것입니다."

수용의 원칙과 관련해 그로타이스는 한 가지 예를 들었다.

"저는 지금 리 스트로벨과 얘기하고 있습니다. 만약 1~2분 후 당신과 똑같이 생긴 사람이 문 앞에 나타나 '저자는 진짜 리 스트로벨이 아닙니다. 내가 진짜 리 스트로벨입니다'라고 말한다면 어떨까요? 그러면 저는 인식론적 곤경에 빠질 테지요. 하지만 그런 일이 일어나지 않는 한 제가 리 스트로벨과 대화하고 있다고 믿는 게 합리적입니다. 그러므로 종교적 체험의 경우 모든 일이 동일하다면, 내가 어떤 방식으로든 하나님을 만났다고 믿는다면, 실제로 하나님을 만났을 것이라고 가정해야 합니다."

"하지만 착각할 수도 있잖아요."

"그럴지도 모르지요. 하지만 결백함이 입증되기 전까지는 모든 진실 주장과 경험을 유죄로 여겨서는 안 됩니다. 우리는 통상적으로 모든 경험이 사실로 입증될 때까지 그것을 거짓 취급하며 살아가지는 않습니다. 그런 일은 불가능해요. 또한, 스윈번은 모든 것이 동일한 조건이라면, 사람들이 거짓말하거나 속고 있다고 가정하지 않는 '증언의 원칙'도 제안했습니다."[11]

"하지만 진실을 말하지 않는 경우도 많잖아요?" 나는 말했다.

"그럴 수도 있지요." 그는 인정하면서 이렇게 덧붙였다. "하지만 입증의 책임은 유죄를 입증하는 쪽에 있고, 처음부터 증언이 거짓이라고 가정해서는 안 됩니다. 누군가가 특정한 방식으로 하나님을 체험했다고 말한다면, 거짓이 섞인 징후가 없는 한 그가 속임수를 쓰거나 거짓말을 하고 있다고 가정해서는 안 됩니다."

하나님을 체험한 일이 진짜인지 확인하는 한 가지 방법은 성경 가르침과 비교해보는 것이라고 그로타이스는 덧붙였다. 성경은 신뢰할 만한 이유가 확실하기 때문이다. 그는 말했다. "성경은 체험의 타당성을 시험하는 시금석입니다. 어떤 체험이든 그것이 정말 하나님에게서 왔다면 성경과 모순되지 않습니다."

그는 주의할 점을 한 가지 더 덧붙였다. "어떤 체험의 정당성을 평가할 때마다 하나님의 존재에 대한 기존 증거와 대조해봐야 합니다. 증거가 하나님의 실재를 부정한다면, 이는 분명 종교적 체험의 진위를 의심할 만한 타당한 이유가 될 것입니다. 하지만 증거는 그 반대입니다. 우리는 다양한 이유로 하나님이 실제로 있다고 믿기 때문입니다."

"그것은 우리가 실제로 하나님을 만나더라도 놀랄 필요가 없음을 의미합니다."

"맞습니다. 전 세계와 역사를 통틀어 다양한 배경을 가진 많은 사람이 신을 체험했다고 말해왔지요. 그리고 그 체험에는 외부적인 확증이 동반되는 경우도 있습니다."

그 말을 듣자 내가 수년 동안 수록해온 다양한 사례들이 떠올랐다. 그중에는 초자연적인 꿈에서 예수를 만난 이집트의 무슬림 여성도 있다. 그녀는 꿈에서 예수에게 더 말씀해달라고 요청했다. 그러자 예수는 옆에 있던 한 남자를 가리키며 "내일 이 친구에게 나에 대해 물어보라"라고 말했다고 한다.

다음 날 붐비는 카이로 시장에서 여자는 꿈속에 본 것과 똑같은 옷과 안경을 쓴 남자를 보았다. 여자는 그를 가리키며 소리쳤다. "바로 당신이로군요! 어젯밤 꿈속에서 당신을 보았어요!" 알고 보니 그는 기독교 선교사였다. 그는 여자가 예수 꿈을 꾸었다는 사실을 즉시 깨달았다. 사실 그가 그날 시장을 방문한 것도 하나님이 그에게 특별한 임무를 주셨음을 느꼈기 때문이었다. 마침내 그는 무슬림 여성에게 세 시간 동안 복음을 전할 수 있었다.

이것은 이슬람 국가에서 많이 보고되고 있는 '예수 꿈'의 전형적인 사례다. 무슬림이 잠들었다가 꿈속에서 회심해 그리스도인이 되었다는 게 아니다. 그 꿈은 나중에 그들에게 성경을 가르쳐줄 누군가를 보여주었다. 꿈에서 이루어진 개인적인 체험이 외부 확증을 받은 것

이다.[12]

"회의론자들은 이런 경우를 어떻게 설명할까요?" 나는 그로타이스에게 물었다.

"비신자들은 이러한 체험 중 어느 것도 사실이 아니라고 주장할 수밖에 없을 것입니다. 이 모든 체험을 망상이라고 일축하거나, 어떤 이유로든 신으로부터 오지 않았음을 보여주는 모델을 개발해야 할 것입니다."

"어려운 일이겠군요." 나는 말했다.

"특히 기독교의 진리에 대한 증거가 아주 많은 상황에서 더욱 그렇습니다." 그로타이스는 덧붙였다.

염소와 쌍안경

한 개인에게 종교적 체험이 일어나는 시간은 불규칙하고 예측할 수 없기 때문에, 이를 반복하거나 측정하는 것은 과학적으로 불가능하다. "그렇다면 체험의 타당성을 판단하는 데 상당한 어려움이 있지 않을까요?" 내가 물었다.

"그럼요, 우선, 하나님을 정량화하거나 측정하기 어렵다는 점은 이해가 됩니다. 하나님은 보이지 않는 인격적인 존재로, 자신이 계시하고 싶은 시간과 장소를 선택하기 때문입니다. 따라서 물리적 대상을 다루듯이 하나님을 검증하려 하는 시도는 예상대로 난관에 부딪힐 것입니다."

그로타이스는 한 가지 비유를 들었다. "하이킹을 하다가 쌍안경으로 염소를 바라본다고 가정해보세요. 얼른 친구에게 쌍안경을 건네주더라도 친구가 쌍안경을 들여다봤을 때에는 염소가 보이지 않습니다. 그럼 당신이 거짓말을 한 건가요, 아니면 염소가 시야에서 사라졌다고 할 것인가요?"

"염소가 시야에서 사라졌다 것이 아닐까요?"

"맞습니다. 하나님을 체험하는 것도 그와 비슷합니다. 하나님은 그분의 뜻대로 자신을 나타냅니다. 그분더러 다른 사람도 알 수 있게 체험을 반복해달라고 강요할 수 없습니다. 그분을 현미경이나 시험관에 넣을 수 없고 실험 도구를 써서 측정할 수도 없습니다."

나는 이렇게 질문했다. "신뢰성 있는 경험의 진위를 확인하기 위해 어떤 단계를 취할 수 있을까요?"

"첫째, 체험을 기독교의 오랜 전통과 대조해볼 수 있습니다. 이는 기본적으로 체험이 전통과 일치하는지를 확인하는 것입니다. 둘째, 체험의 신뢰성을 떨어뜨릴 만한 주변 요인이 있는지 알아볼 수 있습니다."

"예를 들면요?"

"체험자가 약물을 복용하거나 사기를 치거나 정신질환 증상이 있는지, 체험을 언제 어디서 했는지에 대한 세부 정보가 부정확하지는 않은지, 체험을 공유함으로써 얻는 이익이 있는지 등을 확인하면 됩니다. 이런 요인들이 있는 경우, 체험의 신뢰성은 의심받을 수밖에 없습니다."

그는 잠시 멈추고 나에게 필기할 시간을 주었다. "세 번째로, 종교적 체험은 종교적 세계관에 대한 증거를 얻을 수 있는 하나의 방법에 불과하다는 점을 명심해야 합니다. 그러니 다른 논증과 증거도 추구해야 합니다."

"예를 들어 설명해주시겠어요?"

"몰몬교 선교사가 당신에게 몰몬경을 읽고 '가슴이 뜨거워지는' 경험을 해보라고 권한다고 해봅시다. 가슴이 뜨거워지는 것을 경험했다 해도, 그것이 몰몬교의 다신교적 교리나 그들의 기독교 교리 수정이 진실임을 입증하는 것은 아닙니다. 몰몬교에 대한 역사적이고 고고학적인 뒷받침이 부족하기 때문입니다. 따라서 종교적 체험은 세계관을 지지하거나 반박하는 다른 증거와 비교하여 신중히 검토해야 합니다."

"동양의 신비로운 경험이 지닌 타당성을 평가하는 것은 어떨까요?"

"불교의 열반과 힌두교의 모크샤(힌두교에서 사람의 영혼이 물질세계의 구속에서 벗어나 대우주, 즉 '브라만'과 하나 되는 상태—편집자) 같은 깨달음 체험은 개성과 성격, 언어의 부정을 전제로 합니다. 이러한 체험에서는 거룩하고 강력한 다른 존재와의 개인적인 만남이 없습니다. 신비로운 체험에 지적인 내용이 결여되었다면 어떤 세계관도 논리적인 증거가 될 수 없습니다."

"그럼 기독교는 어떻습니까?"

"기독교가 참이라고 믿는 이유를 묻는다면, 종교적 체험은 제가 가장 먼저 내세우는 증거는 아닙니다. 처음에는 기독교 철학자들이 통상 제시하는 증거, 즉 우주의 기원과 미세조정, 객관적인 도덕의 존재, 부활 등에 대한 증거부터 얘기할 것입니다."

"그럼 종교적 체험의 역할은 무엇인가요?"

"확증하는 것이지요. 체험 자체는 결정적인 증거가 못 됩니다. 사건의 일부는 되지만 전부는 아니지요. 하지만 기독교가 참됨을 확인시켜주는 또 하나의 설득력 있는 증거입니다."

종교적 체험의 심리학

그럼에도 역사적인 인물들 중에는 루트비히 포이어바흐, 카를 마르크스, 지그문트 프로이트와 같은 이들이 종교적 체험을 소원 성취의 결과나 심리적 요구와 욕구의 투영으로 해석하려 노력했다. 예를 들어, 프로이트는 종교적 신념을 환상으로 보았고, 그 환상은 인간의 소망에서 비롯된다고 주장했다.[13]

"그렇다면 종교적 체험을 사람들이 보고 싶은 것을 보는 심리 현상으로 치부할 수 없는 이유는 무엇일까요?" 내가 물었다.

그로타이스는 고민하는 표정으로 대답했다. "그럴 수 없는 이유는 여럿 있습니다."

"예를 들어서요?"

"포이어바흐, 프로이트, 마르크스는 종교적 믿음이 미신에 근거한다고 생각했습니다. 증거 능력이 뒷받침하지 않는다는 이유로 믿음을 순전히 심리적인 것으로 설명할 수 있다고 생각했지요. 하지만 그것은 사실이 아닙니다. 나는 기독교를 뒷받침하는 역사적, 철학적, 과학적 이유에 대해 846쪽 분량의 책까지 썼습니다.

둘째로, 우리가 X에 대한 강한 소망을 가진다고 해도, X가 사실이 아니라는 것을 의미하지는 않습니다. 심지어 한스 큉과 같은 신학자도 '진정한 신은 분명히 우리의 신에 대한 소망과 일치할 수 있을 것'[14]이라고 언급했습니다. 이는 사랑이나 받아들임과 같은 깊은 심리적 욕구 때문에 신을 찾더라도 그 과정에서 참된 믿음을 가질 수 있다는 의미입니다. 마지막으로, 기독교에는 단순히 우리의 소망을 충족시키기에는 부적합한 측면들도 존재합니다."

나는 웃으며 "동의합니다"라고 말했다. "나의 소원을 이루기 위해 종교를 만든다면, 원하는 것은 언제든 무엇이든 할 수 있고 하나님과 같은 힘을 가질 수 있다고 가르칠 테니까요. 아무런 제약 없이요!"

그로타이스는 고개를 끄덕였다. "만약 제가 종교를 만든다면 기독교의 특징 중 빼고 싶은 점이 많습니다. 예를 들어, 예수는 우리의 생각과 분노에 대해 엄격한 기준을 제시합니다. 악한 생각을 품기만 해도 악한 행동을 한 것과 같다고 말했는데[15], 저라면 그렇게 하지 않을 것입니다. 제 친구들 중에 일부가 지옥에 갈 수도 있는 종교는 만들지 않을 겁니다. 하지만 성경은 우리가 원하는 바를 거스르는 경우가 많습니다. 그리고 종종 강력한 체험은 충격을 주기도 합니다. 하나님을 내 입맛에 맞출 수는 없습니다."

나는 뉴욕 대학교의 심리학자 폴 비츠가 역사상 유명한 무신론자들의 삶을 연구한 결과, 그들이 신을 믿지 않게 된 동기가 심리학적 요인 때문일 수 있다고 결론지은 일을 언급했다. 지상에 있는 아버지와의 문제 때문에 하늘 아버지에 대한 생각에서 멀어졌을지도 모른다는 것이다.[16]

그로타이스는 고개를 끄덕이며 동의했다. "실제로, 그리스도인에 대한 심리적 투사 이론은 회의론자에게 불리한 사실로 작용할 수 있습니다. 대부분 인류가 신과 초자연적인 존재를 믿어왔다는 사실을 감안하면 신을 믿기 어렵게 만드는 심리적 요인을 가진 사람은 오히려 무신론자일 가능성이 더 높아 보입니다."[17]

그로타이스의 말은 제가 다루고자 했던 주제, 즉 종교적 체험이 기독교 사건에서 중요하게 다루어져야 할 요소임을 분명히 했다. 나는 노트를 덮고 녹음기를 껐다. 하지만 악수를 하려고 일어섰을 때, 그는 이렇게 치고 들어왔다.

천사와 예언

"당신은 어떻습니까? 하나님을 개인적으로 체험했나요?" 그로타이스가 물었다.

나는 웃음을 터뜨렸다. "박사님, 인터뷰는 제가 합니다."

"나는 철학자입니다. 우리는 질문하는 것을 좋아합니다. 그럼 당신은 어떤가요?"

나는 발걸음을 옮겨 의자 등받이에 기대어 섰다. "글쎄요, 하나님이 제 삶을 변화시키신 것은 틀림없습니다." 나는 말문을 열었다. "제가 아직 무신론자였을 때 몇몇 그리스도인이 제 어린 딸을 위해 기도해준 덕분에 딸의 병이 나은 적도 있었지요."

하지만 내 마음을 가득 채운 것은 어린 시절에 경험한 유일한 종교적 체험이었다. "제가 가장 강렬하게 기억하는 꿈이 있습니다. 그 꿈에서 천사와 대화를 나누고, 16년 후에 이루어질 예언을 받았습니다."

그는 다시 앉자는 손짓을 하며 말했다. "계속 말해보세요."

그렇게 나는 그때의 일을 털어놓았다.

···

열두 살 정도 되었을 것이다. 무신론에 입문하기 전이었다. 부엌에서 샌드위치를 만들고 있는데 빛나는 천사가 나타나 천국이 얼마나 영광스러운 곳인지 그 자리에서 말하기 시작했다. 꿈이었다. 나는 한참 동안 천사의 말을 듣다가 "저는 그곳에 갈래요"라고 덤덤하게 말했다. 물론 인생의 마지막에 그러겠다는 의미였다.

천사의 대답에 나는 깜짝 놀랐다. 이렇게 말했기 때문이다. "그걸 어떻게 아느냐?"

'어떻게 아느냐고? 무슨 질문이 이래?' 하는 생각이 들었지만 나는 더듬거리며 대답했죠. "음-, 어-, 저는 착한 아이가 되려고 노력했어요. 부모님이 시키는 대로 하려고 노력했지요. 얌전하게 굴려고 노력했어요. 교회에도 다녔어요."

그런데 천사는 "그건 중요하지 않다"라고 말했다.

나는 깜짝 놀랐다. 부모님과 선생님의 기대와 요구에 부응하기 위해 순종하고, 성실하게 살았는데 그 모든 노력이 중요하지 않다니? 머릿속이 온통 뒤죽박죽이 되었다. 아무 말도 할 수 없었다.

천사는 잠시 나를 가만히 놔두었다. 그러고는 "언젠가 이해하게 될 거야"라고 말하더니 홀연히 사라졌다. 나는 식은땀을 흘리며 깨어났다. 이것이 내가 유일하게 기억하는 어린 시절의 꿈이다.

수년이 흐르면서 나는 초자연적인 것, 심지어 하나님의 존재 가능성까지 거부하기에 이르렀다. 하지만 그 꿈을 꾸고 나서 16년 후 천사의 예언이 이루어졌다.

나는 아내의 권유로 교회에 갔다가 처음으로 복음을 듣고 이해하게 되었다. 나의 행동이나 선행으로는 천국에 갈 수 없다는 사실을 깨달았다. 천국에 들어가는 것은 하나님이 은혜로 값없이 주신 선물이며, 나는 그저 감사하게 받으면 된다는 것을 알게 되었다. 그 말을 듣는 순간, 언젠가 내가 하나님의 구원 메시지를 듣게 될 것이라고 예언했던 천사가 생생하게 떠올랐다. 그 복음이 마침내 나의 삶과 영원을 바꿔놓았다.

• • •

"어떻게 생각하세요?" 나는 그로타이스에게 물었다.

"하나님이 주관하신 체험이었을까요, 아니면 그저 꿈에 불과했을까요?"

생각에 잠긴 그로타이스는 눈을 가늘게 떴다.

"그 꿈은 주님이 주신 것일 수 있습니다."

"네, 저도 그렇게 생각합니다."

6장

어떤 하나님이 진짜인가?

무신론에 대한 확신을 갖고 싶었지만, 내 주변에서 가장 박식하고
지적인 사람들 중 일부가 종교를 신봉하는 것을 보며 동요되었다.

토마스 네이글(미국의 철학자), 《마지막으로 듣고 싶은 말*The Last Word*》

하나님의 존재를 의심하며 자란 전자기계 엔지니어 채드 마이스터
는 애리조나주 템피의 자신의 아파트에서 생의 끝자락을 고민하며,
총을 손에 쥔 채 앉아 있었다. 그는 우울증의 어둠 속에서 절규했다.
"하나님이 계시다면, 부디 당신을 보여주세요. 신이 계시지 않다면,
이런 삶에는 이유가 없습니다."

그 순간 그는 환상을 보았다. 사방이 어두워지고 흑백으로 쓰인
글자만 보였다.

"사도행전 14:22"이었다.

"그게 뭔지 전혀 몰랐습니다"라고 그는 나중에 회상했다. "성경과
관련 있을 거라고는 생각했어요. 하지만 성경에 대해 듣기는 했어도

성경을 읽어본 적은 없었습니다."

그는 총을 내려놓고 밖으로 나가 성경책을 구해 집으로 돌아왔다. 그러고는 바울과 바나바가 예수님을 따르는 사람들에게 "하나님의 나라에 들어가려면 많은 환난을 겪어야 할 것이라"라고 말한 장과 절을 찾을 때까지 성경을 뒤적였다.

그 감정이 채드의 마음속에 깊이 자리 잡았다. 그는 고난에 찬 인생을 돌아보면서 그동안 하나님이 '하늘의 사냥개'처럼 그를 쫓아왔지만, 자신이 계속해서 하나님을 밀어내고 다른 방향으로 걸었다는 것을 처음으로 깨달았다.

우울증은 서서히 걷혔고, 채드는 자신의 인생을 하나님의 인도에 내맡겼다. 그의 결심은 명확했다. 하나님이 인도하시는 곳이라면 어디든 따라가겠다고 맹세했다.

그의 인생은 확실히 바뀌었다. 그는 그리스도인 회계사 타미와 결혼했고, 미니애폴리스로 이주하여, 다른 이들에게 예수의 말씀을 전하는 교회 활동에 참여했다.

그러나 그의 전도 활동은 예상치 못한 방향으로 흘러갔다. 채드는 교양 있는 힌두교 신자 상사와 함께 4시간 동안 차를 타고 이동하게 되었다. 마음속으로 '출장을 떠날 때는 차에 그리스도인이 한 명뿐이지만 돌아올 때는 두 명이 될 거야'라고 생각했다.

하지만 신앙심 깊은 그 상사는 힌두교의 아름다움과 경이로움을 유창하고 설득력 있게 설파하기 시작했다. 스스로 왜 그리스도인인지 제대로 고민해본 적 없었던 채드는 점점 혼란에 빠졌다. "머릿속이 빙빙 돌았어요"라고 그는 털어놓았다.

같은 주에 한 몰몬교 동료는 채드에게 자신의 신앙을 나누며 삼위일체에 대한 채드의 이해가 잘못되었다고 지적했다. 또 다른 비주류 교파인 엔지니어는 채드의 신앙을 공격했다. 한편 대중 강연에서 채드는 한 여성이 뉴에이지 운동과 모든 존재가 어머니 가이아의 일부라는 점에 대해 열정적으로 전하는 것을 들었다.

"너무 혼란스러웠죠." 채드가 말했다. "더는 무엇을 믿어야 할지 몰랐습니다. 제 신앙에 대한 의심이 생겼고, 그것이 알라나 브라만 등 다른 신적 존재에서 비롯된 것은 아닌지 고민하게 되었죠. 결국 믿음을 잃고 불가지론자가 되어갔습니다."

답을 찾기 위해 채드는 미네소타 출장 때마다 프란시스 쉐퍼와 에디스 쉐퍼가 설립한 라브리 공동체를 방문했다. 그들은 기독교를 강요하지 않고 여러 세계관을 신중히 분석해보라고 권했다. 어떤 것이 합리적이고 논리적인지, 삶에 가치를 부여하는지, 최고의 증거를 가지고 있는지 살펴보라고 했다.

"저는 '진리란 무엇인가'라고 물으며 원점에서 다시 시작했습니다." 채드는 말했다. "결국 1년 반 동안 세계관을 연구했지요. 마침내 기독교가 가장 합리적이고, 가치 있으며 확실한 증거를 갖추고 있다는 결론을 내렸습니다. 그리고 제가 체험한 하나님과도 부합했죠. 그렇게 다시 그리스도를 믿게 되었습니다."

영적 탐구에 깊은 관심을 갖게 된 채드는 엔지니어를 그만두고 신학과 철학을 공부했다. 현재 베델대 종교·철학 학과장인 그를 인디애나주 미셔와카에서 만났다. 세상의 다양한 종교 중 왜 하필 기독교를 믿어야 하는지, 다시 말해 어떤 신이 진짜인지 알고 싶었다.

세계관 대결: 변증 피라미드

채드 V. 마이스터

베델대 종교·철학과 교수

예리한 지성과 부드러운 유머, 따뜻한 성품을 겸비한 채드 밴마이스터Chad V. Meister 박사는 베델대에서 가장 인기 있는 교수 중 한 명이다. 마르케트대에서 우수한 성적으로 박사학위를 받았고, 현재 옥스퍼드 힌두교연구센터 객원연구원으로도 활동 중이다. 그가 한때 힌두교인 상사와의 대화로 신앙의 혼란을 겪었다는 사실이 아이러니하다.

마이스터는 《종교의 철학Philosophy of Religion》, 《악: 당황한 이들을 위한 안내서Evil: A Guide for the Perplexed》, 《기독교 유신론 논쟁Debating Christian Theism》 등 20여 권의 저서와 공동저술서를 출간했다. 찰스 탈리아페로Charles Taliaferro와 함께 6권짜리 '악의 역사'The History of Evil 시리즈의 편집주간을 맡고 있다.

그러나 이번에는 2006년 출간된 그의 데뷔작 《믿음 세우기: 처음부터 차곡차곡 신앙 쌓아가기 *Building Belief: Constructing Faith from the Ground Up*》에 대해 이야기를 나누었다.[1] 이 책 이면에는 나와도 관련된 재미있는 사연이 숨어 있다.

신학생 시절 마이스터 박사는 내가 담임목사로 있던 교회를 다니며 변증 사역 자원봉사를 했다.

어느 주일, 부활에 관한 설교를 마치고 나는 방문객들에게 인사를 하고 있었고, 채드는 근처에 앉아 있었다. 한 남자가 다가와 내게 이렇게 말했다. "저는 무신론자입니다만 목사님 설교가 흥미로웠네요. 더 알아보고 싶습니다. 이번 주에 만날 수 있을까요?"

나는 안타깝게도 앞으로 3주간 출장 일정이 잡혀 있다고 그에게 말했다. 그리고 마이스터를 향해 손짓하며 이렇게 말했다. "하지만 저기 있는 저 사람이 당신을 만나줄 겁니다."

마이스터 박사는 그 회의론자를 자신의 아파트로 초대해 식사를 함께하기로 했다. 그리고 기독교 진리를 체계적으로 탐구할 수 있는 '변증 피라미드'를 준비했다. 이 피라미드는 그의 영적 여정에서 탄생한 것으로, 가장 광범위한 질문에서 시작해 정점으로 갈수록 초점을 좁혀가는 방식이다. 목표는 결론을 내리는 게 아니라 기독교가 가장 합리적임을 보여주는 것이다.

무신론자는 저녁식사에 왔고, 그들은 7시부터 피라미드를 통해 대화를 나누었다. 그런 다음 피라미드를 들여다보며 문제를 하나하나 풀어갔다. 새벽 2시쯤이 되자 그는 마침내 신앙을 갖게 되었다.

나는 변증 피라미드의 6단계 증거에 대해 더 자세히 듣고 싶었다.

쉐퍼 박사의 접근법을 따라, 우리도 공통의 기반에서 출발하여 논리와 현실 법칙을 적용해 피라미드의 토대부터 탐구해 나갔다.

진리

변증의 피라미드

1단계: 진리 - 왜 모두가 옳을 수는 없는가?

"본디오 빌라도는 '무엇이 진리인가'라는 유명한 질문을 했지요.[2] 오늘날 이런 질문을 받는다면 어떻게 대답하시겠어요?" 나는 이런 질문으로 말문을 열었다.

마이스터는 목청을 가다듬고는 대답했다. "고대 그리스인들은 이 문제를 오래전부터 신중히 생각해왔습니다. 플라톤은 그의 저작 《소피스트 Sophist》에서 참된 주장은 사물을 있는 그대로 진술하는 반면, 거짓 주장은 사물을 있는 그대로와 다르게 진술한다고 말했습니다.[3] 그의 제자 아리스토텔레스도 《형이상학 Metaphysics》에서 비슷한 말을 했지요.[4] 그들은 진리에 대한 핵심 개념을 잡고 있었습니다.

이것이 진리대응론correspondence theory of the truth입니다. 어떤 주장이나 입장은 사실에 부합할 때 비로소 참이 됩니다. 내가 '당신의 렌터카가 주차장에 있다'라고 했고, 그것이 사실이라면 진실한 말이 되는 것이지요. 진리는 절대적이고 보편적인 것입니다."

"상식적인 것 같군요." 내가 말했다. "하지만 많은 이들이 종교적 진리는 예외라고 생각하더라고요. 절대적이지 않고 상대적이라고 말이죠."

마이스터 박사는 고개를 저었다. "만약 내가 '당신의 렌터카가 주차장에 없는 게 내게는 참입니다'라고 말한다면, 내가 아무리 참이라고 말해도 그 주장은 거짓입니다. 현실과 일치하지 않으니까요. 의견과 신념은 주관적이고 개인적이지만 사실fact는 그렇지 않습니다. 게다가 상대주의에는 논리적 모순이 있지요."

"무엇을 말씀하시는 건가요?"

"절대적인 것은 없다는 주장 자체가 절대적인 주장이 되어 자기모순에 빠지게 됩니다." 그가 말했다. "이렇게 생각해보세요. 평평한지구학회Flat Earth Society 회원이 지구가 둥글다는 주장에 동의하지 않는다면, 당신은 '그에겐 그의 믿음이 진리'라고 말하지 않을 것입니다. '완전히 틀렸다'라고 말하겠지요."

"하지만 종교를 참 거짓으로 판가름해선 안 된다는 이들도 있습니다. 우리가 신의 관점에서 사물을 바라볼 수 없다는 이유를 들어요. 종교적 주장이 그들에게 진실이 될 수 있다는 거예요."

마이스터는 이렇게 말했다. "모든 주요 종교가 절대적 진리를 주장합니다. 하지만 그 진리들은 서로 모순됩니다. 서로 반대되는 주장이기 때문에 모두 사실일 수는 없어요. 예를 들어, 성경은 예수가 죄를 대속하기 위해 자기 목숨을 희생 제물로 바친 메시아라고 말하지만, 다른 종교에서는 이런 주장을 부인하지요. 둘 다 사실일 수는 없어요. 이것이 바로 모순율Law of contradiction입니다.[5] 모든 종교 주장이 사실이라고 말하면 관대해 보일지 몰라도 논리적으론 말이 안 됩니다. 우리가 해야 할 일은 무엇이 진실인지 가리는 것입니다."

"그래도 진리가 절대적이라고 말하는 건 편협하지 않은가요?"

"진리 자체가 편협할 순 없지만, 사람은 편협할 수 있습니다. 우리는 예수님이나 간디의 모범을 따라 겸손하고 온화한 태도로 진리를 전해야 합니다."

이렇게 피라미드의 기초가 다져졌다. 진리는 우리 신념이 아닌 현실과 부합하는 것이다. 이제 우리의 임무는 계속 피라미드를 따라 올라가면서 무엇이 진실인지 알아내는 것이다.

신학자 존 스택하우스John Stackhouse는 "종교란 진리가 무엇이며 그것을 어떻게 가장 잘 나타낼 것인지 탐구하는 것"[6]이라고 말했다.

2단계: 세계관 – 세 가지 학설의 충돌

피라미드의 다음 단계에서는 세 가지 주요 세계관을 살펴본다.

"세계관이란 인생의 근원적 질문들에 대한 신념과 관점의 총체입니다. 의식적으로 선택했든 선택하지 않았든 우리가 세상을 바라보는 렌즈와 같은 것이지요"라고 마이스터는 설명했다. "모든 종교나 이념은 대체로 유신론, 무신론, 범신론 세 가지 범주 중 하나에 속합니다. 물론 그 핵심 전제가 상충하므로 단 하나만이 진실입니다."

"어떤 체계를 사용해 분석하세요?" 내가 물었다.

"다섯 가지 기본 측면이 있습니다. 신의 존재 유무와 속성, 궁극적 실체, 지식의 원천, 도덕성의 근거 그리고 인간의 정체성입니다."

마이스터는 유신론의 본질에 대해 설명했다. "우선 유신론, 즉 세계와 분리된 인격적 신에 대한 개념이 있습니다. 유대교, 기독교, 이슬람교와 같은 주요 유신론 종교들은 전지전능하고 모든 곳에 존재하며 선한 만물의 창조주로서 단 하나의 신을 신뢰합니다. 유신론에서 궁극적인 실체는 물리적 존재 영역 너머에 있는 하나님입니다. 인간은 오감에 의존할 뿐만 아니라 성경 계시를 포함한 다양한 경로를 통해 지식을 습득합니다. 도덕성의 근본은 신에게 있으며, 모든 옳고 그름, 선과 악의 기준은 만물을 창조한 하나님의 인격적 본성을 반영합니다. 그리고 '인간 됨'이라는 것의 의미는 무엇일까요? 우리는 다른 동물계보다 높은 차원에 있지만 신과 동등하지는 않습니다. 우리에겐 동물과는 다른 유일무이함이 있으며, 영혼이라는 비물질적 실체가 있어 영원을 이어갑니다."

나는 노트에 메모를 하고 있었다. "요약을 잘하셨네요."

나는 질문을 던졌다. "무신론에 대해서는 어떻게 생각하시나요?"

마이스터는 차분히 설명하기 시작했다. "무신론자들은 신이나 여러 신들의 존재를 부인합니다. 무신론이 생각하는 보편적인 실체는 무엇일까요? 천문학자 칼 세이건의 말처럼 '우주는 모든 현재이고 과거이자 미래'라고 봅니다.[7] 그들이 생각하는 우주는 진화한 물리적 현실로 구성되어 있으며, 이 물리적 세계를 넘어서는 초자연적 영역이나 존재는 없습니다. 우리는 오로지 경험과 과학적 방법을 통해 지식을 얻습니다."

"도덕성은 어떻습니까?" 내가 물었다.

"보통 무신론자들은 도덕성을 객관적인 진리로 간주하지 않습니다. 그들은 도덕이 진화 과정에서 자연스럽게 발생했다고 생각해요. 즉, 인간이나 인간 유전자가 생존 확률을 높이기 위해 도덕이라는 개념을 창조했기 때문에, 도덕성은 시간과 장소에 따라 변할 수 있다고 봅니다. 하지만 일부 무신론자들은 이런 생각을 부담스럽게 여깁니다. 한 유명한 무신론자는 도덕성이 신이나 진화로부터 비롯된 것이 아니라 '그냥 있는 것'이라고 말했습니다.[8] 솔직히 이 설명만으로는 충분히 이해되지 않죠.

마지막으로, 인간이란 무엇인가에 대한 질문에, 무신론은 우리를 전자기계적 장치, 다시 말해 오랜 시간 동안 진화를 통해 복잡해진 동물로 봅니다. 생물학자 리처드 도킨스는 '우리는 단지 자신의 유전자, 즉 이기적인 분자들을 보존하기 위해 맹목적으로 프로그래밍된 로봇 운반자일 뿐이다'라고 말했어요.[9] 인간에게 영혼이나 비물질적인 요소가 있다고 보지 않습니다. 우리는 살다가 결국 죽고 썩을 뿐이죠."

"범신론은 어떻습니까?"

"범신론은 단일한 형태가 없어요. 철학적인 측면과 종교적인 측면이 함께 존재하죠. 일반적으로, 우주 전체에 궁극적인 구분이 없다고 보는 것이 특징입니다. 모든 것은 변하지 않으며, 모든 것은 하나이고, 모든 것이 신이라고 할 수 있어요. 힌두교에서 말하는 브라만처럼요. 결국 신은 우주와 함께 하나라고 할 수 있죠.

궁극적인 실체에 대해서는, 신은 구별될 수 없고 형언할 수 없는 존재로 봐요. 모든 구분은 마야(환상)에 지나지 않습니다. 동물, 식물, 곤충, 바위, 당신, 나 등 모든 것은 하나의 동일한 근본적인 실체에 속해 있어요. 범신론자들에게 지식은 이성적인 탐구보다는 마음을 비우는 명상이나 다양한 수행을 통해 얻는 것이에요. 의식을 변화시키고 모든 것과의 합일을 경험하기 위해 염불이나 다른 기법들을 사용하기도 하죠.

또한 객관적인 선과 악은 환상에 불과하다고 봅니다. 크리스천 사이언스Christian Science를 창시한 범신론자 메리 베이커 에디는 '악은 환상에 불과하고 실제로 존재하지 않는다. 악은 단지 잘못된 믿음일 뿐이다'라고 했습니다.[10]

그렇다면 범신론자들에게 인간은 무엇일까요? 그들에게 인간 역시 신이며, 영적인 신성이고, 우주와 하나인 존재입니다. 하지만 안타깝게도 인간은 우주적 착각 속에 빠져 자신의 신성한 본성을 깨닫지 못하고 있다는 것이죠. 그러므로 범신론에서는 이러한 진실을 인식하고 환상에서 벗어나 진정한 우리 자신의 신을 발견하고 드러내는 것을 목표로 해요."

나는 이 모든 내용을 이해하고 받아들였다. "세 가지 세계관은 서로 모순되는군요. 어떤 것이 진실인지 누가 어떻게 판단할 수 있을까요?"

마이스터는 미소를 지으며 말했다. "계속 밀고 나아가봅시다."

세계관 평가의 2가지 기준: 논리와 실행 가능성

마이스터는 세계관의 논리성과 실현 가능성을 평가하는 두 가지 중요한 기준을 제시했다. 그에 따르면, 세계관의 핵심 신념에 모순이나 일관성 부족이 있다면, 그러한 세계관은 진실이 아니다. 한결같이 실천할 수 없다면 그 세계관은 받아들일 수 없다.

"무신론부터 시작하지요. 무신론을 반박할 수 있는 논리가 있을까요?"라고 내가 물었다.

"음, 선에 논리적 문제가 있습니다"라고 마이스터가 대답했다.

"선의 문제라고요? 무신론자가 선한 삶을 살 수 없단 의미인가요?"

"그건 아닙니다. 무신론 철학자 마이클 루스와 에드워드 윌슨이 지적했듯, 만약 도덕성이 생존 메커니즘일 경우, 그것은 유전자가 우리에게 심어준 '환상'에 지나지 않는다는 것입니다.[11] 따라서 그들이 도덕성을 믿는 것은 산타클로스를 믿는 것만큼 비이성적입니다. 유전학이 아닌 사회적 관념에 근거한 도덕성이라 할지라도, 그것은 절대적이거나 보편적이 아닌, 주관적이고 상대적입니다.

만약 객관적인 도덕성이 없다면, 무신론자에게는 객관적으로 선과 악, 정당함과 부당함을 확정하는 것이 논리적으로 어려워집니다. 예를 들어, 무고한 유아 살해가 객관적 도덕성의 관점에서 명백한 악이라고 주장할 기반도 사라집니다. 행위가 불쾌할 수 있다고는 인정하겠지만, 이를 절대적으로 잘못됐다고 선언할 수는 없게 됩니다.

이와 같은 도덕적 상대주의를 실제로 적용할 경우 혼란이 불가피해집니다. 무신론자 장 폴 사르트르가 언급했듯, '신이 존재하지 않는다면 모든 것이 실제로 허용'[12]되니까요. 보편적인 도덕 기준을 설정하려는 무신론자들이 있긴 하지만, 그들의 주장 또한 여러 난제에 직면해 있습니다."

"당신의 주장을 좀 더 구체적으로 말해주세요." 내가 말했다.

"그러지요. 첫 번째로, 만약 객관적인 도덕적 가치가 실재한다면, 무신론적 유물론은 틀린 것이어야 합니다. 실제로, 객관적인 도덕적 가치는 존재하고, 우리는 모두 이 사실을 인지하고 있습니다. 이에 따라 무신론적 유물론은 분명히 잘못된 것입니다.

또한, 무신론은 실현 가능성 측면에서도 문제가 있습니다. 솔직히 말해, 무신론자들은 도덕성이 단지 환상이고 상대적일 뿐이라는 견해를 일관되게 실천할 수 없다는 뜻입니다. '재미삼아 아기를 고문하는 것은 악한 행위다'라는 말은 객관적인 사실일까요, 아니면 의견에 불과할까요? 이러한 행위를 옹호하는 사람이 있더라도, 실제로 그 주장을 받아들이는 사람은 없을 것입니다. 왜 그렇지요? 그것이 분명히 잘못되었다는 것을 우리는 알고 있기 때문입니다. 악명 높은 연쇄 살인범 테드 번디의 말을 회상해 보세요."[13]

"뭐라고 했나요?"

"자신의 세계관에 따르면, 하나님이 존재하지 않고 초월적인 실재도 없으며, 우리는 단지 움직이는 분자에 불과하다고 했습니다. 그에 따르면, 객관적인 도덕 같은 것은 없으며, 도덕성은 개인적이고 상대적이어서, 각자가 무엇을 해야 할지 스스로 결정할 수 있다고 봅니다. 다행스럽게도, 실제로 그렇게 생각하는 사람은 많지 않습니다. 도덕의 절대성을 믿지 않는다고 주장하지만 마치 믿는 것처럼 행동하지요."

"그렇다면 무신론은 그럴듯하지 않다는 결론이로군요"라고 내가 말했다.

"네, 그렇습니다."

"그럼 범신론은요?"

"범신론자들도 옳고 그름에 대한 문제가 있습니다."

그는 어느 날 저녁 식사 때 한 범신론자와 나눈 대화를 들려주었다. 범신론자는 그에게 이렇게 말했다. "모든 것이 신이고 모든 것이 하나예요. 구별은 없습니다."

마이스터는 대답했다. "하지만 구분이 없다면 궁극적으로 옳고 그름, 잔인함과 자비, 선과 악을 구별할 수 없게 됩니다." 그러면서 화구에서 물이 끓고 있던 냄비를 가져와 상대방의 머리 위로 들고 쏟는 시늉을 했다고 한다. "옳고 그름, 잔인함과 잔인하지 않은 것을 구별할 수 없다는 게 확실한가요?" 마이스터는 놀리듯이 물었다.

범신론자는 미소를 지으며 "글쎄요, 옳고 그름의 구분은 있는 것 같네요!"라고 말하며 그 제스처를 인정했다.

마이스터는 말했다. "물론 범신론자들은 선과 악의 구분이 존재하지 않으며 고통은 단지 환상일 뿐이라고 주장할지 모릅니다. 하지만 실제 삶에서 그 믿음에 따라 살아가기는 불가능합니다. 그들 역시 마치 절대적인 도덕 기준이 존재하는 것처럼 살아갑니다."

"게다가 범신론은 논리적으로 일관성이 없는 것 같아요"라고 그는 덧붙였다. "범신론에서 '나'는 신이며 궁극적으로 비인격체입니다. '나'는 변하지 않는 총체입니다. 하지만 '나'는 이런 사실을 발견해야 한다는 당부를 받습니다. 명상을 통해 자신이 신과 하나라는 사실을 깨달아야 한다는 거죠. 그런데 여기에 문제가 있습니다."

"무슨 문제인가요?"

"첫째, 범신론에 따르면 우리는 신과 하나입니다. 둘째, 신은 변하지 않는 총체입니다. 셋째, 우리, 즉 신은 자신의 무지를 넘어 신성을 인식하고 깨달음을 얻어야 합니다. 그런데 이러한 진술에는 논리적 일관성이 없습니다."

"왜 그렇게 생각하나요?"

"무언가를 깨닫는다는 것은 무지에서 깨달음으로의 변화를 의미하는데, 변화할 수 없는 존재라는 사실을 깨닫기 위해 변화하지 않으면서 동시에 변화한다는 것은 불가능하기 때문입니다."

그는 이렇게 덧붙였다. "또한 우주는 비인격적이어야 하는데 나는 소망과 꿈, 생각, 감정을 지닌 사람입니다. 그런데 범신론에서는 이 모든 것이 환상이라고 하잖아요. 마치 우주는 환상에 불과하고 현혹된 사람들, 즉 실제로는 존재하지 않는 것으로 여겨지는 사람들을 억지로 뱉어내고 있는 것 같아요. 그러나 어떻게 비인격적 본성을 지닌 자기 자신이 마치 인격적인 존재인 것처럼 인식하도록 오해하고 있을까요? 인격이 없는데 어떻게 속이나요? 말이 안 됩니다."

나는 범신론자들이 어떤 반응을 보일지 예상했다. 그래서 "그들은 아마도 이성을 넘어서 우주와의 합일을 신비로운 인식으로 깨달아야 한다고 말하지 않을까요?"라고 말했다.

마이스터의 표정이 어두워졌다. "이성에 반하는 주장을 하는 것은, 이성을 부정하기 위해 이성을 사용하는 것을 의미해요. 이런 모순에서 범신론의 일관성 부족이 드러납니다. 논리적이고 일관된 관점을 원한다면, 범신론은 당신이 찾는 세계관이 아니에요."

악과 고통이 존재하는 이유

이 모든 것은 다음과 같은 명백한 의문을 남겼다. 악과 고통의 존재는 유신론을 무력화시키는 것일까? 전능하고 사랑이 가득한 신이 있음에도 불구하고, 그분이 창조한 세계에 악이 존재한다는 것은 모순이 아닐까?

"이 문제는 실로 심각합니다. 가볍게 여길 수 없죠"라고 마이스터는 인정했다. "하지만 이 문제는 유신론에만 해당되는 것이 아닙니다. 모든 세계관이 악과 고통의 문제에 직면해 있습니다. 그러나 저는 이것이 유신론의 모순이라고 생각하지 않아요. 사실, 저는 그리스도인들이 이 문제에 대해 가장 합리적인 반응을 보인다고 생각합니다."

"어떤 면에서 그런가요?"

"먼저, 신이 존재한다면, 그분이 인간에게 자유의지를 부여했다고 보는 것이 합리적입니다."

그는 생각을 정리한 후 다시 말을 이어갔다. "대형 기계에 깔린 노동자 사건을 생각해보세요. 그 기계는 범죄로 기소되지 않았습니다. 왜일까요? 고의가 없었기 때문이죠. 의도적으로 노동자를 해치려 한 것이 아니니까요. 기계에게는 자유의지가 없습니다. 도덕적 책임이나 선을 행할 수 있는 능력이라는 개념은 자유의지를 전제로 합니다. 사랑 또한 사랑하지 않을 자유가 필요합니다. 그래서 기계는 사랑에 빠질 수 없어요. 기계는 단지 프로그래밍된 대로만 행동할 수 있습니다.

하나님은 로봇처럼 프로그래밍된 사람들을 창조할 수도 있었습니다. 그랬다면 우리는 우주에서 가장 귀한 것인 사랑을 경험할 기회를 잃었을 것입니다. 자유 없이는 진정한 선함이나 도덕적인 행위도 불가능하죠. 자유는 선을 행할 수 있는 능력과 더불어, 그 반대의 선택도 가능하게 합니다. 바로 이 점이 세상에 도덕적 악이 존재하는 이유를 설명해줍니다."

마이스터는 과거의 고통에 매여 어려움을 겪는 이들을 돕는 교회에 다니는 한 여성으로부터 편지를 받았다. 그녀는 어린 시절 충격적인 경험을 했다고 마이스터에게 고백했다.

마이스터는 그녀에게 자신이 겪은 일화를 들려주었다. 몇 주 전, 마이스터와 그의 아내는 케이크를 만들었다. 모든 재료를 시식해보기로 한 마이스터는 베이킹파우더는 역겨웠고, 날계란은 더 그랬으며, 바닐라 추출물도 마찬가지였다. 그러나 이 모든 재료를 섞어 오븐에 넣고 나니, 눈부신 초콜릿 케이크가 완성되었다.

마이스터는 "이 이야기를 그 여성에게 들려줬더니 눈물을 흘리더군요" 하며 그때의 일을 떠올렸다. "그녀는 하나님이 자신에게 불행을 원하시지 않는다는 것, 하나님께서 그러한 일을 의도하신 것이 아님을 깨달았습니다. 전지전능하신 하나님은 그녀가 겪은 고통을 통해, 고통받는 이들을 도울 수 있는 더욱 아름다운 사람으로 성장하게 하심을 이해했습니다.

우리가 때때로 강퍅한 마음으로 하나님과 대립할 수 있지만, 이는 하나님이 바라시는 바가 아닙니다. 성숙하고 영적인 인간이 되려면, 때로는 시련과 고난이 필요합니다. 성경은 고난을 통해 어떻게 인성과 인내심이 성장하는지를 설명합니다.[14] 아이를 응석받이로만 길러서는 결코 온전히 성숙한 어른이 될 수 없습니다."

"성숙한 개인이 되려면 어느 정도 고난을 겪는 게 필수적이라는 말인가요?" 나는 물었다.

"네, 그렇게 볼 수 있겠지요. 하나님께서 선과 악의 존재를 허용하시는 것에는 충분한 이유가 있습니다. 따라서 선과 악의 공존이 반드시 모순을 의미하지는 않습니다. 앞서 살펴봤듯, 하나님이 이러한 이유를 갖고 계신다는 것은 논리적으로 충분히 가능한 일입니다.

실제로 어거스틴은 자유가 어떻게 행위자로 하여금 선이 아닌 악을 선택할 가능성을 부여하는지에 대해서만 책 한 권을 저술했습니다.[15] 그는 하나님이 우리에게 자유를 준 것은 좋은 일이지만, 사람들이 그 좋은 선물을 잘못된 이유, 심지어 악의적인 이유로 사용할 위험이 있다고 주장했습니다. 결국 인류는 창조주에게 등을 돌리고 말았잖아요.

그러나 우리는 하나님이 악을 허용한 이유를 이해할 수 있습니다. 때로는 역경이나 비극을 호되게 겪으면서 하나님과 구원의 필요성을 인정하게 되니까요. C. S. 루이스의 유명한 말을 인용하자면, '하나님은 기쁨 속에서 우리에게 속삭이시고, 양심을 통해 말씀하시며, 고통을 통해 외치십니다. 악은 귀먹은 세상을 깨우는 하나님의 확성기입니다."[16]

"그렇다면 당신의 결론은 범신론과 무신론은 논리적 모순, 실현 불가능한 주장으로 인해 실격 처리되었지만 유신론은 살아남았다는 것이군요"라고 내가 말했다.

"맞습니다." 그의 대답이 돌아왔다. "이 자리에서 우리는 겉핥기 식으로 살펴보았을 뿐입니다. 하지만 이 모든 사항을 고려할 때, 제가 생각하는 가장 이치에 맞는 세계관은 일반적으로 유신론, 그중에서도 기독교입니다."

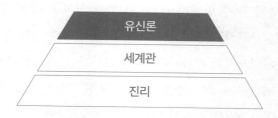

3단계: 유신론 - 하나님의 지문

나는 유신론의 긍정적인 증거에 대한 마이스터의 평가에 흥미를 느꼈다. 그래서 그에게 "유신론이 참이라는 확실한 이유 세 가지를 말해 달라"라고 요청했다. 그는 먼저 이 책에서 이미 다뤘던 두 가지 논증을 제시했다.

"첫째, 우주의 미세조정이 있습니다. 둘째, 우주의 시작은 창조주를 강력하게 가리키고 있습니다." 그런 다음 그는 신을 믿는 세 번째 이유, 즉 무신론을 비판할 때 언급했던 이른바 도덕적 논증을 제기했다. 그는 이를 가장 기본적인 형태로 설명했다.

"객관적인 도덕적 가치가 있다면 하나님은 존재합니다"라고 그는 말했다. "객관적인 도덕적 가치는 시간과 장소에 관계없이 모든 사람에게 보편적으로 적용되는 규칙입니다. 우리는 객관적인 도덕적 가치가 실제로 존재한다는 것을 알고 있습니다. 예를 들어, 재미로 아기를 고문하는 것은 객관적으로 악한 일이지요. 그러므로 도덕적 가치는 존재합니다."

다시 말하지만, 마이스터는 무신론자가 도덕적 가치관을 가질 수 없다거나 윤리적으로 살 수 없다고 주장하는 것이 아니다. 다만 객관적인 도덕적 가치에 대해 말하고 있다. 설령 나치가 올바르다고 믿었더라도, 홀로코스트는 객관적으로 잘못된 일이다. 그리고 나치가 제2차 세계대전에서 승리하여 모든 반대자를 세뇌하거나 제거하는 데 성공했다 하더라도, 그것은 여전히 잘못된 일이다. 신이 없다면 도덕적 가치는 그런 식으로 객관적일 수 없다.[17]

윌리엄 레인 크레이그는 이전에 나와 인터뷰를 하면서 홀로코스트를 예로 들었다. 그날 그가 유신론에 대한 도덕적 논거를 설명한 방식을 잊을 수 없다. 크레이그는 나에게 이렇게 말했다.

"신이 없다면 도덕적 가치는 사회생물학적 진화의 산물일 뿐입니다. 사실 많은 무신론자가 그렇게 생각합니다. 무신론 철학자 마이클 루스에 따르면 '도덕성은 손과 발, 치아만큼이나 생물학적 적응'이며 도덕성은 '생존과 번식을 위한 보조 수단이고 그 이상의 의미는 환상'[18]에 불과하다고 합니다."

"신이 없다면 도덕성은 '브로콜리가 맛있다'라는 말처럼 개인적인 취향 문제일 뿐입니다"라고 크레이그는 계속 말했다.

"누군가에게는 맛있지만 다른 사람에게는 그렇지 않을 수 있습니다. 객관적인 진실이 아니라 주관적인 취향인 것이지요. '죄 없는 어린이를 죽이는 것은 잘못된 일이다'라는 말은 '나는 무고한 어린이를 죽이는 것을 좋아하지 않는다'라는 취향의 표현과 다를 바 없게 됩니다.

루스와 무신론자 버트런드 러셀처럼, 신이 없는 상태에서 인간은 진화한 도덕성이 객관적이라고 생각할 근거가 없다고 여깁니다. 신이 없다면, 인간은 자연의 우연한 산물일 뿐이기 때문입니다.

무신론적 관점에서 볼 때, 강간 같은 일부 행동은 사회에 유익하지 않기 때문에 인간 발달 과정에서 금기시되었지만, 이것이 그 행동이 잘못됐다는 증거는 아닙니다. 오히려 강간은 종의 생존에 유리한 방향으로 진화한 것일지도 모릅니다. 따라서 신이 없다면 우리의 양심에 강요되는 절대적인 옳고 그름은 존재하지 않는 것이지요.

그러나 우리 모두는 객관적인 도덕적 가치가 실제로 존재한다는 것을 마음속 깊이 알고 있습니다. 어떻게 아느냐고요? 단순히 이렇게 자문하면 됩니다. '재미로 아이를 고문하는 것이 정말 도덕적으로 중립적인 행위인가?' 나는 사람들이 '아니요, 그건 도덕적으로 중립적인 행동이 아닙니다. 그렇게 하는 건 정말 잘못된 일이에요'라고 말하리라고 확신합니다. 다윈의 진화론과 그 밖의 모든 이론을 충분히 인지한 상태에서 그런 말을 하는 겁니다.

강간이나 아동 학대 같은 행위는 단순히 사회적으로 용납할 수 없는 행동을 넘어 도덕적으로 명백히 혐오스러운 일입니다. 객관적으로 잘못된 행동이지요. 반면에 사랑, 평등, 자기희생 등은 객관적인 의미에서 정말 좋은 것들이고요. 우리 모두는 이러한 사실을 마음속 깊이 알고 있습니다. 이러한 객관적인 도덕적 가치는 신이 없다면 존재할 수 없는데, 분명 존재하므로 논리적으로나 필연적으로 신도 존재한다고 봐야지요."[19]

학자들은 이러한 추론이 특히 설득력 있다고 생각한다. 철학자 폴 코판Paul Copan은 이렇게 말했다. "내가 보기에 도덕적 논증은 하나님의 존재를 보여주는 가장 강력한 논증이며, 많은 지적이며 영적인 탐구자들이 바로 이 논증을 통해 신을 발견하고 있다."[20]

마이스터는 하나님에 대한 세 가지 주장을 모두 요약한 후, "이러한 이유와 더불어 다른 많은 이유로 나는 유신론이 가장 이치에 맞는 세계관이라고 확신합니다"라고 결론을 내렸다.

참으로 논리적으로 보인다. 하지만 어떤 형태의 유신론이 진실과 정확히 일치하는가? 이제 피라미드의 다음 단계로 넘어가보겠다.

4단계: 계시 - 하나님이 인류에게 말씀하셨는가?

모든 주요 종교는 자신들의 경전이 권위 있고 신성한 영감을 받았다고 믿는다. 그리스도인들은 자신들의 신앙이 유대교의 성취에서 비롯되었기에 성경과 구약성경에 포함된 유대교 경전 사이에 모순이 없다고 여긴다.

그러나 성경과 다른 경전 사이에는 양립할 수 없는 차이점이 있다. 예를 들어 코란은 삼위일체, 예수의 죽음과 부활, 하나님의 유일

한 아들인 예수에 대한 성경의 가르침과 명백히 상충한다. 따라서 성경이 신뢰할 만하다면 성경의 주장과 모순되는 코란의 주장은 배제해야 한다.

신약성경에 집중하고 싶었던 이유는 유대교 및 이슬람교 신앙과 가장 극명한 대조를 보이는 내용이 담겨 있기 때문이다. 마이스터는 신약성경의 신뢰성을 입증하는 세 가지 접근법을 제안했다.

"첫째는 서지학적 검증입니다"라고 그는 말했다. "이 방법은 문서가 역사를 통해 얼마나 신뢰할 수 있도록 전달되었는지를 조사합니다. 신약성경 텍스트에 관한 증거는 매우 방대합니다. 우리는 5,800개 이상의 고대 그리스어 사본과 조각들을 가지고 있으며, 그중 일부는 원본 작성 후 100년 이내에 만들어진 것들도 있습니다. 다른 고대 문헌 중에는 이런 경우가 없습니다. 이러한 정보가 신약성경의 진실성을 입증하는 것은 아니지만, 원본 내용을 합리적으로 정확하게 보존하고 있다고 믿을 수 있는 충분한 근거를 제공합니다."

내가 말했다. "그렇지만 사본들 사이에 많은 차이가 있지 않습니까?"

"사실입니다. 하지만 대부분은 사소한 철자 차이일 뿐이고, 기독교의 핵심 교리는 변하지 않았습니다."[21] 마이스터는 말을 이어갔다.

"둘째는 내부 증거입니다. 신약성경의 여러 문서에서 저자가 사건의 목격자였다고 언급하거나 목격자를 가리키거나 목격자와 인터뷰한 내용을 찾아볼 수 있습니다. 예를 들어, 누가복음 저자는 '모든 것을 주의 깊게 조사'하여 사건의 '확실성'을 확인하기 위해 목격자들과 대화를 나누었다고 언급합니다.[22] 베드로는 자신이 직접 목격한 사건의 증인이라고 밝힙니다.[23] 바울은 예수와 그의 부활을 수백 명의 증인이 증언해 줄 수 있다고 말합니다.[24] 다른 경전에서는 이렇게 목격자 진술이 나오지 않습니다. 이는 신약성경에 특별한 신뢰성을 부여합니다.

셋째는 외부 증거입니다. 외부 자료가 확증을 제공하는지를 살펴보는 것입니다. 고고학적 발견을 통해 신약성경의 핵심 내용이 계속 확인되고 있으며 반증된 적이 없습니다. 또한, 성경 외에도 예수 생애의 기본적인 윤곽을 확증하는 고대 문헌이 있습니다."[25]

"그렇다면 성경의 신뢰성이 입증되었다는 말인가요?"

"성경의 신뢰성을 믿는 게 타당하다는 말을 하려는 겁니다. 당신은 이미 이 주제에 대한 글을 많이 쓰고 책도 출간했으니 내가 설득할 필요는 없겠지요. 합리적인 사람이라면 성경이 본질적으로 신뢰할 만하다는 결론을 내리는 것이 정당하다고 말하고 싶습니다."

5단계: 부활 - 예수는 무덤에서 부활했는가?

기독교에 대한 증거의 마지막 범주는, 예수가 메시아이며 하나님의 유일한 아들이라는 주장을 입증하는 예수의 부활이라고 마이스터는 말한다.[26] 부활을 뒷받침하는 역사적 자료를 묻는 질문에 그는 앞서 역사학자 마이클 리코나가 논의한 것과 동일한 "최소한의 사실"을 제기한다.

"회의론자들이 제시하는 자연주의적 설명을 반박하는 책은 많습니다"라고 마이스터는 말했다.

"역사적 사실은 설득력이 있지요. 예수는 무덤에서 부활했고, 부활을 통해 신성한 본성을 보여주었습니다. 이 사실로 인해 기독교는 저에게 가장 이치에 맞는 세계관으로 자리 잡았습니다. 앞뒤 말이 들어맞고 실현성 있는 세계관입니다. 변증 피라미드에서 알 수 있듯 기독교는 신뢰할 수 있는 탄탄한 토대 위에 세워졌습니다. 실제로 수년간 의심의 눈초리를 보내며 시작했던 많은 사람이 증거를 연구한 후 신자가 되었습니다."

나는 손을 살짝 들며 말했다. "저를 포함해서요."

몇 년 전, 세계에서 가장 성공한 변호사로 기네스북에 등재된 한 인물의 삶을 연구했던 적이 있다. 그는 역사상 누구보다 많은 살인 재판에서 연달아 승소했다. 엘리자베스 여왕에게 두 번이나 기사 작위를 받았으며 영국의 최고법원에서 판사로 일했다.

라이오넬 럭후Lionel Luckhoo 경은 예수 그리스도의 부활에 대해 회의적이었지만, 역사적 기록에 자신의 탁월한 법률 기술을 적용한 끝에 다음과 같이 판결했다. "예수 그리스도의 부활에 대한 증거는 너무나 압도적이어서 의심의 여지가 전혀 없는 증거로 받아들일 수밖에 없음을 분명히 말씀드립니다."[27]

6단계: 복음 - 천국의 문을 열다

우리는 탐구의 정점인 복음이라는 좋은 소식에 도달했다. 논리와 증거를 따라가다 보니 신뢰할 수 있는 한 가지 선택지에 이르렀다. 예수와 그가 거저 주는 용서와 영생이라는 선물이다. 예수는 누가복음 4장 43절에서 "내가 다른 동네들에서도 하나님의 나라 복음을 전하여야 하리니 나는 이 일을 위해 보내심을 받았노라"라고 말했다.

좋은 소식이란 무엇인가? 예수가 억울하게 죽임을 당했으나 죽음을 이기고 부활해 아버지께로 갔으며 다시 통치하러 이 땅에 오실 메시아라는 소식이다. 실제로 예수의 죽음과 부활은 우리를 위한 것이었다. 그는 우리가 지은 죄에 대해 마땅히 받아야 할 형벌을 대신 치르기 위해 죽었고, 회개와 믿음으로 그에게 나아오는 모든 사람을 위해 부활해 천국의 문을 열었다.

이 어마어마한 진리는 우리가 죄를 지었음에도 불구하고, 하나님께서는 우리를 그토록 사랑하셔서 독생자를 통해 우리를 구원하시고, 영원한 동행을 약속하셨다는 내용이다.

마이스터는 영화에서 본 전설의 왕국 카멜롯에 대해 얘기했다. "왕은 백성을 사랑하고, 백성은 왕을 사랑하고 섬기는 놀라운 왕국이 있다는 내용입니다. 이 왕국에서 왕은 백성을 부양하고 돌봅니다. 이것이 바로 왕국의 개념입니다. 왕국은 선한 왕이 통치하는 곳입니다.

예수님께서는 우리에게 하나님 나라를 열어주셨습니다. 하나님 나라는 하나님께서 친히 그분의 백성을 완전히 사랑하고 부양하며 돌보시는 방식으로 통치하시는 곳이며, 우리는 기쁘게 그분을 사랑하고 섬기며 경배합니다. 예수께서는 모든 사람을 그 나라로 초대하시며, 그 나라에서 우리는 변화됩니다.

성경에 따르면, 성령의 열매인 사랑과 희락과 화평과 오래 참음과 자비와 양선과 충성과 온유와 절제는 왕에게 무릎 꿇는 백성이 누리는 삶의 모습입니다.[28] 더 많이 무릎 꿇을수록 삶의 본질을 더 많이 경험하게 됩니다. 그것은 우리가 항상 원했던 삶입니다. 우리가 원하는 모든 것이지요. 우리는 지금 하나님 나라에 들어가 그런 삶을 영원히 살 수 있습니다."

천국은 아서 왕 전설의 카멜롯 같은 신기루가 아니다. 천국은 진

리와 은혜로 다스리시며 사랑과 능력이 많으신 하나님 나라에서 영원히 사는 삶을 말한다. 채드 마이스터의 변증 피라미드를 통해 입증된 기독교의 신뢰성은 사후 세계에 대한 기독교의 설명만이 논리와 증거의 시험을 통과한다는 확신을 준다.

그럼에도 여전히 많은 이들에게 몇 가지 장애물이 남아 있다. 첫 번째 장애물은 이것이다. 하나님이 정말 계신다면 왜 세상에 고통과 아픔을 허용하시는가? 이 질문은 많은 영적 구도자가 하나님께 나아가는 길에서 가장 큰 걸림돌이 되고 있다. 마이스터가 이 문제에 대해 간략히 언급했지만, 다음 장에서 더 자세히 다룰 예정이다.

7장

딴지 걸기 1:
하나님이 계신다면, 왜 고통이 있는가?

> 고통의 현실은 분명 기독교 신앙에 가장 큰 도전이 되어왔으며,
> 어느 세대에나 존재해왔다. 고통의 분포와 정도가
> 완전히 무작위적인 것 같아 불공평해 보인다.
> 예민한 영혼들은 그것이 하나님의 정의와 사랑과
> 어떻게 화해할 수 있는지 묻는다.
>
> **존 스토트**, 《그리스도의 십자가》

저널리즘 학교를 갓 졸업하고 이상주의에 가득 찬 젊은 기자 시절, 나는 《시카고 트리뷴》에서 도시 빈민가 가정을 소개하는 30부작 시리즈 기사를 처음으로 맡았다. 부유한 교외에서 자란 나는 이내 시카고의 빈곤과 절망의 나락으로 떨어졌다. 처음 겪는 일이었다.

그 결과 나는 무신론으로 더욱 깊이 빠져들었다. 이 가난과 절망의 세계를 정의롭고 사랑이 많은 하나님의 존재와 어떻게 조화시킬 수 있을지 알 길이 없었기 때문이다.

누구나 삶에서 고난이나 배신, 질병, 부상, 상실감 등의 고통을 겪는다. 아버지가 더 오래 살리라 기대했는데 심장병으로 생을 마감하셨다. 어머니가 서서히 암에 삼켜지는 모습을 지켜봐야 했다. 갓 태

어난 딸이 신생아 중환자실에서 생사를 오가는 동안 밤새 지켜볼 수밖에 없었다. 당신도 살면서 이와 비슷한 고통을 겪었을 것이다.

무고한 이들이 희생되는 일이 너무 많다. 불가지론자로 돌아선 그리스도인 셸던 배노켄은 이렇게 말했다. "악당들만 허리가 부러지거나 암에 걸리고, 사기꾼이나 나쁜 사람들만 파킨슨병에 걸린다면, 그나마 우주 안에서 실행되는 천상의 정의를 조금은 볼 수 있을 것이다. 하지만 우리 세상에서는 사랑스러운 아이가 뇌종양으로 죽어가고, 행복했던 젊은 아내 앞에서 음주 운전자가 남편과 아이를 덮치는 일이 벌어진다. … 우리는 하늘을 우러러보며 '왜, 왜 이런 일이?'라고 소리 없이 절규한다."[1]

고통은 단순한 지적 문제가 아니라 우리의 감정을 얽어매고, 방향감각을 잃게 하며 두려움과 분노에 휩싸이게 하는 지극히 개인적인 문제다. 어떤 작가는 고통의 문제를 "인간의 마음속에서 물음표가 낚싯바늘로 변한 것"이라고 표현했다.[2]

실제로 고통은 구도자들에게 가장 큰 걸림돌이 된다. 나는 "하나님께 단 한 가지만 질문할 수 있고 당장 답을 들을 수 있다면 무엇을 물어보시겠습니까?"[3]라는 전국 설문조사를 의뢰했다. 가장 많은 응답은 "왜 세상에 고통과 아픔이 존재하는가?"[4]였다. 이것은 인류의 가슴 깊은 데서 우러나온 절절한 외침이다.

앞서 기독교의 신에 대한 긍정적인 견해를 들었다면, 이 문제는 하나님의 실재 여부를 판단하는 데 가장 큰 걸림돌이 될 것이다. 그렇다면 고통의 존재가 반드시 하나님의 부재를 의미하는 걸까? 이 문제를 탐구하고자 나는 《고통의 의미 찾기 *Making Sense Out of Suffering*》의 저자가 있는 보스턴 대학에 전화를 걸었다.

여전한 고통 속에서도 소망하는 이유

피터 존 크리프트

보스턴 대학교 철학과 교수

피터 크리프트Peter John Kreeft는 포드햄 대학교에서 박사학위를, 예일 대학교에서 대학원을 졸업한 후, 빌라노바 대학교와 보스턴 대학교에서 수십 년간 교수로 재직한 최고의 철학자다. 하지만 그는 결코 고리타분한 학자가 아니다. 그는 유쾌하고 매력적인 태도를 지녔으며, 아무리 신성한 주제라도 농담을 참지 못할 때면 종종 겸연쩍은 미소를 짓는다.

개신교인들에게도 잘 알려진 가톨릭 신자인 크리프트는 《사랑은 죽음보다 강하다Love Is Stronger Than Death》, 《도덕적 상대주의에 대한 반박A Refutation of Moral Relativism》, 《기독교 변증 핸드북Handbook of Christian Apologetics》 등 80여 권의 책을 저술하거나 공동 집필했다.

나는 그의 통찰력 있는 책《고통의 의미 찾기》에 끌렸다. 크리프트는 이 책에서 소크라테스, 플라톤, 아리스토텔레스, 어거스틴, 키르케고르, 도스토옙스키, 스타트렉, 벨베데레 토끼, 햄릿, 모세, 욥, 예레미야 등의 여러 인물과 작품을 통해 고통에 대한 탐구의 여정을 능숙하게 풀어냈다.

나는 이 책의 서론에서 언급한 찰스 템플턴의 기독교에 대한 신랄한 반대 의견을 가지고 크리프트를 정면으로 공격하며 대화를 시작하기로 했다.

곰, 덫, 사냥꾼 그리고 하나님

템플턴처럼 감정적으로 강렬한 반응을 이끌어내고자, 나는《라이프》에 실렸던 사진을 크리프트 앞에 내밀었다. 사진 속에는 가뭄으로 황폐해진 아프리카에서 죽은 아기를 안고 괴로워하는 한 어머니가 있었다. 나는 이 사진을 설명하고, 한때 빌리 그레이엄의 강단 파트너였던 템플턴의 말을 인용했다.

비 말고는 필요한 게 없는 이 여성이 과연 사랑 많고 자비로운 창조주가 있음을 믿을 수 있겠습니까? 사랑의 신이라면 어떻게 이 여성에게 이런 일이 생기게 할 수 있을까요? 비는 누가 내리는 겁니까? 나도 아니고, 당신도 아닙니다. 그것은 하나님이 하시는 일입니다. 아니면 내가 그렇게 생각하는 것이든가요. 하지만 그 사진을 보자마자 나는 도무지 불가능한 일이 일어났고, 따라서 사랑 많은 하나님은

없다는 것을 깨달았습니다. 달리 생각할 길이 없었습니다.[1]

노트를 내려다보다 고개를 들어 물었다. "템플턴에게 어떻게 대답하시겠습니까?"

크리프트는 목소리를 가다듬은 뒤 말문을 열었다. "우선 템플턴이 '불가능한 일'이라고 한 부분에 주목하고 싶습니다. 역사상 가장 유명한 회의론자 중 한 명인 데이비드 흄조차 하나님의 존재가 '거의' 불가능하다고만 말했지, 전혀 불가능하다고는 말하지 않았습니다. 최소한의 가능성을 인정하는 것이 어느 정도 합리적인 입장입니다. 그런데 템플턴은 우리보다 훨씬 더 많은 것을 알고 있는 사랑의 하나님이, 그가 아프리카에서 본 악을 용인할 가능성이 전혀 없다고 말하는데 이는 지적으로 오만한 태도로 보입니다."

"정말로요? 어떻게 그럴 수 있나요?" 내가 물었다.

"무한한 지혜를 가지신 하나님이 우리로서는 예측할 수 없는 장기적인 선을 위해 단기적인 악을 용인하지 않을 것이라고 유한한 인간이 어떻게 확신할 수 있겠습니까?" 크리프트가 반문했다.

"좀 더 설명해주시겠습니까?"

"이렇게 생각해봅시다. 우리 인간과 신 사이의 차이가 인간과 곰 사이의 격차보다 더 크다는 데 동의하시나요?"

나는 고개를 끄덕였다.

"덫에 걸린 곰과, 그 곰을 불쌍히 여겨 구해주고 싶어 하는 사냥꾼의 상황을 가정해봅시다. 사냥꾼이 곰을 풀어주려면 마취총을 발사해야 합니다. 하지만 곰은 이를 공격으로 받아들이고 사냥꾼이 자신을 해치려 한다고 여길 것입니다. 사냥꾼의 행동이 동정심에서 비롯되었다는 것을 모르기 때문입니다.

곰을 덫에서 꺼내려면 곰을 더 밀어 넣어 용수철의 장력을 풀어야 합니다. 이때 곰이 절반쯤 깨어 있었다면 사냥꾼이 고통과 괴로움을 주는 적이라고 더욱 확신했을 것입니다. 곰은 인간이 아니기에 이렇게 잘못 판단하게 됩니다. 이것이 우리와 하나님의 관계를 보여주는 비유가 아니라고 어떻게 확신할 수 있겠습니까?" 크리프트가 말을 맺었다.

"하나님께서 때로 우리에게 이런 일을 하신다고 저는 믿습니다. 곰이 사냥꾼의 동기를 알지 못했듯 우리도 하나님의 동기를 이해하지 못할 수 있습니다. 곰이 사냥꾼을 신뢰할 수 있었다면 얼마나 좋았을까요. 우리도 하나님을 신뢰할 수 있습니다."

믿음과 편견

잠시 크리프트의 말을 곱씹는 동안, 그가 먼저 말을 이었다.

"하지만 템플턴의 생각을 폄훼하고 싶은 것은 아닙니다. 그는 하나님께 불리한 점이 있음을 매우 정직하고 진심 어린 방식으로 지적했습니다. 믿음을 갖기 어려운 세상이어야만 믿음이 존재할 수 있습니다. 2 더하기 2가 4라든가 한낮의 태양같이 확실한 것을 보면서는 믿음이 필요하지 않지요. 의심의 여지가 없는 사실이니까요. 하지만 성경은 하나님을 '감추어진 분'으로 그리고 있습니다. 하나님을 찾으려면 믿음의 노력을 기울여야 합니다. 여기에 우리가 따라갈 수 있는 단서가 있습니다.

만약 그렇지 않다면, 증거가 지나치게 명백하거나 전혀 없다면, 우리가 어떻게 자유롭게 선택할 수 있겠습니까? 단서 대신 절대적인 증거가 있다면 태양을 부정할 수 없듯이 하나님을 부정할 수 없을 것입니다. 반대로 증거가 전혀 없다면 믿음에 이를 길이 없겠지요. 하나님은 우리가 원한다면 그분을 찾을 수 있도록 충분한 증거를 주셨습니다. 단서를 따라가길 원하는 이들은 그렇게 할 것입니다.

성경은 '찾으라 그리하면 찾아낼 것이요'라고 말합니다.[2] 모든 이가 찾을 수 있다거나 아무도 찾을 수 없다고 하지 않습니다. 어떤 이들은 찾을 것입니다. 누가 찾겠습니까? 주님을 찾겠다는 마음을 품고 단서를 따라가는 이들이 찾게 될 것입니다."

나는 그의 말에 끼어들었다. "잠깐만요. 좀 전에 '하나님께 불리한 것이 있다'면서 악과 고통이 하나님을 반대하는 증거임을 인정하셨잖아요. 악이 하나님의 존재를 반증하는 것임을 인정하지 않는 건가요?"

"아니요, 아니요." 그는 고개를 절레절레 흔들며 말했다. "아뇨, 그 말은 세상에는 하나님의 존재에 유리한 증거와 불리한 증거 모두 존재한다는 의미입니다. 어거스틴은 '신이 없다면 왜 그렇게 많은 선이 존재하는가? 신이 있다면 왜 그렇게 많은 악이 존재하는것일까'라고 단순하면서도 심오하게 물었습니다.

악의 존재가 하나님에게 불리한 하나의 논증인 건 틀림없습니다. 하지만 나는 책 한 권에서 다른 방향, 즉 하나님의 존재를 설득력 있게 지지하는 20가지 논증을 요약했습니다.[3] 무신론자는 20가지 논증에 모두 반박해야 하지만, 유신론자는 단 하나의 논증만 방어하면 됩니다. 하지만 우리는 각각 한 표를 행사할 수 있습니다."

악도 하나님에 대한 증거다

그런 다음 크리프트는 직관에 어긋나는 듯한 말을 덧붙였다. "게다가 악과 고통의 증거는 양방향으로 작용할 수 있으며, 실제로 하나님의 존재증명에 유리하게 사용될 수도 있습니다."

나는 자세를 바로잡으며 물었다. "어떻게 그럴 수 있나요?"

"생각해보세요. 템플턴이 그 사건에 분노로 반응하는 것이 옳다면, 그것은 선과 악 사이에 정말로 차이가 있다는 것을 전제로 합니다. 그가 악을 판단하기 위해 선의 기준을 사용하고 있다는 사실, 즉 이 끔찍한 고통은 원래 있어서는 안 되는 것이라고 말한다는 사실은, 그가 당연히 있어야 할 것에 대한 개념을 가지고 있음을 의미합니다. 이 개념은 실제로 존재하는 것이며, 따라서 최고선이라는 실체가 있다는 것을 의미합니다. 최고선은 하나님을 가리키는 또 다른 이름입니다."

나는 크리프트의 요점을 조심스럽게 요약했다. "템플턴이 악을 인정함으로써 악의 근거가 되는 객관적 기준이 있다고 가정하기 때문에 의도치 않게 하나님의 실재를 증거하고 있다는 말씀이신가요?"

"맞습니다. 한 학생에게 90점, 다른 학생에게 80점을 준다면 100점이 실제 기준이라는 전제가 있는 셈입니다. 하나님이 없다면 악을 악으로 판단할 선의 기준을 어디서 얻었겠습니까?

게다가 C. S. 루이스가 말했듯 '우주가 그토록 나쁜 곳이라면, 사람들은 어떻게 그처럼 나쁜 것을 지혜롭고 선량한 창조주가 만들어 냈다는 생각'[4]을 하게 되었을까요? 달리 표현하자면, 우리 마음속에 악에 대한 개념, 그리고 이에 따른 선에 대한 개념, 더 나아가 선의 근원이자 기준인 하나님에 대한 개념이 존재한다는 사실 그 자체를 설명해야 할 필요가 있습니다."

"쉽게 말하자면 '싸구려' 대답입니다." 크리프트가 말했다. "무신론은 사람들에게 얄팍한 답변을 내놓습니다. 우리보다 훨씬 더 고통스러운 환경에서 살아온 인류의 90% 이상이 어떻게 신을 믿을 수 있었겠습니까? 세상에 분포하는 쾌락과 고통의 균형을 보더라도 객관적 증거만으로는 절대적으로 선한 신을 믿기 어려울 것 같습니다. 그럼에도 거의 보편적으로 신을 믿고 있지요. 다들 미쳤다는 말입니까? 글쎄요, 엘리트주의적 시각이라면 그렇게 볼 수도 있겠네요.

또한 무신론은 죽음에서 의미를 빼앗습니다. 죽음에 의미가 없다면 어떻게 삶이 궁극적인 의미를 가질 수 있겠습니까? 무신론은 모든 것을 값싸게 만듭니다. 지구상에서 가장 강력한 무신론 형태인 공산주의가 어떻게 되었는지 보세요. 무신론자가 죽어서 그들이 예상한 무의미 대신 하나님을 만나게 되면, 무신론이 싸구려 대답이었음을 깨닫게 될 것입니다. 무신론은 가치 있는 것은 거부하고, 유일하게 무한한 가치를 지닌 하나님마저도 부정했기 때문입니다."

논리의 문제

크리프트가 처음에 몇 가지 흥미로운 지적을 했지만, 우리는 이 주제에 대해 조금은 주변을 빙빙 돌고 있었다. 이제 본론으로 들어갈 때가 되었다.

"그리스도인은 다음 다섯 가지를 믿지요"라고 내가 말했다. "첫째, 하나님은 존재한다. 둘째, 하나님은 온전히 선하다. 셋째, 하나님은 전능하다, 넷째, 하나님은 온전히 지혜롭다, 다섯째, 악은 존재한다. 어떻게 이 모든 진술이 동시에 참일 수 있을까요?"

크리프트는 고심 끝에 대답했다. "이 가르침 중 하나를 포기해야만 할 것 같습니다. 만약 하나님이 전능하시다면, 그분은 모든 것을 이루실 것입니다. 그렇다면 당연히 선한 것만 원하실 것이고, 전능하신만큼 어떤 것이 선한지도 알고 계실 것입니다. 그러므로 이 모든 믿음이 사실이라면, 그리고 그리스도인들이 그렇게 믿는다면, 악은 존재할 수 없어야 합니다."

"하지만 악은 존재하잖아요"라고 내가 말했다. "그렇다면 그런 하나님은 존재하지 않는다고 가정하는 게 논리적이지 않나요?"

"아니요, 우리의 믿음 중 하나가 틀렸거나 우리가 제대로 이해하지 못하고 있는 게 틀림없다고 말하고 싶습니다."

이제 파헤쳐볼 때가 되었다. 나는 크리프트에게 하나님의 세 가지 속성, 즉 전능함, 선함, 전지함을 악의 존재에 비추어 살펴봐달라고 요청했다.

속성 #1: 하나님은 전능하다

"하나님이 전능하다는 것은 그분이 의미 있는 모든 일, 가능한 모든 일, 이치에 맞는 모든 일을 할 수 있다는 의미입니다"라고 크리프트는 말했다. "하지만, 하나님은 자신을 존재하지 않게 하거나 선을 악으로 만들 수는 없습니다."

"그렇다면 하나님이 할 수 없는 것도 있군요"라고 나는 말했다.

"네, 정확합니다. 전능하다는 것은 오히려 할 수 없는 것들이 몇 가지 있다는 것을 의미합니다. 예컨대, 그분은 실수를 저지를 수 없는데, 실수는 나약하고 우둔한 존재만이 범하는 것이기 때문입니다. 2 더하기 2가 5가 되거나, 둥근 사각형을 만들려는 것처럼 자기모순을 만들 수 없지요.

악의 문제에 대응하여 하나님을 변호하는 전통적인 방법 중 하나는 자유의지와 도덕적 악의 가능성을 논리적으로 부인하는 데 있지 않습니다. 오히려 하나님이 자유 의지를 가진 인간을 창조하기로 결정했다면 죄의 존재 유무는 하나님의 손에 달린 것이 아니라 인간에게 있다고 보는 것입니다. 이것이 바로 자유의지의 본질입니다. 하나님이 인간을 창조하기로 한 결정에는 악의 가능성과 그로 인한 고통이 내재되어 있습니다."

"그렇다면 하나님이 악을 창조하신 셈이군요."

"아니요, 하나님은 악의 가능성을 창조하셨지만, 그 가능성을 실현한 것은 인간입니다. 악은 하나님의 능력에서 비롯된 것이 아니라, 인간의 자유로운 의지에서 나옵니다. 하나님이 인간에게 자유 의지를 주셨기 때문에, 하나님의 전능하심에도 불구하고 죄 없는 세상을 만드는 것은 불가능합니다. 인간의 자유에는 죄를 짓는 가능성이 내재해 있기 때문입니다. 진정한 선택의 자유를 부여하면서도 악을 선택할 수 없는 세상을 창조한다는 것은 모순이며, 무의미한 일입니다. 하나님께서 왜 그런 세상을 만들지 않으셨는지 묻는 것은, 하나님께서 왜 색깔 없는 색이나 둥근 사각형을 창조하지 않으셨는지 묻는 것과 다를 바 없습니다."

"그렇다면 하나님은 왜 인간의 자유가 없는 세상을 만들지 않으셨을까요?"

"그런 세상은 인간이 존재하지 않는 세상이었을 겁니다. 그곳에는 고통이 없었을 수 있지만, 우주에서 가장 소중한 가치인 사랑도 없었을 것입니다. 최고의 선인 사랑을 경험할 수 없는 세상입니다. 진정한 사랑, 즉 하나님에 대한 사랑과 인간 상호 간의 사랑에는 선택이 따라야 합니다. 그러나 선택권이 주어지면, 미움을 선택할 가능성도 생깁니다."

"하지만 창세기를 보세요. 하나님은 사람들이 자유로우면서도 죄는 없는 세상을 창조했잖아요." 내가 말했다.

크리프트는 말했다. "그렇죠, 하나님이 창조하신 세상입니다. 창조 이후 하나님은 세상을 '좋다'고 선언하셨습니다. 인간은 하나님을 사랑하거나 외면할 자유가 있었죠. 하지만 그런 세상에서도 죄가 발생할 수밖에 없었고, 실제로 죄의 가능성을 실현한 것은 하나님이 아닌 인간이었습니다. 궁극적인 책임은 인간에게 있습니다. 하나님은 그분의 역할을 완벽하게 수행하셨고, 문제는 우리가 초래했습니다."

속성 #2: 하나님은 모든 것을 안다

나는 크리프트에게 하나님의 전지함에 대해 물었고, 그는 이렇게 답했다.

"하나님이 모든 것을 안다면, 현재뿐만 아니라 미래의 모든 것, 선과 악까지도 알고 있을 것입니다. 사냥꾼이 곰보다 더 지혜로운 것처럼, 하나님의 지혜는 우리의 것을 훨씬 능가합니다. 그렇다면 사랑의 하나님도, 기아와 같은 끔찍한 일이 장기적으로 더 많은 이익을 가져올 것이라 예측한다면, 그것을 의도적으로 허용할 수도 있습니다. 이는 템플턴의 분석과 반대되는 주장이지만, 지적으로는 충분히 가능한 일입니다."

"그건 책임 회피로 들립니다."

"좋아요, 그럼 한번 시험해봅시다. 알다시피 하나님은 어떻게 이런 일이 이루어지는지 아주 분명하게 보여주었습니다. 세계 역사상 최악의 일이 어떻게 가장 좋은 일로 귀결되는지 말이지요." 크리프트가 대답했다.

"무슨 말이지요?"

"살신deicide, 즉 신이 십자가에서 죽은 일을 말합니다." 그는 대답했다. "당시에는 아무도 이 비극적인 일에서 선한 결과가 나오리라고 상상하지 못했지요. 하지만 하나님은 이를 통해 인간에게 천국의 문이 열릴 것을 예견하셨습니다. 역사상 가장 큰 비극이 역사상 가장 영광스러운 사건으로 이어졌습니다. 궁극의 악이 궁극의 선을 가져올 수 있다면, 그 궁극의 악은 다른 곳에서도, 심지어 우리 각자의 삶에서도 일어날 수 있습니다. 여기에서 하나님은 장막을 걷어내고 우리가 그것을 볼 수 있게 하십니다. 다른 곳에서는 그저 '나를 믿으라'고 말씀하시지요."

속성 #3: 하나님은 선하다

하나님의 선하심에 대한 논의가 이어졌다.

"선은 까다로운 단어입니다"라고 크리프트는 말문을 열었다.

"인간 세계에서조차 그 의미는 너무나도 다양하죠. 그러나 우리와 하나님 사이의 차이는 우리와 동물 사이의 차이보다 훨씬 크다는 것을 명심해야 합니다. 선의 의미는 우리와 동물 사이에서도 크게 달라질 수 있지만, 우리와 하나님 사이에서는 그 차이가 더욱 극명합니다."

"맞습니다." 내가 말했다. "하지만 아이가 트럭에 치일 위험에 처했는데 내가 아무 일도 하지 않는다면, 무슨 의미를 갖다 붙이든 나는 선한 사람이 될 수 없을 겁니다. 그런데 하나님은 우리가 위험에 처할 때 기적으로 우리를 구해내지 않고 방관하기만 합니다. 그런데도 그는 왜 악한 분이 아닙니까?"

"하나님께서 악해 보일 수도 있겠지만, 하나님이 의도적으로 우리를 어려움에 빠뜨릴 수 있는 상황을 허용한다고 해서, 그 상황이 반드시 하나님께 불리하게 작용하는 것은 아닙니다."

"설명이 더 필요합니다."

"인간관계를 비유로 설명해보겠습니다. 만약 저와 나이 차이가 크지 않은 동생에게 이렇게 말한다고 상상해보세요. '너를 문제에서 벗어나게 해줄 수 있어. 하지만 그렇게 하지 않을 거야.' 이렇게 말하면 저는 책임감이 없고 까다로운 사람으로 보일 겁니다. 그러나 우리는 자녀들에게 자주 이런 방식을 취합니다. 우리는 그들의 숙제를 대신 해주지 않고, 다칠까 봐 지나치게 보호하지도 않습니다.

딸아이가 네댓 살 때 바늘에 실을 꿰려고 한 적이 있었어요. 그 나이에는 상당히 어려운 일이죠. 딸은 여러 번 시도하다가 손가락이 바늘에 찔려 피가 났습니다. 저는 옆에서 지켜보고 있었지만, 딸은 제가 지켜보고 있다는 것을 몰랐습니다. 아이는 계속 바늘에 실을 꿰려고 시도했어요.

딸의 손에서 피가 나는 것을 보며 바로 싸매주고 싶었지만, 아이가 해낼 수 있다고 믿으며 참았습니다. 5분 정도 지나, 아이는 결국 성공했습니다. 그러고는 제게 달려와 이렇게 말했어요. '아빠, 아빠 내가 한 거 봐요!' 아이는 바늘에 실을 꿴 것이 너무나 자랑스러워 아픈 줄도 몰랐습니다.

그때 바늘에 찔리는 고통은 제 딸에게 유익한 경험이었습니다. 저는 그 아픔이 딸에게 유익한 결과를 가져올 수 있음을 알 정도로 지혜로웠습니다. 하나님은 제가 딸에게 보인 것보다 훨씬 더 지혜로운 분이십니다. 따라서 우리는 이렇게 생각할 수 있습니다. 하나님은 우리가 이해하지 못하는 상황에서라도 궁극적인 선을 위해 우리가 고통을 견뎌야 한다는 것을 알고 계시며, 그분이 그런 고통을 허용한다고 해서 그분이 악한 존재가 되는 것은 아닙니다.

치과의사부터 운동 트레이너, 교사, 부모에 이르기까지, 우리 모두는 선함이 반드시 친절과 동일하지 않다는 것을 알고 있습니다. 하나님은 때때로 우리에게 고통을 통해 도덕적, 영적 교육이라는 더 큰 선을 이루기 위해 도와주시며, 때로는 덜 선한 즐거움을 박탈하기도 합니다.

고난과 장애물을 넘어서며, 우리는 도덕적 성품을 다져나갑니다. 고통이 없다면 용기를 낼 기회조차 없겠죠. 사도 바울은 이렇게 말했습니다. '환난은 인내력을 낳고, 인내력은 단련된 인격을 낳고, 단련된 인격은 희망을 낳는〔다〕'(새번역).[5] 고난을 통해 얻는 연단에 대해 강조한 것이죠.

실수를 통해, 그리고 그 실수로 인한 고통을 통해 우리는 배웁니다. 우주는 마치 영혼을 만들어내는 공장 같아요. 그 공정 속에는 어려움과 고통을 겪으며 배우고, 성숙해지고, 성장하는 과정이 포함되어 있죠. 중요한 것은 일시적인 안락함이 아니라, 영원을 향한 준비입니다. 성경에 따르면 예수님도 고난을 통해 순종을 배우셨다[6]고 하니, 우리도 역시 그와 같은 과정을 거칠 필요가 있지 않을까요?"

크리프트는 잠시 머뭇거리다가 계속해서 답을 이어갔다. "우리에게 고통이 전혀 없다고 가정해봅시다. 모든 고통에 잘 듣는 약과 공짜 오락, 공짜 사랑 등 고통 빼고는 다 가지고 있다는 말입니다. 그러면 셰익스피어도 없고, 베토벤도 없고, 보스턴 레드삭스도 없고, 죽음도 없어요. 의미도 없지요. 아마 우리는 매우 버릇없어질 거예요.

하나님이 되어 완벽한 유토피아를 창조하려 한다고 상상해보세요. 하지만 모든 결정은 그 결과를 심사숙고하며 내려야 합니다. 악을 막기 위해 힘을 사용할 때마다, 그만큼 자유를 제한하게 됩니다. 모든 악을 사전에 막으려면 모든 자유를 없애고 사람들을 꼭두각시로 만들어야 하는데, 그러면 사람들은 자유롭게 사랑을 선택할 수 없게 됩니다.

엔지니어가 선호할 법한 정교한 세상을 만들 수는 있겠지만, 그렇게 하면 하나님 아버지가 바라는 세상을 잃어버리게 됩니다."

고통은 하나님의 확성기

크리프트는 단서 하나하나를 통해 고통의 신비를 밝혀가고 있었다. 하지만 새로운 통찰을 얻을 때마다 질문이 하나씩 생기는 것 같았다.

"악인들은 늘 다른 이들에게 해를 끼치고는 아무 일 없었다는 듯이 빠져나가곤 합니다. 하나님은 분명 그 일을 온당하게 여기지 않으실 텐데요. 그런데도 왜 개입하지 않는 거죠?" 나는 물었다.

크리프트는 "아니요. 그런 짓을 저지르고 빠져나갈 사람은 없습니다"라고 답했다. "정의가 지연되더라도 부정되는 것은 아닙니다. 언젠가는 하나님께서 모든 일을 해결하시고, 사람들이 저마다 저지른 악행과 그로 인한 고통에 책임을 지게 될 것입니다. 지금 당장 그런 일이 일어나지 않는다고 해서 하나님을 비난해서는 안 됩니다. 소설의 절반만 읽고 작가를 비난하는 것과 같습니다. 하나님께서는 때가 되면 그들에게 책임을 물으실 것입니다. 사실 하나님께서 그 시기를 늦추시는 이유 중 하나는, 일부 사람들이 여전히 하나님을 찾고 있지만 아직 만나지 못했기 때문이라고 성경은 말합니다.[7] 하나님께서는 사람들을 향한 크신 사랑으로 인해 역사의 완성을 늦추고 계십니다."

"하지만 그동안 세상이 겪는 엄청난 고통은 어떡하고요? 적어도 너무 끔찍한 악만큼은 좀 줄여야 하는 거 아닌가요?"

"때로는 양적 변화가 질적 변화를 가져오기도 합니다. 예를 들어 물이 100도에 이르면 액체에서 기체로 상태가 변하며, 액체 법칙에서 기체 법칙으로 바뀌는 것처럼 말입니다. 하지만 고통은 그렇지 않습니다. 고통이 어느 정도 수준에 이르러야 하나님의 존재를 증명할 수 있을까요? 그런 수준은 정할 수 없습니다. 게다가 우리는 하나님이 아니기에 얼마나 많은 고통이 필요한지 가늠하기 어렵습니다."

"앞서 고통이 필요할 수 있다고 하셨는데, 고통에는 어떤 의미가 있다는 말씀이신가요?" 내가 물었다.

"역사적으로 고난의 목적 중 하나는 사람들을 회개로 이끄는 것이었습니다. 구약의 이스라엘 백성과 개인은 고난을 겪고 나서야 하나님께로 돌아올 수 있었습니다. 인정하기 싫지만, 우리는 역경을 통해 배웁니다. C. S. 루이스의 말처럼 '하나님은 쾌락 속에서 속삭이시고, 양심을 통해 말씀하시며, 고통 속에서 소리치십니다. 고통은 귀먹은 세상을 불러 깨우는 하나님의 확성기입니다.'[8] 회개는 모든 기쁨과 생명의 원천이신 하나님께로 이르는 축복입니다. 그 결과는 선한 것, 사실 선한 것보다 더 선한 것입니다.

간혹 고난이 약이 되고, 치유의 수단이 될 수 있다는 점에 주목해야 합니다. 우리가 아픔을 겪고 치유를 갈망할 때, 이러한 고난은 하나님의 사랑과 어우러져 우리를 그분께 더욱 가까이 이끌 수 있습니다. 우리가 그런 처지에 놓여 있기 때문입니다. 예수님께서 '건강한 자에게는 의사가 쓸 데 없고 병든 자에게 쓸 데 있다'라고 하셨습니다. 나는 의인을 부르러 온 것이 아니요 죄인을 부르러 왔노라'라고 하셨지요."[9]

"하지만 선한 이들도 악한 이들만큼, 혹은 그 이상으로 고난을 겪는데, 어떻게 그것이 공평할 수 있습니까?" 나는 지적했다.

"글쎄요. 선한 사람이 없다는 게 답이 아닐까요?"라고 크리프트는 대답했다.

"'하나님은 쓰레기를 만들지 않는다'라는 말은 어떻게 생각하시나요?"

"네, 우리는 존재론적으로 선하고 하나님의 형상을 지니고 있지만, 도덕적으로는 그렇지 않습니다. 우리 안의 하나님 형상은 손상되었습니다. 예레미야는 '가장 작은 자로부터 큰 자까지 다 탐욕을 부린다'[10]고 했고, 이사야는 '우리의 의는 다 더러운 옷 같다'[11]라고 말했습니다. 우리의 선행은 이기심으로 오염되어 있고, 정의에 대한 요구는 복수심과 섞여 있습니다. 아이러니하게도 자신의 결점과 죄를 인정하는 이들이 가장 훌륭한 사람들입니다.

우리는 망가진 명품, 훼손된 걸작품, 반역자입니다. 루이스는 우리가 개선될 필요가 있는 불완전한 피조물이 아니라 손에 든 무기를 내려놓아야 하는 반역자라고 지적했습니다.[12] 고난과 아픔은 우리가 무릎 꿇고 그리스도의 치유를 구하도록 자주 우리를 이끕니다.

그리스도의 치유가 우리에게 가장 절실한 순간, 바로 그 아픔과 고난이 예수 그리스도를 알아가는 가장 큰 기쁨을 우리에게 안겨줄 것입니다. 훌륭한 그리스도인들은 그 어떤 고난이라도 그것을 통해 얻게 되는 가치가 있다고 믿습니다."

악에서도 선을 이끌어내시는 하나님

나는 다시 의자에 앉아 크리프트의 말을 곰곰이 생각해보았다. 단서가 어딘가로 이어지는 것 같았다.

나는 그에게 어거스틴의 인용구에 대해 물어보기로 했다. 어거스틴은 이렇게 말했다. "하나님은 최고의 선이시므로 그분의 작품 속에 어떤 형태의 악도 허용할 수 없었을 것이다. 만일 악을 허용했다면, 전능하시고 선하신 하나님이 악에서도 선을 이끌어내실 수 있음을 보여주시려 한 것이리라. 그러므로 그분의 전능하심과 선하심으로 악에서도 선을 이끌어내지 못하신다면 그분의 작품에 악이 존재하도록 허용치 않으셨을 것이다."[13] 나는 그 인용구를 들려준 후 "고통과 악에도 선의 가능성이 포함되어 있다는 뜻인가요?"라고 물었다.

"네, 모든 고통에는 적어도 선의 기회가 포함되어 있다고 봅니다"라고 그가 대답했다. "하지만 모든 사람이 그런 잠재력을 실현하는 건 아닙니다. 우리 모두가 고통을 통해 배우고 유익을 얻는 것은 아니기 때문에 자유의지가 필요합니다.

하지만 거의 모든 이가 자신의 과거를 돌아보며 '그때의 고난을 통해 배웠다'라고 말할 수 있습니다. '당시에는 깨닫지 못했지만, 그 시간을 견디고 버텼기에 더 성장하고 더 나은 사람이 되었다'라고 말이죠. 종교적 믿음이 없는 이들도 고통의 중요성을 알고 있습니다. 하나님 없이도 악에서 선을 이끌어 낼 수 있다면, 하나님의 도움으로 악이 얼마나 더 큰 선을 위해 작용할 수 있겠습니까?"

하지만 나는 여전히 궁금했다. 하나님이 인간을 사랑하신다면 어떻게 지속되는 고통과 아픔을 감정적으로 견딜 수 있는 것일까? 어떻게 그런 감정에 압도되지 않는 것일까?

나는 찰스 템플턴의 책을 꺼내 크리프트가 인용한 이 구절을 읽었다. "예수님은 '참새 두 마리가 한 앗사리온에 팔리지 않느냐 그러나 너희 아버지께서 허락하지 아니하시면 하나도 땅에 떨어지지 아니하리라 … 너희는 많은 참새보다 귀하니라'고 말씀하셨다.[14] 그러나 하나님께서 참새 한 마리의 죽음에도 슬퍼하신다면, 아무리 그분의 영이 영원하다 할지라도, 어찌 수많은 남녀와 아이들, 짐승들과 새들, 그 외 감각을 지닌 모든 피조물이 겪는 질병과 고통, 죽음을 감내하실 수 있단 말인가?"[15]

"나는 템플턴 씨가 '지적인 존재가 어떻게 이런 일을 견딜 수 있는지 상상할 수 없다'고 말하며 하나님을 의인화하고 있다고 생각합니다"라고 크리프트는 말했다. "네, 그의 말이 맞습니다. 우리는 상상할 수 없습니다. 하지만 믿을 수 있습니다. 실제로 하나님은 모든 참새를 위해 눈물을 흘리고 모든 악과 모든 고통을 슬퍼하십니다. 따라서 그리스도가 십자가에서 견딘 고통은 말 그대로 상상도 할 수 없는 것이었습니다. 당신과 내가 육체적, 정신적으로 유한한 인간으로서 겪은 고통뿐 아니라 세상의 모든 고통이 거기에 있었습니다.

아프리카의 굶주린 여인에게 비가 절실히 필요했다는 템플턴의 사진으로 돌아가봅시다. 그런 상황에서 하나님은 어디에 계셨을까요? 하나님께서는 그 여인의 고통 속으로 들어가고 계셨습니다. 육체적 고통뿐 아니라 도덕적 고통 속으로요. 하나님께서 비를 내리지 않으신 이유는 성육신 때문입니다. 하나님께서 직접 그 모든 고통으로 들어가 세상의 모든 고통을 짊어지셨습니다. 이 일은 상상할 수 없을 정도로 충격적이며, 세상을 창조한 능력보다 더 인상적입니다.

세상의 모든 역사적 고통을 한 덩어리로 상상해보세요. 하나님께서 그 모든 것을 삼키시고 소화하시며 온전히 맛보신 것입니다. 영원히요. 하나님께서는 세상 창조 때 '예쁜 토끼와 꽃, 노을이 있어라'라고만 말씀하신 게 아니라 '십자가 주위에 피와 내장과 윙윙거리는 파리도 있어라'고 하셨습니다. 어떤 의미에서 템플턴의 말이 맞습니다. 하나님께서는 고통의 세계를 만드는 데 밀접하게 관여하셨습니다. 그분이 하신 일이 아니라 우리가 한 일이지만, 그분은 '이 세상을 있게 하라'고 말씀하셨습니다.

그런 다음 그냥 물러나 앉은 채로 '어쨌거나 네 잘못이야'라고 말씀하셨다면, 물론 그렇게 해도 완벽하게 정당하지만, 우리가 어떻게 그분을 사랑할 수 있을지 모르겠습니다. 하나님께서 정의를 넘어 모든 고통을 친히 짊어지신 사실이 그분을 매력적으로 만듭니다. 고통에 대한 대답은 ….”

크리프트는 적절한 단어를 찾는 듯 방안을 이리저리 훑어보았다. “그 해답은, 자신이 가르친 것 이상으로 실천하시고, 우리의 세상에 들어오셔서 우리의 고통을 짊어지시며, 우리의 슬픔 한가운데 자신을 내어주신 그분을 어찌 사랑하지 않을 수 있겠느냐는 것입니다. 그분이 무엇을 더할 수 있었겠습니까?"

나는 이렇게 말했다. "그렇다면 템플턴의 질문, 즉 하나님이 과연 그 모든 고통을 감당할 수 있었는지에 대한 답은, 요컨대 그분이 해냈다는 것이로군요."

"네, 하나님께서는 해내셨습니다. 하나님께서 직접 고통의 문제 속으로 내려오신 것, 그것이 바로 고통에 대한 하나님의 대답입니다. 많은 그리스도인이 하나님에게서 고통을 떼어내려 하지만, 정작 하나님은 십자가에 자신을 내어놓았습니다.

그러므로 우리가 하나님과 동행하기를 원한다면 고통과도 함께해야 하며, 생각으로나 실제로나 십자가를 회피해서는 안 됩니다. 이것이 결론입니다. 우리는 하나님께서 계신 곳으로 가야 합니다. 십자가가 그러한 곳 중 하나입니다. 하나님께서 일출을 보내주실 때 감사하고, 일몰과 죽음, 고통과 십자가를 보내주실 때도 감사해야 합니다."

나는 발끈했다. "우리에게 닥친 고통에 대해 하나님께 감사할 수 있다고요?"

"네, 천국에서는 할 수 있습니다. 우리는 이렇게 말하게 될 것입니다. '그때에는 이해하지 못했던 이 작은 고통에, 그때에는 이해하지 못했던 제 작은 고통에 정말 감사드립니다. 지금 보니 제 인생에서 가장 소중한 것들이었습니다.'

지금은 감정적으로 '하나님, 이 고통에 감사합니다'라고 말할 수 없고 '악에서 구하옵소서'라고밖에 할 수 없더라도(우리가 할 수 있는 가장 옳고 정직한 말이지만), 우리가 할 수 있는 말이 거기서 끝나지 않는다고 믿습니다. 주기도문의 마지막은 '악에서 구하옵소서'가 아니라 '나라와 권세와 영광이 아버지께 영원히 있사옵나이다'입니다.

진정한 그리스도인이라면 누구나 자신의 삶을 되돌아보면서 생각했던 것보다 훨씬 더 하나님과 가까워진 고통의 순간을 발견할 것입니다. 그전에는 '이 일이 어떤 좋은 결과를 가져올지 모르겠다'라고 했겠지만, 고통을 지나고 나면 '정말 놀랍다. 생각지도 못한 것을 배웠다. 나약하고 뻗대기만 하던 나의 의지에 그런 힘이 있을 줄 몰랐는데, 하나님께서 은혜로 매 순간 힘을 주셨다. 고통이 없었다면 불가능한 일이었다'라고 말하게 됩니다.

하나님과의 단순한 친밀함을 넘어, 존재적 친밀감, 유사성, 하나님과의 연합, 하나님을 닮아가는 영혼 등이 고통을 통해 놀라울 정도로 잘 나타납니다."

"천국에 대해 말씀하셨군요. 그리고 이 세상의 고통은 천국에 비하면 가볍고 일시적이라고 성경이 말합니다.[16] 천국은 이 전체 이야기에서 어떤 역할을 합니까?" 내가 말했다.

"아빌라의 성녀 테레사는 천국의 관점에서 보면 지상에서 가장 극심한 고통과 고문으로 가득한 삶조차 허름한 여인숙에서 하룻밤 지내는 것에 불과할 것이라고 말했습니다.[17] 이 말은 처음 들었을 때 불편하거나 터무니없다고 느낄 수 있습니다. 그러나 테레사도 다 갖춰진 환경이 아닌, 자신도 고통 가운데 살아가는 가운데 이런 통찰을 공유했습니다. 우리 가운데 많은 이들이 그렇듯이.

사도 바울 또한 세상의 즐거움과 그리스도를 아는 기쁨을 비교하며 '배설물'이라는 대담한 표현을 사용했습니다. 그리스도를 아는 것에 비하면 로마 시민이자 바리새인 중의 바리새인, 고학력자라는 자

신의 모든 특권이 '배설물'에 불과하다고 말입니다.[18]

마찬가지로 하나님을 영원히 아는 것, 성경이 '연합'이라 부르는 하나님과의 친밀함에 비하면 다른 것은 중요하지 않습니다. 고문을 거쳐야 그 길로 갈 수 있다면, 고문은 장애가 되지 않습니다. 고문 자체는 엄청난 일이지만 그에 비하면 아무것도 아니라는 말입니다.

그래서 템플턴의 질문에 대답하자면 이렇습니다. 네, 이 아프리카 여성의 사진을 보면 화가 납니다. 비가 오지 않고 굶주리는 이 상황은 그 자체로 너무나 충격적입니다. 하지만 어떤 점에서는 문제를 해결하지 않는 것이 답입니다. 하나님의 얼굴을 들여다보고 이 두 가지를 비교하는 것도 한 가지 대답이 될 수 있지요.

저울 한쪽에는 이런 고문, 혹은 세상의 모든 고문이 있고, 다른 한쪽에는 고통 가운데 있는 이들을 만나주시는 하나님의 얼굴이 있습니다. 하나님의 선하심, 그분의 기쁨은 이 세상의 모든 고통, 심지어 기쁨보다 무한히 클 것입니다."

하나님의 임재에는 힘이 있다

나는 크리프트가 템플턴의 사진 속 여성 이야기로 다시 돌아가 기뻤다. 그 여성은 고통을 형상화하고 있었기 때문이다. 나는 크리프트에게 물었다. "그 여성이 지금 여기에 있다면 뭐라고 말씀하시겠어요?"

"아무 말도 안 할 겁니다."

"아무 말도 안 한다고요?"

"어쨌든 처음에는 아무 말도 안 할 거예요. 내게 말을 걸게 할 겁니다. 중증 장애인 단체의 설립자는 자신이 이기적인 이유로 장애인들과 일한다고 밝혔습니다. 자신이 장애인들에게 가르치는 것보다 훨씬 더 가치 있는 것을 그들에게서 배우기 때문이라고요. 내가 누구인지 알게 해준다는 것이지요. 감상적으로 들릴지 모르지만 사실입니다.

저는 자녀 넷을 두었는데 그중 하나가 중증 장애를 가지고 있습니다. 그 아이한테서 얼마나 많은 것을 배우는지 모릅니다. 저 또한 장애가 있고 우리 모두 장애가 있다는 것을 알게 되었지요. 아이의 말을 듣다 보면 저 자신을 이해하는 데 도움이 됩니다.

그러므로 우리가 이 여인에게 가장 먼저 해야 할 일은 그녀의 말을 듣는 겁니다. 여인에게 주목하고 그녀의 고통을 바라보세요. 그 고통을 느끼세요. 우리는 안락한 환경에서 관찰자 입장에서 고통을 바라보며, 그것이 마치 철학적 퍼즐이나 신학 문제인 양 대합니다. 그것은 고통을 잘못 바라보는 겁니다. 고통으로 들어가 그것과 하나가 되어야만 고통에서 배울 수 있습니다.

실제로 고통을 겪는 이들은 그 가운데서 더 신실한 신자가 되는 경우가 많습니다. 반면 편안한 관찰자들은 고통의 문제를 내세워 하나님의 존재를 부인하곤 합니다."

이는 많은 작가들이 지적한 현상이다. 필립 얀시는 고통이라는 주제에 대해 폭넓게 연구한 후 이렇게 말했다. "나보다 훨씬 더 큰 고통을 겪는 사람들을 찾아가 만나면서 … 나는 고통이 가져다주는 결과에 깜짝 놀랐다. 고통은 불가지론의 씨앗을 뿌리기도 하지만, 그에 못지않게 믿음을 강화하는 것 같았다."[19]

"그 여성에게로 돌아가봅시다"라고 내가 말했다. "당신은 우리가 그 여성의 말에 귀 기울이고 반응해야 한다고 했는데, 좋은 말씀입니다. 하지만 더 많은 게 필요하지 않을까요?"

"네." 그가 말했다. "우리는 그녀에게 예수가 되어 주고, 그녀를 섬기고 사랑하며 위로하고 안아주어야 합니다. 상처받은 이 여성과 다른 사람들을 돕는 데 있어, 하나님의 사랑을 반영하는 우리의 행동이 동기가 되어야 합니다."

크리프트는 복도를 가리켰다. "우리 집 문에는 거북이 두 마리를 그린 만화가 붙어 있습니다. 한 마리가 '하나님은 가난, 기근, 불의에 대해 조치할 수 있으신데 왜 그런 일을 허용하시는지 묻고 싶어' 하고, 다른 거북이는 '나는 하나님께서도 내게 같은 질문을 할까 봐 겁나'라고 합니다. 상처받은 사람들을 돌아보는 예수의 마음을 가진 사람이라면, 가능하다면 고통을 덜어주고 변화를 일으키고 예수의 사랑을 실천함으로 자신의 믿음을 따라 살아야 합니다."

"이 만화가 하나님께서 좋아하시는 질문 뒤집기 방식을 생각나게 하네요." 나는 말을 덧붙였다.

"네, 그분은 늘 그러십니다. 욥에게도 이런 일이 일어났지요. 욥은 하나님이 과연 어떤 분인지 궁금했습니다. 그가 보기에 하나님은 우주의 사디스트 같았거든요. 고통의 문제를 다룬 욥기의 마지막 부분에서 하나님은 마침내 그 답을 제시하는데, 그 형태는 다름 아닌 질문이었습니다.

욥에게 이렇게 묻습니다. '너는 누구냐? 네가 신이냐? 이 대본을 네가 썼느냐? 내가 땅의 기초를 놓을 때에 네가 거기에 있기라도 했느냐?' 욥은 '아니요'라고 대답할 수밖에 없었습니다. 그러고는 만족했습니다. 왜 그랬을까요? 하나님을 보았기 때문입니다! 하나님은 그에게 책을 써주지 않았습니다. 그랬더라면 악의 문제에 관한 불후의 명저가 나왔을 텐데 말입니다. 대신 욥에게 자신을 보여주셨습니다."

"욥은 그것에 만족했습니다."

"네, 그래야 합니다. 천국에서 우리는 영원히 만족할 것입니다. 욥은 하나님을 만났기에 욥기 마지막에서 천국을 미리 맛볼 수 있었던 것 같습니다. 하나님께서 말씀만 주셨다면, 욥은 계속 대화를 이어가며 또 다른 질문을 했을 것입니다. 하나님께서 적절한 답변을 하셔도 다음날, 그다음 날 계속 질문을 이어갔을 테니까요. 욥은 호락호락한 철학자가 아니었으니까요. 그런데 무엇이 질문을 그치게 했을까요? 바로 하나님의 임재입니다!

하나님께서는 욥을 덜 사랑해서 그에게 고난을 허락하신 게 아닙니다. 오히려 그를 사랑하셔서 하나님을 대면할 수 있는 지점, 인간의 최고 행복으로 이끄셨습니다. 고난으로 욥의 내면에 큰 공간이 생겼고, 그 공간에 하나님과 기쁨이 채워질 수 있었습니다.

연인들이 원하는 것도 설명이 아닌 함께함입니다. 하나님의 속성 또한 본질적으로 함께하심입니다. 삼위일체 교리에 따르면, 하나님은 완전한 지식과 사랑으로 서로 함께하시는 세 위격입니다. 이것이 바로 하나님께서 무한한 기쁨이신 이유입니다.

그 임재에 참여하면 우리도 무한한 기쁨을 누릴 수 있습니다. 욥이 똥더미 위에서도, 재산을 되찾기 전에도 하나님을 대면해 느꼈던 기쁨이 바로 그것입니다."

우리 모두의 눈물, 그분의 눈물

    단서들이 모이고 있었고, 크리프트의 목소리에서 점점 더 열정과 확신을 느낄 수 있었다. 나는 그의 마음을 더 보고 싶었고 실망하지 않을 것 같았다.

    나는 우리의 대화를 정리하며 입을 열었다. "그렇다면 고통에 대한 답은 전혀 답이 아니로군요."

    "맞습니다." 그가 몸을 앞으로 기울이며 말했다. "답은 대답하는 이에게 있습니다. 예수 자신의 말씀입니다. 답은 이런저런 말이 아니라 하나님의 말씀에 있습니다. 답은 촘촘한 철학적 논쟁에 있지 않습니다. 답은 한 분에게 있어요. 바로 그분이요. 고통에 대한 답은 추상적 관념일 수 없습니다. 고통 자체가 추상적인 게 아니니까요. 고통은 개인의 문제이고, 개인의 응답을 요구합니다. 답은 그저 '무언가'가 아니라 '누군가'가 되어야 합니다. 고통은 인격적인 존재와 연관된 문제이기 때문입니다. 고통 앞에서 우리는 이렇게 묻게 되잖아요. '하나님, 어디에 계시나요?'"

    그 질문이 작은 사무실에 쩌렁쩌렁 울렸다. 대답이 필요했다. 크리프트에게 답은 단 하나, 살아계신 하나님이었다.

    "예수님은 우리 삶의 가장 낮은 곳에 앉아계십니다"라고 그는 말했다. "인생이 끝장났다고요? 그분은 우리를 위해 빵부스러기처럼 부서졌습니다. 우리가 멸시받고 있다고요? 그분도 멸시와 배척을 겪으셨지요. 더는 견딜 수 없어 외치고 싶다고요? 그분은 슬픔의 사람이셨고 비탄이 무엇인지 아셨습니다. 배신당했다고요? 그분도 스스로 팔려가셨습니다. 소중한 관계가 깨졌나요? 그분도 사랑하셨지만 거절당하셨습니다. 사람들이 등을 돌린다고요? 사람들은 그분이 전염병 환자라도 된 양 얼굴을 가리고 돌아섰습니다.

그분이 우리 각자의 지옥으로 내려오시나요? 네, 그렇습니다. 나치 수용소에서 코리 텐 붐은 '우리의 어둠이 아무리 깊어도 그분은 여전히 더 깊으시다'라고 썼습니다.[20] 예수님께서는 죽음에서 부활하셨을 뿐 아니라 죽음의 의미를 바꾸셨고, 따라서 모든 작은 죽음, 즉 죽음을 예견하는 고통의 의미도 바꾸셨습니다.

그분은 아우슈비츠의 가스실에 들어가십니다. 그분은 소웨토(남아프리카공화국의 흑인 거주지역—옮긴이)에서 경멸당하십니다. 그분은 북아일랜드(개신교인들에게 차별과 억압을 받던 이 지역의 가톨릭 교인들이 아일랜드공화국군을 창설해 1969년부터 30년간 양측 간에 유혈 충돌이 벌어졌다—옮긴이)에서 조롱당하십니다. 그분은 수단에서 노예가 되십니다. 우리가 미워하고 증오하는 존재가 되어 계시지만, 우리에게는 사랑을 돌려주기로 하셨습니다. 우리가 흘리는 모든 눈물이 곧 그의 눈물이 됩니다. 아직 그 눈물을 닦아주지 않았는지도 모르지만 곧 닦아주십니다."

그는 잠시 멈칫하더니 자신감 넘치던 목소리를 낮추었다. "결국 하나님은 우리에게 일부분만 설명해주셨지요." 그는 어깨를 으쓱하며 천천히 말했다. "아마도 더 나은 설명이 우리에게 좋지 않다는 것을 아셨기 때문이 아닐까요? 이유는 모르겠습니다. 철학자로서 저도 정말 궁금합니다. 인간적으로 생각할 때 우리에게 더 많은 정보를 주셨다면 좋았을 텐데 말이죠."

그 말을 하며 그는 내 얼굴을 똑바로 바라보았다.

"그러나 하나님께서는 예수님이 설명 그 이상임을 아셨습니다. 우리에게는 정말 그분이 필요합니다. 아프거나 죽어가는 친구가 우리에게 원하는 건 설명이 아닙니다. 그들은 우리가 함께 있기를 바랍니다. 혼자가 되는 것이 두려우니까요. 그래서 하나님께서는 우리를 홀로 내버려두지 않으셨습니다."

크리프트는 의자에 다시 몸을 기대며 한마디를 더했다.

"그리고 그것 때문에 … 나는 그분을 사랑합니다."

하나님과의 화해

물론 고통의 존재는 신앙을 거부하게 만드는 강력한 이유가 될 수 있다. 수년간 이 문제와 씨름해왔고, 당신도 그러했을 것이다. 그러나 나는 사랑의 하나님이 실재하심을 보여주는 모든 긍정적인 증거를 포기할 만큼 이 반론이 충분하다고 보지 않는다. 특히 크리프트의 분석으로 일부 반론이 해소된 지금은 더욱 그렇다.

물론 더 많은 것을 알기 바라고, 언젠가 영원히 알게 되리라는 사실에 감사하지만, 결국 고통과 고난만으로는 살아계신 하나님에 대한 믿음을 흔들기에 충분치 않다.

여기에 놀라운 반전이 있다. 찰스 템플턴도 비슷한 결론에 도달한 게 분명하다. 한때 하나님을 신랄하게 비판하는 책 《신과의 작별 *Farewell to God*》을 쓰기도 했던 이 거침없는 신앙 비평가가 세상을 떠나기 전에 하나님을 받아들였다는 다행스러운 증거가 있다.

그는 죽기 직전 병상에서 아내에게 이렇게 말했다고 한다. "마들

렌, 저들이 보여? 저 소리가 들려? 천사들! 그들이 내 이름을 부르고 있어. 나 집으로 갈 거야."[21]

《토론토 스타》의 기사는 당시 상황을 자세히 전했다. "갑자기 그가 천장을 뚫어져라 쳐다보더니 몹시 흥분했다고 마들렌은 말했다. 그의 눈은 어느 때보다 파랗게 빛났다. 그는 이렇게 소리쳤다. '그들을 봐요. 그들을 보라고요! 정말 아름다워요. 그들이 나를 기다리고 있어요. 오, 그들의 눈, 눈이 참 아름답네요!' 그러고 나서 그는 기쁜 목소리로 '금방 갈게요'라고 말했다."[22]

무슨 일이 있었던 걸까? 템플턴의 가까운 친구인 구세군 장교 베벌리 아이바니는 이렇게 확신했다. "나는 그가 마침내 아주 개인적인 방식으로 하나님과 화해했다고 믿습니다. 그는 예수님과 함께하기 위해 집으로 돌아갔을 것입니다."[23]

8장

딴지 걸기 2:
하나님이 계신다면, 왜 숨어 계시는가?

악의 문제와 함께 신의 자기 감춤 문제는
무신론이 가장 두드러지게 내세우는 주장 중 하나가 되었다.

트래비스 덤스데이(캐나다의 철학자),
"신의 감추심 문제를 논하는 C. S. 루이스", 「국제 종교철학 저널」

대중 기독교 음악가였던 존 스타인가드는 신앙의 해체를 스웨터
실을 잡아당기는 것에 비유했는데, 어느 순간 "스웨터가 완전히 풀려
버렸다"라고 말했다. 그는 2020년 인스타그램에 하나님에 대한 신앙
을 잃었음을 밝혀 젊은 복음주의자들을 놀라게 했지만, 무신론자가
된 것은 아니라고 했다.

"하나님이 없다고 단언할 순 없어요. 계시다면 더할 나위 없이 좋
은 일이겠죠." 그는 앞으로 마음이 바뀔 수도 있다고 말했다. 그러나
목사의 아들이자 록밴드 호크 넬슨의 리더인 그는 오랜 숙고 끝에(어
떤 점에서는 '유용한' 환각제의 도움을 받아) 자신이 기독교 신앙에서 멀어
지고 있다고 말했다.

"하나님이 있고 기독교가 참될 수 있다는 생각은 여전해요"라고 그는 말했다. "다만 그렇게 믿으려 할 때마다 '하나님은 어디에 계시는가?' 하는 문제에 부딪힙니다."[1]

스타인가드가 표현한 '신의 자기 감춤' 문제는 무신론 논리의 한 부분이다. 1897년 로버트 앤더슨은 그의 저서 《하나님의 침묵*The Silence of God*》에서 신의 감추심이 어떻게 "믿음을 시험하고 불신을 고착화시키는지" 얘기했다.[2] 실제로 프리드리히 니체는 무신론을 받아들일 때 신의 침묵을 인용했다. "전지전능하지만 피조물에게 자신의 의도를 이해시키지 않는 신이 과연 선한 신일 수 있는가?"[3]

설문조사에서 미국인 10명 중 4명 가까이가 신적인 기적을 경험했다고 답했지만, 이는 반대로 대다수가 그런 경험이 없음을 의미한다.[4] 많은 신자조차 왜 하나님이 개인의 헌신이나 고난의 시절에 모습을 드러내지 않는지 궁금해한다. 하나님의 현존이 간절할 때 그분의 부재를 느껴본 적이 있는가? 당신만 그런 게 아니다.

"내가 무신론자가 된 가장 큰 이유는 절대적인 침묵 때문이에요. 하나님이 숨어 있기 때문이지요. 나는 하나님이 응답해주기를 간절히 바라며 오래 세월을 보냈습니다. 하나님이 계시더라도 모습을 감추고만 있다면 완전히 모순된 일입니다."[5] 매튜 딜라헌트는 말했다.

최근 몇 년 동안 옥스퍼드 출신의 철학자 J. L. 셸렌버그의 저술로 감추심에 대한 문제 제기가 크게 부각되었다. 철학 교수 대니얼 와일리는 "신의 감추심에 대한 문제 제기는 현대 철학 논쟁에서 회의주의를 가장 잘 옹호하는 주장 중 하나가 되었다"[6]라고 말했다.

이 논쟁은 다양한 형태를 취한다. 철학자 트래비스 덤스데이에 따르면 본질적으로 회의주의자들은 "왜 하나님은 자신의 존재를 더 분명히 드러내어 모든 이성적인 사람이 의심할 수 없게 하지 않는가?"라고 반문한다. 만약 하나님이 참으로 사랑이 많고 인간과 관계를 원하신다면, 적극적으로 거부하지 않는 한 모든 사람이 하나님에 대해 흔들림 없는 합리적 믿음을 가지도록 하실 것이라는 주장이다.

"하지만 실제로 많은 사람이 아무런 문제가 없음에도 하나님을 믿지 않는 경우가 많습니다"라고 덤스데이는 말했다. 따라서 그들은 기독교의 전지전능한 신은 결국 실재하지 않는다고 주장한다. 스탠퍼드 철학 백과사전에 따르면 이 주장은 다음과 같은 공식을 취한다.

1. 하나님과 인격적으로 관계를 맺을 수 있지만, 잘못된 게 없는데도 믿지 못하는 사람들이 있다.
2. 지극히 위대하고 인격적인 하나님이 있다면, 그런 사람들은 존재해선 안된다.
3. 따라서 그런 하나님은 없다.[7]

스타인가드는 아들이라면 아버지의 존재를 결코 의심하지 않을 것이라고 말한다. "제가 아들의 삶의 일부이기 때문이니까요. 하나님도 그런 식으로, 더 실제적이고 친밀한 방식으로 우리 삶 안에 계실 수 있지 않을까요? 제 아들과의 관계처럼요. 그게 왜 불가능한지 모르겠습니다."

이는 사실상 불신의 책임을 전적으로 하나님께 돌리는 것이다. 스타인가드는 이렇게 물었다. "제 아들이 자라서 아버지인 나라는 존재 자체에 의문을 품게 된다면, 그건 아들의 잘못인가요, 아니면 제 잘못인가요?"

  참으로 도발적인 질문이다. 이 문제를 탐구하기 위해 나는 신앙의
난제에 대한 해답을 찾는 데 평생을 헌신해온 저명한 신학자에게 연
락을 취했다.

하나님의 침묵과 씨름하는 법

케네스 리처드 샘플스

비올라대학교 변증학 강사

형 프랭크의 자살에 충격을 받은 케네스 샘플스Kenneth Richard Samples
는 인생의 의미에 대한 깊은 질문을 품기 시작했다. 프랭크는 마약
중독과 수감 생활 끝에 절망에 빠졌고, 켄은 '인생에서 진정 의미 있
는 것이 무엇일까'를 고민했다.

그의 영적 탐구심은 누나가 C. S. 루이스의 《순전한 기독교》를 선
물로 건넸을 때 이미 움트기 시작했다. 나중에 그는 꿈에서 그리스도
를 닮은 한 사람을 만났다. 그의 얼굴에는 상처와 멍이 나 있었다. 너
무나 생생한 꿈이었다. "그의 말소리가 천둥소리 같았어요"라고 샘
플스는 말했다. 이후 그는 열정적으로 성경을 공부하고 교회에 출석
했다.

그는 헌신적인 그리스도인이 되었고, 변증학에 매료되어 콩코디아 대학에서 역사를, 바이올라 대학에서 신학 석사를 취득했다.

전설적인 이단 변증가 월터 마틴과 함께 일한 샘플스는 현재 과학과 신앙에 중점을 둔 비영리 단체 '리즌투빌리브'Reasons to Believe의 선임 연구원으로 일하고 있다. 20년 이상 바이올라 대학에서 가르쳤고 전국의 대학에서 강연했다. 저서로 《의심의 여지없이: 가장 어려운 20가지 신앙 질문에 답하기Without a Doubt: Answering the 20 Toughest Faith Questions》, 《기독교 교차 검증: 합리적이고 관련성 있으며 선한가?Christianity Cross-Examined: Is It Rational, Relevant, and Good》 등이 있다.

짧은 백발의 샘플스는 책상 앞에 앉아 신앙에 대한 도전적 질문에도 침착하고 진지한 어조로 일관되게 답변했다. 그가 언급하지 않은 기독교 반대 견해는 사실상 없다고 봐도 무방할 것이다.

몇백 년에 걸친 하나님의 침묵

나는 하나님의 침묵에도 불구하고 믿음을 잃지 않았던 역사적 유신론자들을 언급하며 말문을 열었다. 예를 들어 시편 기자는 "내 하나님이여, 내 하나님이여, 어찌 나를 버리셨나이까 … 내가 낮에도 부르짖고 밤에도 잠잠하지 아니하오나 응답하지 아니하시나이다"[1]라고 외쳤고, 이사야는 "진실로 주는 스스로 숨어 계시는 하나님이시니이다"[2]라고 고백했다.

구약학자 조엘 버넷은 "고대 이스라엘 예배의 핵심 요소 중 하나는 하나님의 부재를 다루는 것이었다.[3] 고대 이스라엘에서는 "하나님의 부재[와 그에 따른 슬픔과 고통]를 인간이 겪는 정상적인 일의 일부로 간주했다."[4] 그럼에도 노터데임 대학교의 마이클 레아는 하나님의 침묵과 씨름하는 성경 본문 중 어디에서도 하나님의 실존 자체에 의문을 제기하지는 않는다고 지적했다.[5]

나는 샘플스에게 물었다. "왜 많은 유신론자가 이른바 하나님의 감추심에 대해 고민하면서도 그분에 대한 믿음을 버리지 않는 걸까요?"

"믿음이란 신뢰할 수 있는 대상에 대한 굳건한 신뢰라고 정의하고 싶습니다." 그가 말을 시작했다. "즉, 믿음은 무차별적으로 모든 근원을 신뢰하는 것이 아니라 신뢰할 만한 대상에 대한 믿음을 의미합니다. 이 정의에 따르면, 믿음은 이성적 요소를 포함하고 있죠."

그는 잠시 멈췄다가 말을 이어갔다. "이 사람들은 믿고 신뢰할 수 있다고 판단한 대상, 즉 유일하고 참된 하나님을 신뢰했습니다. 이것은 합리적이며 전적으로 이성적인 믿음이었습니다. C. S. 루이스가 언급했듯, 믿음을 키우기 위해선 양분이 필요합니다.[6] 이들이 그 방법을 통해 결국 어려운 시기를 견딜 수 있는 강인하고 회복력 있는 믿음을 키웠다고 생각합니다."

"그들은 어떻게 믿음에 양분을 주었나요?"

"예를 들면 규칙적인 기도, 성경공부, 신앙 공동체 참여 등을 통해 그렇게 할 수 있습니다. 그렇게 신앙에 투자하면 하나님이 멀리 있는 것처럼 느껴질 때도 믿음을 지속할 수 있습니다."

그는 추가로 말했다. "신앙에서 멀어진 사람들과 대화해보면, 기도 생활은 물론 교회와의 연결고리도 전혀 없는 경우를 자주 봅니다. 이런 기초가 없으면, 하나님이 멀게 느껴지는 순간 믿음이 쉽게 흔들립니다. 제 삶에도 하나님이 숨어 계신 것처럼 보일 때가 있는데, 영적으로 바닥을 치고 있을 때가 대부분이지요."

코리 텐 붐의 명언이 생각났다. "기차가 터널을 지날 때 어두워진다고 해서 기차에서 뛰어내리는 사람은 없습니다. 기관사를 믿으며 가만히 자리에 앉아 있으면 됩니다."[7] 제2차 세계대전 당시 고통스러운 상황에서도 그녀가 믿음을 굳게 지킬 수 있었던 이유는, 궁극적으로 하나님이 신뢰할 수 있는 분임을 알고 있었기 때문이다.

죽음의 두려움 앞에서

나는 샘플스를 가리키며 물었다. "개인적으로는 어떤가요? 하나님이 더 분명하게 모습을 보여주지 않아 화난 적은 없었나요?"

"왜 없겠어요." 그는 말했다. "마흔다섯 살 때 일입니다. 당시 저는 결혼해서 세 자녀를 두고 있었지요. 한날은 몸이 아파서 집에 돌아왔어요. 알고 보니 희귀 박테리아에 감염되어 오른쪽 폐에 큰 병변이 생기고 뇌에도 농양이 여섯 개나 발견된 거예요. 치사율이 80%나 된다고 의사가 말했던 게 기억납니다."

나는 입이 떡 벌어졌다. "전혀 몰랐어요."

"네, 의사에게 그 수치를 들었을 때 제 영혼에 찬바람이 부는 것 같았어요. 결국 힘든 시기를 겪어야 했지요."

"뭐라고 할 말이 없네요."

"입원해서 폐 수술을 받았어요. 그 모든 과정을 겪으면서도 하나님이 함께하심을 느끼고 크게 위로받은 적이 분명 있었습니다. 하지만 어느 날 밤 가족과 친구들이 퇴원하고 혼자 병원에 남아 있는데 도무지 잠이 오지 않았어요. '주님, 어디에 계십니까? 저 정말 힘들어요'라는 생각만 들었지요."

"하나님의 침묵에 믿음이 흔들렸나요?"

"심각한 정도는 아니었어요. 생각을 좀 더 명확히 모아 수년간 배워온 몇 가지 사실을 떠올려보기 시작했습니다."

"이를테면요?"

"하나님의 침묵을 경험한다고 해서 이전에 하나님을 만난 사실이 무효가 되지 않는다는 걸 알았습니다. 하나님의 존재와 기독교의 진리에 대해 제가 발견한 확고한 논증이 사라지지도 않았어요. 네, '주님 어디에 계십니까?'라는 생각이 들 때도 있었지요. 그럴 때면 당연히 무서웠고요. 하지만 기도와 예배 같은 오랜 영적 습관으로 돌아가자 어두운 생각이 사라졌습니다. 복음서를 읽는 것만으로도 영혼이 다시 살아났어요."

"죽을지도 모른다는 두려움은 없었나요?"

"의사가 '주변을 정리하세요'라고 말한 게 기억납니다. 저는 '죽음 이후의 삶에 대해 내가 진정으로 믿는 건 무엇일까'라는 질문에서부터 출발했습니다. 그 질문이 계기가 되어 지난 수년간 부활에 대한 증거를 연구해왔습니다."

"도움이 되었나요?"

"정말 큰 힘이 되었습니다. 부활의 증거를 처음 접했을 때 그것이 설득력 있는 증거라는 걸 깨달았지요. 그 증거는 여전히 타당하며 앞으로도 그럴 것이라고 믿습니다."

나는 물었다. "결국 이 경험을 통해 하나님의 침묵에 괴로워하는 사람들을 더 공감하게 되었나요?"

"물론입니다"라고 그는 대답했다. "그들이 겪고 있는 일을 공감합니다. 그런데 동시에 이런 생각도 듭니다. 삼위일체의 두 번째 위격이 인간의 본성을 취하고 우리 세상에 들어왔는데, 정말 하나님이 숨어 있다고 말할 수 있을까요? 신학자 J. I. 패커는, 성육신은 문학의 그 어떤 표현보다 위대하다고 말했지요. 그 말을 떠올리는 것만으로도 큰 힘이 되었습니다."

투수와 포수 비유

내가 샘플스를 찾은 이유 중 하나는 그가 야구라는 흥미로운 비유를 사용해 하나님의 감추심에 대한 글을 썼기 때문이다.[8] 한때 메이저리그 포수를 꿈꾸던 그는, 자신의 운동 경력을 빗대어 하나님의 감추어진 모습이 오히려 그분의 실재를 드러낸다고 주장했다.

무신론자들의 주장은 기본적으로 이렇다. 사랑의 하나님이 실재한다면, 그 하나님은 이성을 가진 사람이라면 누구라도 의심할 수 없을 정도로 인간에게 자신을 알릴 것이다. 그런데 하나님을 믿고자 하는 마음이 있으면서도, 그 하나님이 과연 진짜로 있는지 확신하지 못하는 사람들이 있다. 이런 사람들이 있다는 건 사랑의 하나님이 사실은 존재하지 않는다는 것을 보여준다는 것이다.

샘플스는 야구를 예로 들어 하나님을 투수로, 인간을 포수로 비유하며 물었다. 투수, 즉 하나님이 인간에게 분명한 증거를 주지 않는 것이 문제인가, 아니면 포수, 즉 사람들이 하나님의 존재 증거를 받아들이지 않기에 문제가 있는 것인가?

"문제가 누구에게 있다고 생각하세요?" 나는 물었다. "하나님에게 있을까요, 아니면 우리에게 있을까요?"

"성경의 관점에서 볼 때, 저는 실패의 책임이 보내는 쪽보다 받는 쪽에 있다고 말하고 싶네요." 샘플스가 답했다. "유대교와 기독교는 하나님이 자신을 계시하셨다는 개념이 전제되어 있습니다. 하나님은 자연과 성경이라는 두 권의 책을 통해 자신을 계시합니다. 자연은 성경을 뒷받침하고, 성경은 자연을 설명하지요."

"자연이라는 책이 무엇을 의미하는지 정의해주세요."

"우주는 지식 저장소와 같아 책과 비슷합니다. 물론 책장을 넘길 수 있는 건 아니지만, 우리는 거기에서 정보나 지식을 얻을 수 있습니다. 이것을 일반 계시라고 부르지요."

"그렇다면 자연이 전하는 본질적 메시지는 무엇인가요?"

"구약성경 시편 19편에 '하늘이 하나님의 영광을 선포하고 궁창이 그의 손으로 하신 일을 나타내는도다'라는 구절이 있습니다. 이 히브리어 본문은 우주가 끊임없이 하나님의 존재를 가리키고 있음을 나타냅니다. 하나님의 존재하심은 영원하며 멈추지 않고 오늘도, 내일도 계속될 것입니다. 우리는 하늘이 영광스럽고 복잡하며, 그 하늘이 창조주를 가리키고 있다는 걸 알 수 있지요."

"신약성경은 어떤가요?"

"로마서 1장 20절은 자연의 증거를 통해 하나님의 보이지 않는 속성, 곧 그분의 영원한 능력과 신성을 깨달을 수 있다고 말합니다. 실제로 이 구절은, 모든 사람이 그가 지으신 만물을 보고 하나님의 존재를 알 수 있으므로 아무도 핑계 댈 수 없다고 말합니다. 매우 강력한 말씀이지요. 로마서 2장을 보면, 우리가 도덕적인 하나님 앞에 사로잡힌 양심을 가지고 있다는 것을 알 수 있습니다."

그는 계속해서 말했다. "문제는 우리가 죄인이라는 데 있습니다. 하나님께 반역하고 진리를 억누르는 것이 우리의 본성이지요. 여기에서 그리스어는 이 '억누름'이 페달과 같다는 걸 보여줍니다. 페달을 밟으면 하나님에 대한 인식이 올라오지만 우리는 계속해서 페달을 밟지요. 그러니 문제는 우리 자신의 도덕적, 영적 둔감함이라고 말하고 싶습니다. 죄가 낳는 해로운 결과 중 하나는 사람들로 하여금 자신의 영적, 도덕적 결핍과 하나님 앞에서 져야 할 책임을 자각하지 못하게 만든다는 점입니다."

나는 손을 들어 그의 말을 잠시 중단시켰다. "하지만 무신론자들은 하나님을 믿는 데 진심으로 열린 사람들이 있다고 하겠지요. 그들은 믿기를 원하면서도 믿지 않는 중립적인 위치에 있는 것처럼 보이니까요."

"하지만 인간의 본성에 대한 성경의 통찰은 아무도 진정으로 중립적이지 않다고 말해줍니다. 편견에서 완전히 자유로운 사람은 없습니다. 우리 모두는 어떠한 선입견이나 전제가 있지요. 하나님의 은혜에서 떨어져 나온 죄인으로서, 우리는 도덕적 책임을 자연스럽게 회피하는 경향이 있습니다. 하나님 앞에서 책임을 지고 싶지 않기 때문에 그분이 존재하신다는 진실을 억누릅니다.

우리는 본능적으로 하나님과 거리를 두려는 경향이 있습니다. 이는 단순한 무지가 아니라, 고의적인 외면입니다. 따라서 중립적인 입장이 존재한다는 생각에 동의하기 어렵습니다. 우리는 결코 완전히 공평하거나 객관적일 수 없습니다."

찾으면 찾으리라

"세상에는 하나님의 존재를 알 만한 충분한 증거가 있다고 보시나요?" 나는 물었다.

"물론입니다. 하나님의 존재와 예수가 그분의 유일무이한 아들임을 믿는 것에는 그럴 만한 충분한 근거가 있습니다. 예를 들어, 우리는 우주론과 우주의 미세조정에 대한 증거를 가지고 있고, 이러한 논거를 현대 과학이 뒷받침하고 있습니다. 도덕적 논거 또한 강력합니다. 인간이 하나님의 계명을 어겼고, 그분의 용서가 필요하다는 사실을 피할 수 없지요. 우리는 도덕적인 세계에 살고 있는데 그 도덕성은 어디에서 왔을까요? 그리고 예수의 신성을 나타내는 부활에 대한 역사적 증거도 있습니다."

"하나님에 대한 이러한 탐구의 특징을 어떻게 설명할 수 있을까요?"

"이는 점증적 추론이나 귀추추론(결론을 도출하기 위해 이미 알려진 여러 사실이나 특정 상황에서 가장 타당하거나 가능성이 높은 추론을 선택하는 논리적 방법—편집자)에 기초합니다. 세상을 보고 그에 대한 최선의 설명이 무엇인지 묻는 것이지요. '명확한'이라는 뜻을 가진 영어 단어 CLEAR의 철자로 요약할 수 있습니다."

나는 그에게 계속해보라고 손짓했다.

"C는 우주cosmos를 뜻합니다. 우리는 시작이 있고 정밀하게 조정된 우주 안에서 살고 있는데, 이 우주는 창조주를 가리킵니다. L은 삶life입니다. 기독교는 우리 삶의 깊은 신비를 설명합니다. E는 윤리ethics를 뜻합니다. 우리는 객관적인 도덕법을 가진 윤리적 세계에서 생활합니다. 그것들은 어디에서 왔을까요? 진화론으로는 설명할 수 없습니다. A는 추상abstractions입니다. 이것은 보이지 않는 개념입니다. 수학 없이 과학이 있을 수 없고, 논리 없이 철학이 있을 수 없습니다. 다시 말하지만, 이것들은 어디에서 왔을까요? R은 종교religion입니다. 인간은 모두 종교적인 성향을 지닌 것으로 보이는데, 기독교는 예수님이 우리에게 필요한 하나님이심을 강력히 입증합니다."

나는 잠시 생각한 후 대답했다. "성경은 우리가 하나님을 찾으면 찾을 수 있다고 말합니다.[9] 하나님을 찾기 위해 진심으로 최선을 다했지만 아직 찾지 못했다고 말하는 사람에 대해서는 어떻게 생각하세요?"

"예수의 말씀을 반복하고 싶군요. 계속해서 구하고, 찾고, 문을 두드리세요.[10] 아직 믿음을 찾지 못했다고 해서 영영 찾을 수 없다는 뜻은 아니니까요"라고 그는 말했다. "하지만 이렇게 묻고도 싶습니다. '당신의 전제는 무엇인가요? 당신이 하나님을 받아들이려면 하나님이 무엇을 하셔야 할까요? 무엇이 진짜 증거라고 생각하세요? 혹시 하나님을 찾지 않기를 내심 원하는 이유가 있지는 않나요?'

프랑스 철학자 블레즈 파스칼Blaise Pascal이 몇몇 친구들에게 한 조언도 인용하고 싶습니다. 믿음이 생기지 않는 것 같다면 믿음이 있는 사람들이 하는 일을 실천해보는 건 어떨까요? 기도를 한번 해보세요. 설령 하나님이 없다고 해도 손해 보는 일은 아닐 겁니다. 성경을 펴서 신앙심 깊은 사람들이 읽는 것을 찾아보는 건 어떨까요? 교회에 가서 무슨 일이 일어나는지 보는 건 어떨까요? 믿고 기도하고 성경을 읽는 사람들 곁에 있으면 유익을 얻을지 누가 알겠어요?"

하나님의 침묵과 씨름하기

철학자 윌리엄 레인 크레이그는 하나님이 원하는 것은 따로 있다고 지적했다. 사람들이 단지 하나님의 존재를 아는 데서 그치지 않고, 구원의 관계 안에서 다가와 그분을 사랑하고 신뢰하고 순종하고 따르기를 원하신다는 것이다. 성경은 귀신들도 하나님이 계신 줄 알지만 그분에게 복종하기보다는 떨고 있다고 말한다.[11] 그렇다면 하나님이 하늘에 "예수 구원"이라고 적은 네온사인을 내걸었다 해도, 우리가 하나님을 더 사랑하게 될 것이라는 확신은 갖기 어렵다.

크레이그는 이렇게 썼다. "하나님의 존재가 얼굴 한가운데 박힌 코처럼 명백하게 드러나는 자유로운 피조 세계에서, 하나님을 사랑하고 경험하는 사람들의 수나 비율이 얼마나 되는지 우리는 알 수 없다."[12]

나는 샘플스에게 이 인용문을 읽어주고 나서 물었다. "어떻게 생각하세요?"

"설득력 있는 지적입니다. 우리의 방식이 아니라 하나님의 방식으로 그분께 나아가야 합니다. 그것은 교만보다는 겸손을, 죄악보다는 회개를, 고백과 복종을 의미합니다. 하나님께 마음을 열고 있다고 말하는 사람들 중에 과연 몇이나 하나님께 나아갈지 궁금하네요. 솔직히 그들은 하나님 앞에 나아가기보다 하나님이 그들에게 찾아오기를 원합니다."

나는 역사상 하나님이 그 존재감을 분명히 드러내신 때가 있었음을 지적했다. 이를테면 광야에서 이스라엘 백성을 낮에는 구름 기둥으로, 밤에는 불기둥으로 인도하셨고,[13] 홍해를 가르기도 하셨다.[14] 그러나 그런 사건조차 사람들의 마음에 지속적인 변화를 일으키지는 못했다. 이스라엘은 여전히 배교의 길로 빠져들었다.

"오늘날 하나님이 더 분명하게 자신을 드러내셨다면 사람들이 다르게 반응했을까요?" 나는 물었다.

"좋은 지적입니다. 믿음을 가지려면 머리로는 지식을 얻고 의지를 개입시키고 마음으로는 신뢰해야 합니다. 예수에 관한 역사적 사실을 아는 것과 그분을 구세주로 받아들이는 것은 전혀 다른 문제입니다.".

"그래서 사람들이 '왜 하나님이 자신을 더 분명히 드러내지 않았는가'라고 묻는다면, 우리는 이렇게 대답할 수 있습니다. '하나님께서 그리하셨지만 사람들은 여전히 다른 길을 갔습니다.' 오늘날이라고 상황이 달라졌을 거라 확신할 수 있을까요?"

샘플스는 고개를 끄덕였다. "맞습니다. 성경도 그렇게 말합니다. 우리는 다르다고 생각하지만 보장할 순 없습니다. 인간의 본성은 잘 변하지 않거든요."

나는 화제의 방향을 돌렸다. "어쩌면 하나님의 침묵이 우리에게 긍정적인 영향을 미칠 수도 있습니다. 예를 들어, 시편 기자가 말했듯 '사슴이 시냇물을 찾기에 갈급함같이' 성경을 더 깊이 파고들고, 더 뜨겁게 기도하고, 하나님을 추구하도록 고무할 수 있지 않을까요?"[15]

"그런 면이 있지요." 그가 대답했다. "저는 여가와 휴식을 좋아하지만, 제 인생을 긍정적으로 변화시킨 것은 거의 언제나 시련이나 역경, 문제들이었습니다. 고난을 겪을 때면 더 깊이 공부하고 더 정직하고 진심 어린 기도의 자리로 나아갔죠. 신앙에 도전이 있을수록 하나님을 더욱 열심히 찾았습니다. 로마서 8장 28절 말씀처럼 하나님을 사랑하는 자들에게는 모든 것이 합력하여 선을 이룹니다."

나는 성경을 펴서 히브리서를 찾았다. "흥미롭게도 히브리서 5장 8절은 예수도 고난을 통해 순종을 배웠다고 말합니다. 우리라고 해서 다를까요?"

"맞습니다. 예수께서도 큰 고난을 당하셨고 우리는 그분의 제자들입니다. 고난은 바라는 바는 아니지만 인생에서 피할 수 없는 일입니다. 그러나 하나님께서는 고난을 통해 우리를 더 깊은 믿음, 더 경건한 믿음, 불로 정화된 믿음의 열매를 맺게 하십니다."

자기기만을 그치게 하는 힘

필기한 노트를 훑어보며 나는 말했다. "많은 영역을 다루었네요. 여기서 우리가 어떻게 요약할 수 있을까요?"

샘플스는 고개를 숙였다. "하나님께서는 자신의 존재에 대한 증거를 충분히 주셨지만, 문제는 우리에게 있습니다. 우리는 자유의지를 남용하여 하나님께 반항했고, 구원의 은혜와는 무관하게 본능적으로 하나님의 진리와 그분 앞에서 져야 할 도덕적 책임을 억압했습니다. 따라서 성경적 관점에서 보자면, 하나님의 존재를 부정하는 것은 그분의 부재나 숨어계심 때문이 아닙니다. 우리의 타락한 본성과 영적으로 저항하는 상태에서 비롯된 도덕적, 영적 둔감함 때문입니다."[16]

그의 말을 듣자 철학자 더글라스 그로타이스의 글이 떠올랐다. 그는 사람들이 어떻게 자기기만에 빠져 자신도 모르게 하나님의 실재에 대한 강력한 증거를 보지 못하게 되는지 설명했다.

"무신론자나 회의론자들은 하나님이 존재한다는 것을 알 만큼 일반 계시를 충분히 접한 뒤에도, 오히려 그분이 존재하지 않는다는 잘못된 믿음을 가진다. 하나님이 존재한다면, 그들은 스스로 낮추고 그분께 감사하며 경배해야 하기 때문이다. 이는 교만한 자는 할 수 없는 일이다. 교만(또는 하나님을 떠난 자율성)은 모든 죄의 본질이다."[17]

이와 관련해 다윗 왕은 시편에서 다음과 같이 기록했다. "악인은 그의 교만한 얼굴로 말하기를 여호와께서 이를 감찰하지 아니하신다 하며 그의 모든 사상에 하나님이 없다 하나이다."[18]

성경의 가르침을 분석하면서 마이클 레아는 "불신앙으로 넘어가는 것은 사실 일종의 자기기만"이라는 결론을 내릴 수 있다고 말했다. 무신론자가 되는 것은 자신을 부정하는 알코올 중독자가 되는 것과 비슷하다. 진실을 보고 싶지 않아 진실을 억누르고 자신이 원하는 대로 세상이 돌아가고 있다고 자기 자신을 설득한다. … 자기기만은 실제 현상이고, 하나님이 존재하지 않기를 사람들이 더 바란다는 생각(실제로 아주 간절히 바랄지도 모른다)은 아주 놀랍지도 않다."[19]

그는 무신론 철학자 토마스 네이글의 예를 들며 말했다. "하나님을 믿지 않는다는 건 단지 하나님을 믿지 않는 게 아니라 당연히 자신의 믿음이 옳기를 바라는 것입니다. 그것은 신이 없기를 바라는 것이기도 하지요! '나는 신이 존재하는 것을 원하지 않는다. 우주가 그렇게 되기를 원하지 않는다'라는 것입니다."[20]

그로타이스는 젊은 시절 칼 마르크스, 지그문트 프로이트, 니체의 저서를 접하면서 자신을 무신론의 길로 이끈 것은 자기기만이었다고 털어놓았다. "저는 하나님이 없기를 원했습니다. 하나님이 없는 세상에서 내가 하나님이 될 수 있게요. 많은 경우 하나님으로부터 숨어 있는 쪽은 바로 우리입니다. 하나님께서 우리를 피해 숨으시는 것이 아닙니다."[21]

결국 그로타이스를 완전히 바꾼 것은 자연이라는 책이었다. "콜로라도의 아름다운 자연, 특히 로키산맥을 보면서 저는 패배감을 느꼈습니다. 무신론을 시도했지만 하나님이 계신다는 강한 느낌이 들었습니다."

결과는 다음과 같다. "저의 무신론은 결국 영광스러운 패배로 끝났습니다. 하나님이 제 안에 있던 자기기만을 끊고 구원의 진리와 은혜로운 사랑을 드러내 보여주신 덕분입니다."[22]

투수에 문제가 있다면?

하나님의 감추심 중에 내가 탐구하고 싶었던 측면이 하나 더 있었다. 나는 다시 투수와 포수의 비유로 돌아갔다. "이 문제를 보는 또 다른 방법이 있어요. 보내는 편, 즉 투수 측에 치명적인 실패가 있다고 말하는 것입니다. 하나님에게 문제가 있다고요."

그는 대답했다. "이런 관점의 문제는 하나님을 인간화하며, 우리와 유사한 존재로 간주한다는 것입니다. 하지만 하나님은 우리와 전혀 다릅니다. 이는 하나님과의 만남이 어느 정도의 신비함을 포함한다는 뜻이기도 합니다. 하나님이 분명히 침묵하시는 경우, 우리가 이해할 수 없는 이유가 있을지도 모릅니다."

그리고 이렇게 덧붙였다. "기독교는 합리적인 신앙이지만 그래도 여전히 신앙이라는 점을 잊어서는 안 됩니다. 철학자 마이클 레아는 하나님이 침묵하시는 것처럼 보이게 만드는 일들이 있지만, 그것이 반드시 하나님에게 문제가 있다는 의미는 아니라고 합니다. 오히려 우리의 한계가 문제일 수 있습니다."[23]

나는 내 책 《특종 믿음 사건*The Case for Faith*》을 집어 들고 철학자 J. P. 모어랜드의 인용문을 찾아 읽었다. "하나님은 사람들이 그분을 알 수 있도록 충분히 자신을 드러내면서도, 동시에 그들이 그분을 무시할 수 있게 해 자유의지를 간직하도록 한다. 인간의 선택은 이렇게 자유로운 것이다."[24]

나는 샘플스에게 모어랜드의 인용문을 읽어주고 나서 질문했다. "하나님이 자신을 더 공개적으로 드러내신다면, 우리에게 부정적인 영향이 미치지는 않을까요? 쉽사리 복종을 강요당하지는 않을까요? 이사야 선지자만 봐도, 하나님의 영광을 잠깐 본 것만으로도 큰 충격을 받았습니다."[25]

샘플스는 블레즈 파스칼의 말을 인용하며 대답했다. "보려는 자에게는 충분한 빛이 있지만, 그렇지 않은 이들에게는 충분한 어둠이 있습니다."[26] 그리고 이어갔다. "하나님은 진심으로 그분을 찾지 않는 이들에게는 거리를 두시되, 진심으로 찾는 이들에게는 분명하게 자신을 드러내신다는 의미입니다. 그리스도인이 자유의지를 어떻게 이해하든, 하나님이 우리의 의지를 존중하며, 우리가 그분을 찾도록 자신을 어느 정도 드러내시는 것은 합리적이라고 생각합니다."

이 주제를 다루면서 마이클 레아는 연애할 사람을 찾는 세계 최고의 갑부 비유를 들었다. "갑부도 자신의 재산이 아니라, 진심으로 자신을 사랑해줄 사람을 만나길 바라는 것이 당연하지 않을까?" 레아는 이렇게 썼다. "아무리 좋은 연애 상대라도, 그 사람이 자신의 부를 보고 다가온 것은 아닌지 걱정하는 것 역시 자연스러운 일이다. 상대방이 부담을 느껴 억지로 행동하는 것이 아니라, 그런 상황 때문에 상대방이 자신을 진정으로 대하기 어려울까 봐 걱정한다는 것이다."

이것을 하나님의 관점에서 바라보자. "하나님의 자원과 본성은 압도적이며, 그의 아름다움은 상상을 초월하고 매우 놀랍다. 이런 점에서, 하나님이 우리에게 자신의 모습을 숨기는 이유를 짐작할 수 있다. 우리가 하나님에 대하여 순수한 사랑을 갖게 하기 위해서다."27

샘플스는 중요한 점을 하나 더 언급했다. "하나님이 전지전능하다는 걸 기억해야 해요. 이걸 받아들인다면, 하나님이 가능한 한 많은 사람과 구원의 관계를 맺기 위해 자신을 어느 정도까지 드러내야 하는지 알고 계신다고 생각해볼 수 있습니다."

나는 그 의견을 곰곰이 생각해보고는 "일리 있네요"라고 말했다.

숨어 계시는 하나님이 자신을 드러내실 때

마지막으로 저는 존 스타인가드의 이야기로 돌아가 샘플스와의 대화를 마무리하고 싶었다. 존은 자신이 신앙을 잃은 이유가 하나님의 감추심 때문이라고 말했다.

변증가 프랭크 튜렉은 인터뷰에서 존에게 "하나님에 대한 우리의 주장이 그분의 감추심 때문에 부정되지는 않는다고 생각합니다. 하나님이 숨어 있다고 해서 모든 논의가 소용없게 되는 건 아니에요"라고 말했고, 존은 "네, 동의합니다"라고 대답했다.

"그게 결론이 아닌가요?" 나는 샘플스에게 말했다. "하나님의 존재와 기독교의 진리를 가리키는 여러 주장과 증거가 있는데, 이른바 하나님의 침묵으로 인해 그것들이 일소되지는 않습니다. 여전히 유효하지 않겠습니까? 하나님이 실재한다면 이 점을 명심해야 하는 것 아닐까요?"

"물론입니다"라고 그는 말했다. "죽을병에 걸렸을 때, 저는 하나님과 친밀하고 개인적인 만남을 갖고 싶었습니다. 그분이 현실적으로 나타나 제 손을 잡고 안아주며 다독여주셨더라면 좋았을 테지요. 누군들 그런 걸 바라지 않을까요? 결국 그런 일은 일어나지 않았습니다.

하지만 지난날 수년간 공부하면서 접했던 신의 존재에 대한 모든 이유를 되돌아볼 수 있었습니다. 하나님께서는 때로는 숨어 계시고 침묵하시는 듯 보일 수 있지만, 그렇다고 해서 수백 년 동안 내려온 유신론의 논거들이 사라지는 것은 아닙니다. 제가 아팠을 때, 그런 논거들이 저에게 힘이 되고 저를 지탱해주었습니다."

"만약 당신이 죽었더라면 어땠을지 생각해 본 적이 있나요?" 내가 물었다.

샘플스는 미소를 지었습니다. "그게 아이러니한 부분입니다. 만약 그랬다면 하나님의 감추심 문제가 영원히 해결되었을 겁니다. 성경 말씀대로 하나님과 얼굴을 맞대고 만났을 테니까요. 비유적인 표현일 수 있지만 얼마나 고무적인 진리인지요. 예수님을 따르는 사람이 세상을 떠나면 숨이 멎을 만큼 놀라운 정도로 하나님과 친밀함을 느낄 수 있는 영원한 실존으로 들어간다는 뜻이니까요.

천국이라는 즐겁고 신나는 곳에서 하나님을 누리고 찬양하고 경배하며 영원히 섬길 것입니다. 지극히 개인적인 방식으로 하나님을 경험하게 될 것입니다. 제가 평생 갈망해온 일입니다. 그리고 반드시 이루어지리라고 확신합니다. 하나님은 실재하니까요."

샘플스는 길게 숨을 내쉬며 말했다.

"그리고 그 일은 하나님의 감추심을 전혀 다른 시각으로 보게 합니다."

결론
진짜 하나님과의 만남

천국은 어둠을 두려워하는 사람들을 위한 거짓말이다.

스티븐 호킹, 《가디언》 단독 인터뷰

무신론은 빛을 두려워하는 사람들을 위한 거짓말이다.

존 레녹스, 국회조찬기도회 연설(영국 런던, 2013. 6. 25)

메리 조 샤프Mary Jo Sharp가 오리건주의 공립고등학교를 졸업할 때, 음악 교사가 그에게 성경을 건네며 깜짝 놀랄 말을 했다. "대학에 가면 어려운 질문을 받게 될 거야. 그때 이 성경에 의지하길 바란다."

교사의 말이 맞았다. 철저하게 세속적인 환경에서 자란 샤프는 인생의 더 깊은 의미에 대해 예리한 질문을 던지기 시작했다. 그녀는 성경의 무게감과 역사성에 놀라움을 금치 못했다. 마침내 대학 2학년이 되던 해에 예수님의 제자가 되었다.

하지만 일부 그리스도인 사이에서 마주친 위선에 그녀는 신앙이 흔들리는 위험에 처했다. "교회에는 겉보기에 예의 바른 사람들로 넘쳐났지요. 그들에게서 자기성찰이나 수양, 신학적 깊이, 철학적 지성, 희생적 사랑의 교제 같은 건 찾아보기 힘들었어요"라고 그녀는 말했다.

샤프는 이곳에서 자신의 신앙 관련 문제를 해결할 수 없다는 것을 깨달았다. "신앙에 대해 어려운 질문을 할 때마다 금세 주변으로 밀려나거나 화제가 바뀌고 말았어요. 그리스도인이 된 지 10년 만에 하나님에 대한 믿음에 진지하게 의문을 갖게 된 게 놀라운 일도 아니었지요."

그녀는 자신이 너무 일찍 신앙을 받아들인 게 아닌가 하는 생각도 들었다. "아름다움과 선함을 경험하고 싶은 욕망 때문에 공허함을 채울 뭔가를 찾는 데 몰두했던 것 같습니다." 그녀는 말했다. "내가 무엇을 하고 있는지 이해하기도 전에 믿기부터 했는지도 모르지요."

샤프는 기독교와 무신론에 대해 철저히 연구하기 시작했고, 또다시 놀라운 사실을 발견했다. "무신론의 논거를 탐구하기로 결심했을 때, 무신론자들의 주장이 더 똑똑하고 세련되고 매력적일 것이라고 비현실적으로 기대했나 봅니다. 무신론자들이 더 사려 깊고, 덜 권위주의적이며, 일반적으로 더 여유 있는 태도를 보일 줄 알았지요."

하지만 현실은 달랐다. "특히 온라인에서 만난 무신론자들은 불손하고 오만하며 호전적이었고, 증거로 논쟁하기보다는 저를 어리석게 만드는 데 집중했습니다. 반면 자신들은 사려 깊고 공부한 것처럼 보이려 애썼고요."

기독교를 뒷받침하는 증거를 더 깊이 파고들수록 예수의 부활에 대한 역사적 자료와, 도덕적 가치가 창조주를 가리킨다는 사실에 점점 더 감명을 받았다. 결국 기독교를 지지하는 다양한 논거들이 우리가 살고 있는 우주를 가장 잘 이해하게 한다고 판단했다.

무신론의 경우는 어땠을까? "무신론자들의 주장을 살펴보니 설득력이 부족하며 진정한 의미에서 희망을 제시하지 못했습니다." 그녀는 결론을 내렸다. "신의 존재에 대한 찬반 논증을 공부하고 나서는 무신론으로 돌아갈 수 없었습니다. 그것은 지적으로 정직하지 못한 일이니까요."[1]

샤프는 열린 자세로 증거를 면밀히 검토하고 확고한 결론에 도달하기 위해 노력했다. 현재 휴스턴 기독교 대학교 변증학 교수로 재직하며 "사랑과 논리로 진리를 탐구한다"라는 모토 아래 신앙 문제로 힘들어하는 이들을 돕고 있다.

믿지 않을 이유가 있는가?

"배심원단은 평결에 도달했습니까?"

재판장이 하는 이 말은 형사재판 또는 민사재판의 끝에서 두 번째 순간이 되었음을 의미한다. 몇 주 또는 몇 달에 걸친 증언, 증거, 논쟁, 지시를 거친 후 배심원들은 법정으로 돌아와 평결을 발표한다. 사건 당사자들은 숨을 죽인다. 법정 참관인들은 몸을 앞으로 기울인다. 기자들은 펜을 잡고 있다. 그런 다음 유죄 또는 무죄를 판단하는 배심원의 평결이 나온다.

이제 내가 묻겠다. 하나님의 실재에 대한 증거를 곰곰이 생각해본 끝에 개인적인 결론에 이르렀는가? 당신이 읽은 간증, 파악한 사실, 고려한 논거를 통해 하나님이 전설이나 신화 또는 희망 회로의 산물인지, 아니면 당신의 삶과 영원을 바꿀 수 있는 신성한 실재인지 결론에 도달했는가?

실용적인 접근이 최선이라고 말하는 사람이 있을지 모른다. 옥스퍼드 대학에서 공부한 인류학자 T. M. 루어만은 저서 《신이 말할 때 When God Talks》에서 이러한 생각을 펼쳤다.

신을 믿을 수 있다면 왜 믿지 않는가? 사랑의 신을 믿는 사람들이 더 행복한 삶을 산다는 유력한 증거가 있다. 외로움은 여러 면에서 사람들에게 해롭다. … 알다시피 신을 믿는 사람들이 외로움을 덜 느낀다. 우리는 신을 뇌에서 사회적 관계처럼 경험한다(누군가를 뇌 영상 스캐너에 넣고 신에 대해 질문하면 친구에 대해 질문할 때와 같은 뇌 영역에 불이 들어온다). 우리는 교회에 다니는 사람들이 더 건강하고 오래 산다는 것을 알고 있다. … 이 신은 조건 없이 사랑하고 값없이 용서하며 기쁨을 주신다. 믿지 않을 이유가 있는가?[2]

물론 긍정적인 유익이 생긴다고 해서 사실이 아닌 것을 믿으라고 진지하게 권하는 사람은 아무도 없다. 옥스퍼드대 수학과 교수인 존 레녹스는 "믿음은 어둠으로 뛰어드는 것이 아니다. 그 정반대다. 믿음은 증거에 근거한 판단이다"[3]라고 말했다.

지금까지 기독교가 현실에 확고히 뿌리내리고 있음을 보여주는 확실한 사례를 제시해왔다. 우리가 조사한 증거와 주장에 대해 잠시 생각해보자.

1. 우주에는 창조주가 필요하다

사실상 모든 과학자가 이제 우주와 물리적 시간 자체가 과거의 어느 시점에서 시작되었다는 데 동의한다. 이것은 이른바 칼람 우주론적 주장으로 이어졌다. 존재하기 시작한 모든 것에는 원인이 있고, 우주가 존재하기 시작했으므로 그 배후에 원인이 있다는 것이다.

빌 크레이그는 1장에서 유명한 무신론자 카이 닐슨의 말을 인용하며, 이렇게 언급했다. "상상해보라. 갑자기 '쿵'하는 소리가 들렸다. 당신은 내게 이 소리가 어디서 왔는지 묻는다. 나는 '아무 일도 아니야, 그냥 소리가 난 것뿐이야'라고 대답한다. 하지만 당신은 그 설명을 받아들이지 않을 것이다."[4] 이에 빌 크레이그는 만약 빅뱅의 원인이 명확하게 밝혀진다면, 그 빅뱅을 일으킨 원인 역시 분명히 존재해야만 한다고 주장하며 닐슨의 비유를 확장시켰다.[5]

한때 불가지론자였던 천문학자 로버트 자스트로우는 기독교와 현대 우주론의 본질적 요소가 동일하다고 인정했다. 그는 "인간으로 이어지는 일련의 사건은 빛과 에너지의 섬광으로 어느 확실한 순간에 급격하게 시작되었다"라고 말했다.[6]

터프츠 대학교의 우주학자 알렉산더 빌렌킨도 동의한다. "이제 증거가 확보되었으므로 우주론자들은 더 이상 우주가 영원한 과거를 지녔을지 모른다는 가능성 뒤에 숨을 수 없다"라고 그는 말했다. "그들은 우주의 시작이라는 문제에 직면해야 한다."[7]

무엇이 문제인가? 초자연적인 존재를 부정하는 유물론자들에게 우주의 시작은 그 배후에 원인이 존재함을 의미하기 때문이다. 솔직히 말해, 그 원인에 대한 가장 그럴듯한 설명은 인격적인 창조주가 있다는 것이다. 이런 설명은 특히 다음 범주의 증거와 결합할 때 더욱 타당성을 갖는다.

2. 우주에는 미세조정자가 필요하다

현대 과학의 가장 흥미로운 발견 중 하나는 우주의 작동을 지배하는 숫자들이 생명체가 존재할 수 있을 만큼 놀라울 정도로 정밀하게 조정되어 있다는 것이다. 즉 우주의 물리학은 우연의 결과라는 설명이 무색하게도 면도날처럼 정교하게 조정되어 있다. 이는 오히려 창조주가 존재함을 보여주는 증거다. 우주 창조의 증거와 우주의 미세조정을 결합하면 창조주의 정체에 대해 몇 가지 논리적인 추론을 할 수 있다.

물리학자 마이클 스트라우스가 말한 것처럼, 창조주는 피조물과는 별개로 존재하므로 초월적이어야 한다. 물리적 세계 이전에 존재했으므로 비물질적이거나 영적이어야 한다. 시간이 생기기 이전부터 있었으므로, 시간을 초월하거나 영원한 존재여야 한다. 빅뱅의 엄청난 에너지를 고려할 때 강력해야 한다. 창조 사건의 정확성을 고려한다면 지성적이어야 한다. 창조를 결정해야 했기 때문에, 인격을 가진 존재여야 한다. 우주와 생명 자체의 아름다움과 복잡성을 고려할 때 창의적이어야 한다. 또한, 우리를 위해 의도적으로 거주지를 만들었으므로 배려심이 있어야 한다. 오컴의 면도날의 과학적 원리에 따르면 창조주는 단 하나일 것이다.[8]

초월성, 영성, 영원성, 능력, 지성, 인격, 창의성, 배려심, 고유함 등 모든 특성은 기독교의 하나님에 대한 설명과 일치한다. 사실 스트라우스는, 창조주는 단 하나이므로 많은 신이 있다고 주장하는 다신론은 배제한다고 말했다. 창조주는 피조물과 분리되어 있으므로 만물이 신이라고 주장하는 범신론도 배제한다. 우주는 순환하지 않으므로 동양 종교의 교리에 어긋나고, 빅뱅은 우주가 정적인 상태를 유

지한다고 가정하는 고대 종교와도 모순된다.[9]

회의론자들은 무한한 수의 다른 우주가 존재할 수 있으며, 물리학의 설정값을 충분히 바꾸다 보면 언젠가 한 우주가 복권에 당첨되듯 생명체가 존재할 수 있는데, 그것이 바로 우리라고 주장했다. 그러나 과학자들은 검증이 불가능한 데다 물리적 확증이 부족하다는 이유로 이 주장을 일축했다. 불가지론자인 이론물리학자 사빈 호센펠더 Sabine Hossenfelder는 과학적 관점에서 이 이론을 "시간 낭비"로 규정했다.[10] 스트라우스는 "다중우주 이론을 믿기 위해서는 근본적으로 맹신이 필요하다"[11]라고 말했다.

현대 천체물리학의 대부로 불리며 고다드 우주비행센터 최고상을 수상한 하버드대 출신의 NASA 천체물리학자 존 오키프John A. O'Keefe는 직설적으로 이렇게 평가했다. "우주가 이토록 정밀하게 만들어지지 않았더라면, 우리는 결코 존재할 수 없었을 것이다. 이러한 상황은 우주가 인간의 삶을 유지하기 위해 창조되었음을 시사한다고 생각한다."[12]

3. 우리의 DNA는 설계자를 요구한다

케임브리지 대학에서 생명의 기원 생물학으로 박사학위를 받은 스티븐 C. 마이어는 DNA가 방대한 양의 특정 정보를 담고 있다고 지적했다. 실제로 DNA는 우리 몸을 구성하는 모든 단백질에 대한 정확한 조립 지침을 설명하는 네 글자의 화학 알파벳 형태를 띤다.

마이어는 이 현상에 대한 설명으로 우연이나 맹목적 진화의 힘을 배제했다. 대신 우리가 정보를 볼 때마다 항상 그 배후에 지능이 있음을 알 수 있다고 말했다. "세포에 정보가 내재된 사실은 지능 있는 주체의 활동 결과로 설명하는 것이 가장 좋다고 본다."[13]

과학작가 조지 심 존슨은 이렇게 말했다. "인간의 DNA는 브리태니커 백과사전보다 더 체계적인 정보를 담고 있다. 이 백과사전 전문이 우주에서 컴퓨터 코드로 전달된다면, 대부분은 이를 외계 지적 생명체가 존재한다는 증거로 여길 것이다. 그러나 자연 상태에서 발견하는 경우에 그것을 무작위적인 힘의 작용으로 설명한다."[14]

생화학을 전공하고 화학 박사학위를 받은 파잘 라나Fazale Rana도 DNA의 정보가 하나님을 가리킨다는 데 동의한다. 그는 "생명의 기원에 대한 성경의 설명과 자연의 기록이 조화를 이루는 것은 기독교 신앙이 타당하다는 강력한 증거"라고 말했다.[15]

4. 부활 사건은 예수가 하나님임을 보여주었다

예수는 직간접적인 다양한 방식으로 자신이 초월적인 존재, 메시아, 하나님이라는 주장을 했다. 물론 누구나 자신이 신이라고 주장할 수는 있다. 그러나 예수가 그런 주장을 하고 죽은 후 사흘 만에 다시 살아났다면, 이는 그가 진실을 말하고 있다는 꽤 설득력 있는 증거가 된다.

부활이 막연히 소생을 희망하는 영적 은유에 불과하다는 생각은 역사적 기록과 일치하지 않는다. 영국 성공회의 전 더럼 주교이자 예수에 관해 80여 권의 책을 저술한 N. T. 라이트는 신약성경이 예수의 부활에 대해 말할 때 "실제로 일어난 사실에 대해 말하는 것"임을 분명히 했다.

"1세기에 부활을 뜻하는 그리스어 아나스타시스anastasis는 막연한 가능성이나 희망의 소생 등을 의미하지 않았다. 항상 그 단어는 육체적으로 죽었는데 이제는 육체적으로 살아 있음이 밝혀진 사람들과 관련해 쓰였다."[16]

부활에 대한 역사적 증거는 무엇인가? 첫째, 예수는 처형당했고 실제로 사망했다. 비종교적이고 같은 분야의 전문가(동료)의 검토를 거치는 《미국의학협회》 저널에서도 십자가 처형을 분석한 후, "역사적, 의학적 증거의 무게로 볼 때, 예수는 옆구리에 상처가 나기 전에 이미 사망했음이 분명하다"[17]라는 결론을 내렸다.

둘째, 우리는 예수의 부활을 전하는 보고서를 가지고 있다. 이 보고서에는 예수가 죽은 후 몇 달 안 된 시점에서 목격자 및 목격자 무리(한 자리에 500명이 모여 있기도 했다)의 이름이 들어가 있다. 이러한 즉각성은 세월이 흐르면서 부활이 전설로 발전했을 가능성을 일소한다.

셋째, 예수를 반대하는 사람들조차 부활 사건의 첫날 아침에 무덤이 비어 있었다는 사실을 암묵적으로 인정했다.

넷째, 부활한 그리스도를 만났다고 확신하는 제자들의 주장을 뒷받침하고 입증하는 신약성경과 그 외의 고대 자료 9가지가 존재한다. 이는 엄청난 양의 역사적 자료다!

그 증거는 얼마나 강력한가? 세계에서 가장 성공한 변호사로 기네스북에 등재된 라이오넬 럭후 경은 수년간 부활에 대해 연구한 끝에 이런 결론에 도달했다. "예수 그리스도의 부활에 대한 증거는 너무나 강력해 일말의 의심도 할 수 없는 증거로 받아들일 수밖에 없다."[18]

5. 하나님을 체험하다

역사적으로 많은 사람이 신적인 기원을 가졌다고 해석될 만한 강렬하고 인생을 변화시키는 개인적 체험을 경험했다고 보고한다. 예를 들어, 자신이 다른 방식으로는 알 수 없었을 정보를 꿈속에서 얻는 등, 생생한 꿈을 통한 체험도 전한다.

놀라운 사례 가운데 하나는 기도를 통한 기적적인 치유로 나타나기도 한다. 예를 들어, 한 의학 저널은 불치병으로 10여 년 동안 실명 상태에 있었던 어떤 여성의 특별한 사례 연구를 발표했다. 어느 날 잠자리에 들기 전 침례교 목사인 남편이 그녀를 위해 기도했다. "오, 하나님! 오늘 밤 아내의 시력을 회복시켜주십시오. 주님, 주님이 하실 수 있는 일이라고 믿습니다. 기도하오니 오늘 밤 그 일이 일어나게 해주십시오." 그 순간 아내는 눈을 뜨고 처음으로 남편을 보게 되었다. 그리고 이후로 거의 50년이 지나도록 시력을 잃지 않고 있다.[19]

내가 개인적으로 확인한 사례 중 하나는 바바라 스나이더의 경우다. 그녀는 다발성 경화증으로 인해 거의 보이지 않고 신체가 굽어 있었으며, 호흡기에 의존하고 있었다. 그러던 중 그녀는 "내 딸아, 일어나라!"라는 하나님의 목소리를 듣고 기적적으로 회복하여 일어났다. 그녀의 주치의 두 명은 이 기적에 대한 증언을 서적에 기록했으며, 이후에 바바라는 목사와 결혼했고, 이들 부부는 버지니아주의 한 작은 감리교회에서 수십 년간 사역했다.[20]

2015년에 나는 전국적인 설문조사를 진행했다. 미국 성인 중 거의 40%, 복음주의 그리스도인의 78%가 자신의 삶에서 기적적인 사건을 적어도 한 번 이상 경험했다고 답했다.[21] 철학자 더글라스 그로타이스를 비롯한 일부 학자들은 특정 종교적 체험이 그 체험의 근거가 되는 인격적이고 관계적인 존재의 실재를 상당 수준으로 입증하는 증거가 될 수 있다고 믿는다.[22]

6. 어떤 하나님이 진짜인가?

철학자 채드 마이스터는 기독교를 체계적으로 논증하는 방법을 시각적으로 보여주는 변증 피라미드를 개발했다. 이 피라미드는 진리, 세계관, 유신론, 계시, 부활, 복음 등의 주제를 다룬다. 마이스터는 논리를 활용하여 무신론과 범신론 같은 타당하지 않은 세계관을 배제하고, 유신론과 결국에는 기독교를 가장 합당한 선택으로 제시했다.

그는 하나님의 존재를 증명하기 위해 이른바 도덕적 논증을 제시했다. 첫째, 모든 사람에게 항상 구속력을 갖는 객관적인 도덕적 가치가 존재한다면, 하나님 또한 존재한다. 무신론자들은 보통 이러한 보편적 도덕성의 존재를 부인한다. 둘째, 우리는 객관적인 도덕적 가치가 실제로 존재한다는 것을 알고 있다. 예를 들어, 아기를 재미 삼아 고문하는 것은 객관적으로 악한 행위로 간주한다. 이러한 이유로, 하나님의 존재는 명백하다고 할 수 있다.

팜비치 애틀랜틱 대학교의 철학자 폴 코판은 이렇게 말했다. "내 생각에 도덕적 논증은 하나님의 존재를 보여주는 가장 강력한 논증이다. 이를 통해 많은 지적이고 영적인 구도자들이 신을 발견하고 있다."[23]

영혼 깊은 곳에서 우리와 연합하시는 분

고려해야 할 중요한 질문들이 있다. 피터 크리프트와 케네스 샘플스는 회의론자들이 제기하는 가장 큰 두 가지 반론, 즉 세상에 고통이 존재한다는 사실과 하나님의 명백한 감추심에 대하여 통찰력 있는 분석을 제공했다. 결국 그 두 가지 장애물 모두 기독교의 진실성을 설득력 있게 제시하는 다른 증거들을 극복하지 못했다. 내 책《특종 믿음 사건》을 집필하기 위해 조사한 적 있는, 기독교에 대한 8가지 반론도 마찬가지였다.[24]

무신론자였을 때, 나는 기독교를 반박하기 위해 단순히 반론을 제기하는 것 이상의 작업이 필요하다는 것을 깨달았다. 위에서 언급한 모든 사실을 더 잘 수용할 수 있는 무신론적 대안을 찾아야 했다. 그러나 무신론은 빅뱅, 우주의 미세조정, 세포 내 생물학적 정보, 객관적인 도덕 가치의 실재, 예수의 부활에 대한 역사적 증거 등을 제대로 설명하지 못했다. 이 모든 것을 설명할 수 있는 유일한 가설은 나사렛 예수를 독생자로 둔 신성한 창조주의 존재뿐이었다.

물론, 하나님의 존재를 뒷받침하는 여러 다른 논거도 있다. 변증가 마크 미텔버그Mark Mittelberg는 저서《확신 있는 믿음Confident Faith》에서 하나님이 실재하며 기독교가 참된 것임을 가리키는 20가지 증거를 검토한다.[25] 철학자 피터 크리프트와 공동 저자인 로널드 타첼리Ronald K. Tacelli는《기독교 변증 핸드북Handbook of Christian Apologetics》에서 하나님의 존재에 대한 20가지 논거를 제시한다.[26]

예를 들어, 세속 과학자들은 인간 의식이 어떻게 자연적으로 진화할 수 있었는지에 대해 신빙성 있는 메커니즘을 제시하지 못했다. 의식은 우리의 성찰, 의지, 감정, 욕망, 기억, 인식, 신념의 원천이다.

철학자 콜린 맥긴은 "진화는 어떻게 생물학적 조직이라는 물을 의식이라는 포도주로 바꿀 수 있었는가?"라고 물었다. "의식은 빅뱅의 결과로 미리 형성된 것이 아니라, 우주에 존재하는 근본적으로 새로운 것처럼 보이는데, 어떻게 이처럼 빅뱅 이전의 것에서 발생할 수 있었을까?"[27]

다윈주의 철학자 마이클 루스도 의식 문제에 대해 "과학적인 해답은 없다"고 솔직하게 인정했다.[28] 반면에 하나님이 실재한다면 인간의 의식은 의미를 갖는다. 케임브리지 대학 출신의 샤론 더크스 Sharon Dirckx는 이렇게 말한다. "항상 존재해온 하나님의 마음이 다른 모든 것을 생겨나게 했다. 성경에서도 인간은 하나님의 형상대로 지어졌다고 하니, 하나님이 마음과 사고, 의식을 가지고 계시기에 우리도 그렇다고 말하는 것이 이치에 맞다."[29]

철학자 J. P. 모어랜드도 이에 동의한다. 그는 인터뷰에서 "의식을 단순히 물리적 뇌로만 환원할 수 없다"라고 말했다. "이는 무신론적 창조론이 부적절하고 거짓임을 의미합니다. 모든 증거를 설명할 수 있는 대안적 설명이 있는데, 그것은 우리의 의식은 더 큰 의식에서 비롯되었다는 것이다."[30] 또한 하나님은 단순한 사실 집합이나 논리적 삼단논법의 정점이 아니라 인격적인 존재인데, 우리가 하나님을 인격적으로 만날 수 있다는 의미이기도 하다.

17세기의 프랑스 철학자 블레즈 파스칼은 이를 강력하게 표현했다. "기독교의 하나님은 단순히 수학적 진리의 창조주가 아니다. 아브라함과 이삭과 야곱의 하나님이시며, 사랑과 위로의 하나님이시다. 그분은 자신이 소유한 사람들의 영혼과 마음을 채우는 하나님이시다. 우리의 비참함과 당신의 무한한 자비를 내적으로 깨닫게 하시는 분이시다. 우리 영혼 깊은 곳에서 우리와 연합하시는 분이시다. 겸손과 기쁨, 확신과 사랑으로 우리 영혼을 채우시어, 다른 어떤 목적도 가질 수 없게 하신다."[31]

아무리 하나님의 실재를 입증하는 증거가 설득력 있다 해도, 그분에 대한 지식만으로는 궁극적 만족을 얻을 수 없다. 우리는 하나님을 인격적으로 만나 체험해야 한다. 그렇기에 진정한 하나님 탐구는 사실과 증거, 논리와 추론, 철학과 과학의 영역에서 시작되지만, 거기서 그치지 않는다. 하나님이 실재하신다면, 우리에게 남은 유일한 적절한 결론은 그분과 개인적 관계, 즉 영원한 관계를 맺는 것이다.

"유물론적 서사가 전부라면 우리의 의미와 목적, 중요성 따위는 창밖으로 내던져버려도 되겠지요"라고 더크스는 내게 말했다. "우리는 풍경에서 한 번의 깜박임에 불과합니다. 우주는 수십억 년이 되었고, 우리는 마지막 1000분의 1초에 등장할 뿐입니다. 우리는 아무 의미도 없는 존재입니다."

하지만 하나님이 실재한다면, 우리의 의미에 확고한 토대가 생긴다. "우리는 그분에 의해 창조되었고 사랑받습니다. 우리 모두가 영원을 갈망하는 이유는 실제로 하나님께서 우리를 영원히 사는 존재로 지으셨기 때문입니다"라고 더크스는 말했다. "하나님은 삼위일체로서 영원 전부터 존재하는 관계적인 존재입니다. 따라서 우리도 그분처럼 관계 속에서 살아가는 존재이지요. 이는 우리가 하나님과 인격적으로 교류할 수 있음을 의미합니다. 우리는 그분을 직접 만나야 합니다. 하나님은 3인칭의 관찰 대상이 아닌, 1인칭으로 체험되어야 할 분입니다."[32]

계속 무신론자로 살아가기엔 믿음이 부족하다

내가 무신론자였을 때, 하나님을 믿지 않는 것이 형이상학적으로 막다른 길이며, 삶의 궁극적 의미나 내세에 대한 희망을 주지 못한다는 사실을 깨달았다. 일부 회의론자들은 이에 대처하는 데 어려움을 겪는다.

《허핑턴포스트》의 스탁 로쉬는 "우울증은 무신론 사회에서 큰 문제이며, 너무나 많은 경우 자살로 이어진다. 이는 많은 동료 무신론자가 인정하고 싶어 하지 않는 사실"[33]이라고 밝혔다.

《미국정신의학저널》에 발표된 연구 결과가 이를 뒷받침한다. "종교적 소속이 없는 피험자가 종교적 소속이 있는 피험자보다 평생 자살을 시도한 횟수가 훨씬 더 많았다. … 뿐만 아니라 종교적 소속이 없는 피험자들은 삶의 이유를 깨닫는 비율도 더 낮았다."[34]

이와 대조적으로 2020년 하버드대 연구진은 종교 예배 참석이 자살, 약물, 알코올로 인한 사망 위험을 크게 낮춘다는 사실을 발견했다. 일주일에 1번 이상 예배에 참석하면 전혀 참석하지 않는 이들에 비해 이른바 '절망에 의한 사망'이 남성은 33%, 여성은 무려 68%나 감소했다.[35]

내 친구이자 저명한 변호사인 W. 마크 래니어는 저서 《무신론 재판Atheism on Trial》에서 신 부재의 세계관이 지니는 함의를 다음과 같이 요약했다.

"1. 인간은 화학 물질 덩어리일 뿐이며 우주의 별똥별이 무작위로 뭉친 잔재물이다. 2. 이 인간 화학 물질 덩어리 일부에서 생각이라는 전기적 상호작용이 일어난다. 3. 이 전기적 반응은 다른 동물과 다르다. 따라서 객관적으로 옳음과 그름을 규정할 수 있는 것은 없다. 우주에는 어떤 화학적·전기적 상호작용이 본질적으로 악하다고 명시된 바가 없다. 선악은 단지 전기적 반응에서 비롯된 꼬리표일 뿐, 화학 물질 덩어리 안의 전기적 충동 그 이상이 아니다. 결론적으로, 어떤 화학 물질 덩어리는 전기적 상호작용을 통해 자신이 다른 덩어리보다 우주적으로 더 중요하다고 '생각'하지만, 결국 모두 우주의 먼지에 불과하다."

그런 다음 래니어는 이를 성경의 신에 기반한 세계관과 대조한다. "1. 우주 너머에는 무한하며 인격적이고 도덕적인 존재, 즉 우주의 존재와 운명에 책임을 지는 '신'이 있다. 2. 인간은 도덕적이며 인격적인 특성을 가진, 하나님의 형상을 반영하는 유일한 생명체다. 3. 인간은 하나님과 인격적인 관계를 맺기 위해 존재한다. 4. 인간은 하나님의 도덕성에 온전히 미치지 못하기 때문에 자체적으로는 완전한 조화를 이루는 관계를 구축할 수 없다. 5. 오직 하나님만이 그분의 공의롭고 도덕적인 성품을 훼손하지 않으면서도 인격적인 관계를 확립할 수 있는 공의로운 메커니즘을 제공할 수 있다. 이러한 관점에서, 옳음과 그름은 하나님의 도덕적 기준에 근거하며, 이는 사람들이 인정하든 하지 않든 간에 의미가 있다. 시사점: 인간은 단순한 우주의 먼지가 아니라, 하나님의 형상을 지닌 존재로서 존엄성과 가치를 지닌다."[36]

대학 교수이자 베스트셀러 작가이며 불가지론자였던 낸시 피어시는 다음과 같은 관점을 제시했다. "기독교는 공허하고 무의미한 우주에 대한 진정한 대안을 제시한다. 기독교는 우리가 혼자가 아니며, 우주는 의미 있고 우리에게는 내재적 가치가 있으며, 성(性)에는 고유한 목적 또는 텔로스(telos, 궁극의 목적)가 있고, 인간 공동체는 실재하며, 객관적인 진리, 선, 아름다움이 존재한다고 말한다. 무엇보다도 우리는 무의미한 우연의 산물이 아니라 사랑의 창조주가 만드신 피조물이다."[37]

내가 보기에 무신론의 치명적인 약점은 과학, 철학, 역사적 증거의 충분한 뒷받침이 부족하다는 점이다. 2년 동안 신앙 문제를 조사하면서 나는 영적 회의주의를 계속 유지하려면 다음 사항을 믿어야 한다는 사실을 깨달았다.

- 무에서 유가 창조된다.
- 미세조정은 우연히 생긴다.
- 무생물이 생명을 낳는다.
- 혼돈이 정보를 생성한다.
- 무의식에서 의식이 나온다.
- 비이성이 이성을 낳는다.

게다가 예수의 부활이 실제로 일어난 역사적 사건임을 강력하게 뒷받침하는 자료들을 무시해야 한다. 솔직히 말해, 나는 무신론자로 계속 살아가기에는 믿음이 부족했다.

하나님은 정말로 있다

궁극적으로 믿음이란, 제기할 수 있는 모든 영적 문제에 완벽하고 완전한 답을 얻어야 갖는 게 아니다. 무엇보다 우리는 삶의 다른 영역에서 그런 수준의 결정적인 증거를 요구하지 않는다. 요점은 우리에게 행하시는 하나님에 대한 증거가 충분히 있다는 것이다. 그것이 중요하다.

믿음은 선택, 의지의 발걸음, 하나님을 인격적으로 알고자 하는 결단과 관련된다. 겸손하게 자신을 내려놓고 이렇게 말하는 것이다. "내가 믿나이다. 나의 믿음 없는 것을 도와주소서!"[38]

고인이 된 철학자 달라스 윌라드가 한번은 내게 이렇게 말했다. "하나님은 하나님을 알고 싶어 하는 사람에게 자신을 드러내십니다."[39] 대학 교수 린 앤더슨Lynn Anderson은 "표면 아래를 긁어보려 한다는 건, 믿을지 혹시 믿지 않을지 어떤 의지가 있다는 뜻이다. 그것이 핵심이다."[40]

그리스도인이 되는 데 지성을 포기할 필요는 없다. 다만 자존심은 내려놓아야 한다. 이기주의와 오만함을 극복하고, 하나님을 향한 마음의 문을 열기 위해 자기애를 넘어서야 한다.

윌라드의 말을 나 자신에게 적용하자면, 가장 큰 문제는 "나는 진정 무엇을 원하는가?"에 있다. 나는 하나님을 인격적으로 알고, 죄책감에서 해방됨을 경험하고, 원래 창조된 방식대로 살고, 내 삶을 통해 하나님이 목적하신 바를 추구하고, 일상에서 그분의 능력을 활용하고, 이생과 영원한 내세에서 그분과 교제하기를 원했는가? 그렇다면 그분에게 "예"라고 응답하는 합리적인 결정을 내릴 만한 증거는 충분했다.

그래서 나는 1981년 11월 8일 오후에 "예"라고 대답했다. 사실상 하나님에게 "당신이 이겼습니다"라고 선언했다. 아내가 이를 명확히 설명하는 성경 구절을 보여주기까지 이제 뭘 어떻게 해야 할지 몰랐다. 요한복음 1장 12절은 "'영접하는' 자 곧 그 이름을 '믿는' 자들에게는 하나님의 자녀가 '되는' 권세를 주셨으니"(강조 추가)라고 말한다.

이 구절은 믿음의 공식을 구체적으로 표현한다. '믿다believe+영접하다receive=되다become.' 나는 증거를 바탕으로 하나님이 실재하고 예수가 그분의 독생자임을 믿었다. 이에 따라, 나는 나의 죄를 인정하고 하나님의 길을 따르기로 한 진심 어린 기도를 통해 죄 사함을 받았고, 이로 인해 하나님의 자녀가 되었다.

그런 순간에 감정이 격앙된다는 사람도 있지만 내 경우는 달랐다. 나는 이성이 더욱 깨어나는 경험이었다. 그 결과 시간이 흐르면서 하나님은 나의 성격, 도덕성, 가치관, 세계관, 태도, 우선순위, 관계를 더 나은 방향으로 바꿔주셨다.

그렇다면 당신의 결론은 무엇인가? 증거가 당신을 어느 길로 인도하고 있는가? 하나님이 정말로 계시고, 예수를 통해 그분을 인격적으로 만나고 경험할 수 있다고 확신하는가? 아니면 아직도 더 많은 증거가 필요한가?

만약 어느 쪽으로 나아가야 할지 확신이 서지 않는다면, 웨일스 철학자 H. H. 프라이스가 제안한 '불가지론자의 기도'를 시도해보는 것도 좋다. "오 하나님, 만약 하나님이 계시다면 제 영혼을 구원해주십시오." 그는 이것을 "경건한 실험"이라고 부르며 "지적으로 정직한 사람은 어디서, 어떻게 시작해야 하는가?"라고 덧붙였다.[41]

나는 당신이 하나님의 존재 여부를 확신할 수 없을 때, 자연과 성경 또는 그분이 선택한 다른 방법을 통해 그분을 드러내 달라고 요청하길 제안한다. 다음과 같은 기도로 이 여정을 시작할 수 있다. "하나님, 하나님이 진정 누구신지 볼 수 있게 눈뜨게 해주신다면, 제 삶을 온전히 열어 드리겠습니다." 구약성경과 신약성경은 전심으로 하나님을 찾는 이들이 그분을 만날 수 있다고 약속한다.[42]

증거가 확보되면, 마치 배심원이 평결을 내리듯, 하나님의 실재를 지지하는 결론에 이를 수 있다. 나처럼 진심 어린 회개와 믿음의 기도를 통해 하나님의 용서와 영생이라는 가치 있는 선물을 받아들여라.

그렇게 함으로써 죽음과 무덤을 이기신 나사렛 예수의 제자로서 인생 최고의 모험을 시작할 수 있다. 시간이 지나면서 당신도 나처럼 예수가 가장 영광스럽고, 가장 아름답고, 가장 빛나고, 가장 사랑 많고, 가장 은혜롭고, 가장 용서가 많은 존재임을 알게 될 것이다.

그는 친절하고, 상냥하고, 격려하고, 오래 참고, 순수하고, 즐거워하고, 무엇보다 정말로 계신다. 그리고 당신을 아들 또는 딸로 영원히 입양하고 싶어 하신다.

친구여, 그것으로 모든 것이 달라진다.

더 깊은 연구를 위한 추천 자료

1장. 우주에는 창조주가 필요하다

Craig, William Lane. The Kalam *Cosmological Argument*. Eugene, OR: Wipf and Stock, 2000.

———. *Reasonable Faith: Christian Truth and Apologetics*. Third edition. Wheaton, IL: Crossway, 2008.

Craig, William Lane, and Quentin Smith. *Theism, Atheism and Big Bang Cosmology*. New York: Oxford University Press, 1993.

Ross, Hugh. *Why the Universe Is the Way It Is*. Grand Rapids: Baker, 2008.

Strobel, Lee. *The Case for a Creator: A Journalist Investigates Scientific Evidence That Points toward God*. Grand Rapids: Zondervan, 2004.

Zweerink, Jeff. *Escaping the Beginning? Confronting Challenges to the Universe's Origin*.

Covina, CA: Reasons to Believe, 2019.

2장. 우주에는 미세조정자가 필요하다

Bussey, Peter. *Signposts to God: How Modern Physics and Astronomy Point the Way to Belief.* Downers Grove, IL: IVP Academic, 2016.

Dembski, William A. *Mere Creation: Science, Faith and Intelligent Design.* Downers Grove, IL: InterVarsity, 1998.

Denton, Michael. *The Miracle of Man: The Fine Tuning of Nature for Human Existence.* Seattle, WA: Discovery Institute, 2022.

Gonzalez, Guillermo, and Jay Wesley Richards. *The Privileged Planet: How Our Place in the Cosmos Is Designed for Discovery.* Washington, DC: Regnery, 2004.

Lewis, Geraint F., and Luke A. Barnes. *A Fortunate Universe: Life in a Finely Tuned Cosmos.* Cambridge, UK: Cambridge University Press, 2016.

Ross, Hugh. *Improbable Planet: How Earth Became Humanity's Home.* Grand Rapids: Baker, 2016.

———. *Designed to the Core.* Covina, CA: Reasons to Believe, 2022.

Strobel, Lee. *The Case for a Creator: A Journalist Investigates Scientific Evidence That Points toward God.* Grand Rapids: Zondervan, 2004.

Wallace, J. Warner. *God's Crime Scene: A Cold-Case Detective Examines the Evidence for a Divinely Created Universe.* Colorado Springs: Cook, 2015.

Ward, Peter, and Donald Brownlee. *Rare Earth: Why Complex Life Is Uncommon in the Universe.* New York: Copernicus, 2000.

3장. 우리의 DNA는 설계자를 요구한다

Campbell, John Angus, and Stephen C. Meyer, eds. *Darwinism, Design, and Public*

Education. East Lansing, MI: Michigan State University Press, 2003.

Laufmann, Steve, and Howard Glicksman. *Your Designed Body*. Seattle, WA: Discovery Institute, 2022.

Meyer, Stephen C. *Darwin's Doubt: The Explosive Origin of Animal Life and the Case for Intelligent Design*. New York: HarperOne, 2014.

————. *The Return of the God Hypothesis: Three Scientific Discoveries That Reveal the Mind behind the Universe*. New York: HarperOne, 2021.

————. *Signature in the Cell: DNA and the Evidence for Intelligent Design*. New York: HarperOne, 2010.

Ruse, Michael, and William Dembski. *Debating Design: From Darwin to DNA*. Cambridge, UK: Cambridge University Press, 2004.

Strobel, Lee. *The Case for a Creator: A Journalist Investigates Scientific Evidence That Points toward God*. Grand Rapids: Zondervan, 2004.

Woodward, Thomas. *Darwin Strikes Back: Defending the Science of Intelligent Design*. Grand Rapids: Baker, 2006.

4장. 부활 사건은 예수가 하나님임을 보여주었다

Baggett, David, ed. *Did the Resurrection Happen? A Conversation with Gary Habermas and Antony Flew*. Downers Grove, IL: InterVarsity, 2009.

Copan, Paul, and Ronald K. Tacelli, eds. *Jesus' Resurrection: Fact or Figment? A Debate Between William Lane Craig and Gerd Lüdemann*. Downers Grove, IL: IVP Academic, 2000.

Craig, William Lane. The Son Rises: Historical Evidence for the Resurrection of Jesus. Eugene, OR: Wipf & Stock, 2000.

Habermas, Gary R., and Michael R. Licona. *The Case for the Resurrection of Jesus*. Grand Rapids: Kregel, 2004.

Johnston, Jeremiah. *Body of Proof*. Minneapolis: Bethany House, 2023.

Licona, Michael R. *The Resurrection of Jesus: A New Historiographical Approach*. Downers Grove, IL: IVP Academic, 2010.

Strobel, Lee. *The Case for Christ: A Journalist's Personal Investigation of the Evidence for Jesus*. Updated and Expanded Edition. Grand Rapids: Zondervan, 2016.

————. *In Defense of Jesus: Investigating Attacks on the Identity of Christ (formerly The Case for the Real Jesus)*. Grand Rapids: Zondervan, 2016.

Swinburne, Richard. *The Resurrection of God Incarnate*. Oxford, UK: Clarendon, 2003.

Wallace, J. Warner. *Cold-Case Christianity: A Homicide Detective Investigates the Claims of the Gospel*. Colorado Springs: Cook, 2013.

Wright, N. T. *The Resurrection of the Son of God*. Minneapolis: Fortress, 2003.

5장. 하나님을 체험하다

Alston, William P. *Perceiving God: The Epistemology of Religious Experience*. Ithaca, NY: Cornell University Press, 1991.

Copan, Paul, and Paul K. Moser, eds. *The Rationality of Theism*. New York: Routledge, 2003.

Davis, Caroline Franks. *The Evidential Force of Religious Experience*. Oxford, UK: Clarendon, 1989.

Groothuis, Douglas. *Christian Apologetics: A Comprehensive Case for Biblical Faith*. Downers Grove, IL: IVP Academic, 2016.

Luhrmann, T. M. *When God Talks Back: Understanding the American Evangelical Relationship with God*. New York: Knopf, 2012.

Netland, Harold. *Religious Experience and the Knowledge of God: The Evidential Force of Divine Encounters*. Grand Rapids: Baker Academic, 2022.

Swinburne, Richard. *The Existence of God*. Second Edition. Oxford, UK: Clarendon, 2004.

6장. 어떤 하나님이 진짜인가?:

진리에 관하여

Beckwith, Francis, and Gregory Koukl. *Relativism: Feet Firmly Planted in Mid-Air.* Grand Rapids: Baker, 1998.

Groothuis, Douglas. *Truth Decay: Defending Christianity against the Challenges of Postmodernism.* Downers Grove, IL: InterVarsity, 2000.

세계관에 관하여

Lanier, W. Mark. *Religions on Trial: A Lawyer Examines Buddhism, Hinduism, Islam, and More.* Downers Grove, IL: InterVarsity, 2023.

Myers, Jeff, and David A. Noebel. *Understanding the Times: A Survey of Competing Worldviews.* Colorado Springs: Cook, 2015.

Nash, Ronald H. *Worldviews in Conflict: Choosing Christianity in a World of Ideas.* Grand Rapids: Zondervan, 1992.

Sire, James. *Naming the Elephant: Worldview as a Concept.* Downers Grove, IL: InterVarsity, 2004.

신론

Baggett, David, and Jerry Walls. *Good God: The Theistic Foundations of Morality.* New York: Oxford University Press, 2011.

Baggett, David, and Marybeth Baggett. *The Morals of the Story: Good News about a Good God.* Downers Grove, IL: IVP Academic, 2018.

Bowman, Robert M. Jr., and J. Ed Komoszewski. *Putting Jesus in His Place: The Case for the Deity of Christ.* Grand Rapids: Kregel, 2007.

Craig, William Lane. *Reasonable Faith: Christian Truth and Apologetics.* Third Edition. Wheaton, IL: Crossway, 2008.

Lanier, W. Mark. *Atheism on Trial: A Lawyer Examines the Case for Unbelief.* Downers Grove, IL: InterVarsity, 2022.

Samples, Ken. *Christianity Cross-Examined: Is it Rational, Relevant, and Good?* Covina, CA: Reasons to Believe, 2021.

Strobel, Lee. *The Case for a Creator: A Journalist Investigates Scientific Evidence That Points toward God.* Grand Rapids: Zondervan, 2004.

계시에 관하여

Blomberg, Craig L. *Can We Still Believe the Bible? An Evangelical Engagement with Contemporary Questions.* Grand Rapids: Brazos, 2014.

Cowan, Stephen B., and Terry L. Wilder. *In Defense of the Bible: A Comprehensive Apologetic for the Authority of Scripture.* Nashville: Broadman & Holman, 2013.

Köstenberger, Andreas J., Darrell L. Bock, and Josh D. Chatraw. *Truth in a Culture of Doubt: Engaging Skeptical Challenges to the Bible.* Nashville: B&H, 2014.

Morrow, Jonathan. *Questioning the Bible: 11 Major Challenges to the Bible's Authority.* Chicago: Moody, 2014.

Roberts, Mark D. Can We Trust the Gospels? Investigating the Reliability of Matthew, Mark, Luke, and John. Wheaton, IL: Crossway, 2007.

Williams, Peter J. Can We Trust the Gospels? Wheaton, IL: Crossway, 2018.

부활에 관하여

Habermas, Gary R., and Michael R. Licona. *The Case for the Resurrection of Jesus.* Grand Rapids: Kregel, 2004.

Johnston, Jeremiah. *Body of Proof: The 7 Best Reasons to Believe in the Resurrection of Jesus—and Why It Matters Today.* Minneapolis: Bethany House, 2023.

Licona, Michael R. *The Resurrection of Jesus: A New Historiographical Approach.* Downers Grove, IL: InterVarsity, 2010.

Samples, Ken. *God Among Sages: Why Jesus Is Not Just Another Religious Leader.* Grand
    Rapids: Baker, 2017.

Strobel, Lee. *In Defense of Jesus: Investigating Attacks on the Identity of Christ.* Grand
    Rapids: Zondervan, 2007.

Wright, N. T. *The Resurrection of the Son of God.* Minneapolis: Fortress, 2003.

복음에 관하여

McKnight, Scot. *The King Jesus Gospel: The Original Good News Revisited.* Revised
    Edition. Grand Rapids: Zondervan, 2016.

Mittelberg, Mark. *The Reason Why: Faith Makes Sense.* Carol Stream, IL: Tyndale, 2011.

Strobel, Lee. *The Case for Grace: A Journalist Explores the Evidence of Transformed Lives.*
    Grand Rapids: Zondervan, 2015.

Wright, N. T. *Simply Good News: Why the Gospel Is News and What Makes It Good.* New
    York: HarperOne, 2015.

7장. 딴지 걸기 1: 하나님이 계신다면, 왜 고통이 있는가?

Dirckx, Sharon. *Why? Looking at God, Evil and Personal Suffering.* Downers Grove, IL:
    IVP, 2021.

———. *Broken Planet: If There's a God, Then Why Are There Natural Disasters and
    Diseases?* Downers Grove, IL: IVP, 2023.

Geisler, Norman. *If God, Why Evil? A New Way to Think about the Question.* Minneapolis:
    Bethany House, 2011.

Jones, Clay. *Why Does God Allow Evil? Compelling Answers for Life's Toughest Questions.*
    Eugene, OR: Harvest House, 2017.

Keller, Timothy. *Walking with God through Pain and Suffering.* New York: Penguin, 2015.

Kreeft, Peter. *Making Sense Out of Suffering.* Ann Arbor, MI: Servant, 1986.

Lewis, C. S. *The Problem of Pain*. Reprint Edition. New York: HarperCollins, 2001.

Meister, Chad. *Evil: A Guide for the Perplexed*. Second Edition. New York: Bloomsbury Academic, 2018.

Orr-Ewing, Amy. *Where is God in All the Suffering?* Charlotte, NC: Good Book, 2020.

Palau, Luis. *Where Is God When Bad Things Happen? Finding Solace in Times of Trouble*. New York: Doubleday, 1999.

Strobel, Lee. *The Case for Faith: A Journalist Investigates the Toughest Objections to Christianity*. Updated and Expanded Edition. Grand Rapids: Zondervan, 2021.

Wright, N. T. *Evil and the Justice of God*. Downers Grove, IL: InterVarsity, 2013.

8장. 딴지 걸기 2: 하나님이 계신다면, 왜 숨어 있는가?

Burnett, Joel S. *Where Is God? Divine Absence in the Hebrew Bible*. Minneapolis, MN: Fortress, 2010.

Green, Adam, and Eleonore Stump, eds. *Hidden Divinity and Religious Belief: New Perspectives*. Cambridge, UK: Cambridge University Press, 2015.

Howard-Snyder, Daniel, and Paul K. Moser, eds. *Divine Hiddenness: New Essays*. Cambridge, UK: Cambridge University Press, 2001.

Rea, Michael C. *The Hiddenness of God*. Reprint Edition. Oxford, UK: Oxford University Press, 2021.

Samples, Kenneth Richard. *Christianity Cross-Examined: Is it Rational, Relevant, and Good?* Covina, CA: Reasons to Believe, 2021.

Schellenberg, J. L. *The Hiddenness Argument: Philosophy's New Challenge to Belief in God*. Reprint Edition. Oxford, UK: Oxford University Press, 2017.

묵상 및 그룹 토의 가이드

개인 묵상이나 다른 사람들과의 토론을 돕기 위해, 더 깊은 생각과 대화로 이끌 수 있는 질문을 정리했다. 성경 공부용은 아니다. 그보다는 이 책에 제시된 증거와 주장, 관점을 깊이 들여다볼 수 있도록 구성한 것이다.

영적 여정에서 어느 단계에 있든, "하나님은 정말 존재하는가?"라는 가장 중요한 질문에 대해 내가 인터뷰한 전문가들의 주장을 분석하고 이해하며 내면화하는 데 이 가이드가 도움이 되기를 바란다.

서론: 하나님의 존재 여부를 찾아서

1. 여기 0은 결연한 무신론자, 5는 회심 시점, 10은 예수님께 온전히 헌신하는 삶을 나타내는 척도가 있다. 기독교에 대한 당신의

현재 상태를 가장 잘 반영하는 숫자는 무엇인가? 그 숫자를 선택한 이유는 무엇인가? 다음 단계로 넘어가려면 무엇이 필요한가?

2. 온라인 검색 엔진에는 1초에 200번 이상, 24시간 내내 하나님에 대한 질문이 쏟아지고 있다. 하나님이 당장 답을 주신다면 하나님에 대해 어떤 질문을 하겠는가? 이 질문을 선택한 구체적인 동기는 무엇인가?

3. 한 조사에 따르면 미국인의 44%가 코로나19 팬데믹 전보다 지금 더 하나님에게 마음을 열고 있다고 응답했다. 당신도 그러한가? 그렇다면 혹은 그렇지 않다면 이유는 무엇인가?

4. 이 책의 서론에는 그리스도에 대한 믿음을 찾았거나 잃은 사람들의 이야기가 간략하게 나온다. 어떤 이야기가 가장 공감되는가? 당신의 영적 여정을 한 문장으로 요약한다면 어떻게 표현하고 싶은가?

5. 코넬 대학교의 진화생물학자 윌리엄 프로빈은 하나님이 실제로 존재하지 않는다면 인류에게 어떤 변화가 찾아올지를 설명한다. 그의 다섯 가지 주장에 당신은 동의하는가? 만약 그 주장들이 사실인 것처럼 삶을 살면 세상은 어떻게 다르게 인식될까?

6. Z세대(1999년부터 2015년 사이에 태어난 세대)는 미국에서 최초의 포스트 크리스천 세대post-Christian generation로 간주된다. 이 세대에서 그리스도인 비율이 가장 낮은 이유는 무엇인가? 또한 무신론자라고 답한 비율이 노인보다 두 배나 많은 이유는 무엇일까? 이 현상에 영향을 미치는 사회적 혹은 심리적 요인은 무엇이라고 생각하는가?

7. 철학자 더글라스 그로타이스는 모든 사람이 초월적인 영광에

대한 깊은 갈망을 가지고 있다고 말했다. 당신도 그러한가? 그리고 그 경험은 어떤 형태로 나타났나?

8. 이 책의 서론에서는 신이 실재하는지 알아보기 위한 탐구를 시작할 때, 다음과 같이 기도할 것을 제안한다. "하나님, 당신이 누구신지 볼 수 있게 눈을 뜨게 해주신다면, 제 삶을 드리겠습니다." 그렇게 할 의향이 있는가? 그렇지 않다면 어떤 장애 요인이 있는가? 기도할 마음이 있다면, 하나님이 응답하실 것이라고 얼마나 확신하는가?

1장. 우주에는 창조주가 필요하다

1. 어둠이 내려앉은 밤하늘을 수놓는 별빛이나 우주 망원경으로 포착된 신비로운 우주의 모습들을 볼 때 어떤 감정이 드는가?

2. 영국 최고의 양자중력 전문가로 불리는 천체물리학자 C. J. 아이샴은 "최고의 논쟁은 아마도 … 빅뱅이 유신론을 뒷받침한다는 점이 일부 무신론 물리학자들의 심기를 건드린다는 것이다"라고 말했다. 이러한 발언은 과학자들이 증거에 따라 자신의 세계관을 형성하는 데 어떤 영향을 미치는가?

3. 칼람 우주론적 논증에서 제기하는 첫 번째 전제, 즉 시작하는 모든 것에는 원인이 있다는 주장에 고개를 끄덕일 수 있는가? 어떤 원인도 없이 발생한 현상을 상상할 수 있는가? 윌리엄 레인 크레이그가 제시하는 '원인 없는 우주의 생성' 가능성에 대한 설명은 충분히 타당한 편인가?

4. 칼람 논증의 두 번째 전제는 우주가 존재하기 시작했다는 것이다. 우주가 과거의 어느 시점에 시작되었다는 주장을 수학과 우

주론의 증거들이 충분히 뒷받침한다고 생각하는가? 그렇다면 혹은 그렇지 않다면 그 이유는 무엇인가?

5. 칼람 논증은 두 전제가 참이라면 우주에 원인이 있다고 결론 내리는 것이 논리적이라고 말한다. 다른 결론으로 이끌 만한 다른 이론이 있다면, 그것은 무엇인가?

6. 크레이그는 우주의 시작에 대해 몇 가지 특성을 제시한다. "공간과 시간의 원인은 그 자체로 원인이 없고, 시작이 없으며, 시간과 공간을 초월하고, 비물질적이며, 자유 의지와 엄청난 힘을 지닌 인격적 존재여야 한다." 우주의 원인이 인격적 존재여야 한다는 주장에 어느 정도 설득력을 느끼는가?

7. 빌 브라이슨의 다음과 같은 발언은 어떻게 평가하는가? "무에서 유를 창조한다는 것은 불가능해 보인다. 하지만 한때 아무것도 없었으나 지금은 드넓은 우주가 펼쳐져 있다는 사실은 그런 일이 가능하다는 분명한 증거가 된다." 이 말이 이해되는가? 그 이유는 무엇인가?

2장. 우주에는 미세조정자가 필요하다

1. 《뉴욕타임스》 기사에 따르면, 일부 물리학자들은 "자연을 설명하는 길을 우연이나 창조주의 변덕에 의존하지 않고 수학적인 데서 찾는 것이 그들의 사명이라고 생각한다". 하지만 물리학자 로빈 콜린스는 "사실에 부합한다면 신 가설God hypothesis에서 물러서서는 안 된다"라며 이에 동의하지 않는다. 당신의 생각을 가장 잘 대변하는 입장은 무엇인가?

2. 콜린스는 우주의 미세조정 증거가 "지금까지 신의 존재를 보여

주는 가장 설득력 있는 주장"으로 널리 알려져 있다고 평가한
다. 개인적으로 그 증거를 어떻게 생각하는가? 어떤 사실이 가
장 설득력 있어 보이는가?

3. 마이클 스트라우스는 물리학에서 발견된 정밀하게 균형 잡힌
   매개변수들이 우연의 결과일 수 있다고 설명한다. 당신은 어떻
   게 생각하는가? 그렇다면 혹은 그렇지 않다면 그 이유는 무엇
   인가?

4. 일부 과학자들은 아직 발견되지 않은 '모든 것의 이론'이 어떤
   식으로든 물리학의 매개변수들이 정확한 값을 갖도록 요구할
   수 있다고 믿는다. 반면, 다른 과학자들은 이를 창조주 존재의
   또 다른 증거로 본다. 어느 입장이 더 설득력 있어 보이는가?
   그 이유는 무엇인가?

5. 당신은 우리 우주가 현존하는 유일한 우주라고 믿는가? 아니면
   다른 우주도 존재한다고 생각하는가? 당신의 믿음을 뒷받침하
   는 구체적인 증거는 무엇인가? 여러 우주가 존재하더라도 우주
   가 창조되려면 지능적으로 설계된 메커니즘이 반드시 존재해야
   한다는 의견에 대해서는 어떻게 평가하는가?

6. 천문학자 휴 로스는 성경 고대 기록이 현대 우주론의 발견과 어
   떻게 일치하는지 몇 가지를 지적한다. 그는 이렇게 말한다. "성
   경은 시간 자체를 포함해 물리적 실재의 초월적 시작에 대해 말
   하고 있습니다창 1:1, 요 1:3, 골 1:15-17, 히 11:3. 지속적인 우주 팽창
   또는 '펼침'욥 9:8, 시 104:2, 사 40:22, 45:12, 렘 10:12에 대해서도 말합
   니다. 불변의 물리 법칙렘 33:25에 대해서도 언급하는데, 그중
   어디서나 볼 수 있는 열역학 제2법칙인 쇠락의 법칙전 1:3-11, 롬

8:20-22이 포함되지요. 이러한 설명은 20세기까지 널리 받아들여졌던 영구적이고 정적인 우주에 대한 고대의 가정과는 대조적입니다." 로스의 관찰에 대해 어떻게 생각하는가?

7. 우주 연구의 저명한 선구자인 존 오키프는 증거를 통해 "우주는 인간이 살기 위해 창조되었다"라는 결론을 내렸다고 말했다. 그의 말이 맞다고 가정해보자. 하나님이 지구를 창조하고 인류를 포함해 자신이 설계한 피조물로 지구를 채우도록 동기를 부여한 이유가 무엇이었을까? 이는 당신에게 개인적으로 어떤 의미가 있는가?

8. 무신론자였던 패트릭 글린은 자신이 신을 믿게 된 이유 중 하나로 물리학의 여러 증거를 들었다. 신이 실재한다는 결론에 도달하려면 그 증거가 얼마나 설득력이 있어야 하는가? 우주론과 물리학의 첫 두 장에서 제시된 증거는 이 시험을 만족시킬 수 있는가?

3장. 우리의 DNA는 설계자를 요구한다

1. 과학작가 조지 심 존슨은 이렇게 말했다. "인간의 DNA는 브리태니커 백과사전보다 더 체계적인 정보를 담고 있다. 만약 이 백과사전의 내용이 우주에서 컴퓨터 코드로 전달되었다면, 대다수 사람은 이를 외계 지능 생명체의 존재를 입증하는 증거로 받아들일 것이다. 그러나 자연 상태에서 발견되니 (다윈주의자들은) 이것을 무작위적인 힘의 작용으로 설명하려고 한다." 이 추론에 대해 어떻게 생각하는가?

2. DNA 정보의 기원은 지적 원인으로 설명할 때 가장 깔끔하다는

논지를 스티븐 마이어가 제대로 옹호했는지 평가한다면, 그에게 몇 점을 주겠는가? 그 이유를 두세 가지 정도 말해보라.

3. 과학계에서는 생명의 기원에 대한 우연의 가능성을 대체로 배제하고 있지만, 여전히 대중에게는 이 관점이 강력하게 퍼져 있다. 생명이 우연히 조합되었다는 가설에 대해 어떻게 평가하는가? 우연을 믿는 것은 "자연주의적 기적"을 주장하는 것과 같다는 마이어의 결론에 동의하는가, 동의하지 않는가?

4. 빌 게이츠는 DNA가 소프트웨어 프로그램과 비슷하지만, 우리가 만든 그 어떤 것보다 훨씬 더 복잡하다고 말했다. 마이어와의 인터뷰에 따르면, 이 비유는 타당한가, 아니면 오해를 불러일으키는가? 당신의 결론은 무엇인가?

5. 마이어는 또 다른 두 번째 시나리오, 즉 자연 선택이나 자기 조직화 경향이 생명의 기원을 설명할 수 있다는 시나리오도 비판했다. 그의 분석에 비추어 볼 때, 이들 가능성 중에 어느 것이 타당하다고 보는가? 그 이유는 무엇인가? DNA의 복잡한 화학 정보는 오직 지적 존재만이 만들어낼 수 있다는 마이어의 주장에 대해 어떻게 생각하는가?

6. 학교에서 원시 지구의 '원시 생명체 수프' prebiotic soup에서 생명이 시작되었다고 배웠을 것이다. 하지만 이를 뒷받침할 확실한 증거가 부족하다는 사실을 알게 되었을 때 어떤 반응이 들었는가? 놀라움, 실망, 혼란 등 자신의 반응과 그 이유를 설명해 보라.

7. 생물학자 마이클 베히는 생명의 지적 설계를 주장할 때, "단순히 동의하지 않을 뿐 아니라 펄쩍펄쩍 뛰고 얼굴이 벌게지는" 반응을 보이는 사람이 있다고 말했다. 이 문제가 왜 그렇게 많

은 논란을 불러일으킨다고 보는가? 이 문제에 대해 당신은 어떻게 느끼는가? 그 이유는 무엇인가?

4장. 부활 사건은 예수가 하나님임을 보여주었다

1. 신학자들은 예수의 부활 없이는 기독교가 존재할 수 없다고 믿는다. 사도 바울은 고린도전서 15장 17절에서 예수가 죽은 자 가운데서 다시 살아나지 않았다면 "너희의 믿음도 헛되〔다〕"라고 썼다. 왜 그런가? 그리스도인에게 부활의 진리가 양보할 수 없는 핵심인 이유는 무엇일까?

2. 역사가들은 기적과 같은 현상을 실증적으로 규명하기 어렵다는 불가지론자 바트 어만의 주장에 대해 어떻게 반론하겠는가? 역사가들이 부활을 합법적으로 조사할 수 있다고 보는가? 역사적으로 당신이 찾을 수 있는 증거는 무엇인가? 역사의 어떤 사실을 통해 예수가 죽음에서 부활했음을 확신할 수 있는가?

3. 역사학자 마이클 리코나는 예수의 부활을 주장할 때 동료 게리 하버마스가 "최소한의 사실 접근법"이라고 부른 방식을 사용했다. 이것을 어떻게 설명하겠는가? 대다수 역사가뿐 아니라 회의주의자들에게도 받아들여지는 강력한 사실을 기반으로 신뢰할 만한 결론에 도달할 수 있다고 생각하는가?

4. 최소한의 사실 중 첫 번째는 예수가 십자가에 못 박혀 죽었다는 것이다. 리코나는 예수의 십자가 죽음이 "고대 역사상 그 어떤 일만큼이나 확고한 사실"이라고 말했다. 그의 증거를 읽은 후, 예수가 십자가에 못 박혔지만 겨우 목숨을 부지했고, 기절했다가 무덤의 서늘하고 습한 공기를 맞으며 깨어났을 것이라고 가

설을 제시하는 사람에게 뭐라고 설명하겠는가?

5. 리코나가 말하는 두 번째 최소한의 사실은, 예수가 부활해 자신들에게 나타났다고 제자들이 믿었다는 것이다. 그는 그런 결론을 뒷받침하는 몇 가지 역사적 자료를 나열한다. 그 자료의 신빙성을 어떻게 평가하는가? 설득력이 부족해 보이는 것이 있는가? 어떤 자료가 특히 설득력이 있다고 보는가?

6. 모든 종교에는 개종자가 있지만, 리코나는 교회를 박해하던 사울과 예수의 형제 야고보의 회심을 그들이 부활한 그리스도를 진짜 만난 증거로 보았다. 이들의 회심이 중요한 이유는 무엇일까? 증거로서의 무게는 어느 정도인가? 야고보의 회심에 관해 윌리엄 레인 크레이그가 던진 질문에 어떻게 답하겠는가? "당신의 형제가 신이라는 것을 확신하려면 무엇이 필요할까?"

7. 리코나는 예수의 무덤이 비어 있었다고 믿는 세 가지 이유, 즉 예루살렘 요인, 적들의 증언, 여성들이 빈 무덤을 발견한 것에 따른 당혹감을 제시한다. 이 세 요소를 설득력 순으로 어떻게 배열하겠는가? 이 요인들만으로 부활 첫날 아침 예수의 무덤이 비어 있었음을 확신할 수 있을까? 그렇다면 혹은 그렇지 않다면 그 이유는 무엇인가?

8. 종합해볼 때, 다섯 가지 최소한의 사실들은 예수가 실제로 죽음에서 부활했고, 따라서 하나님의 독생자임을 증명하기에 충분하다고 생각하는가? 다섯 가지 사실 중 당신에게 가장 의미 있게 다가오는 것은 무엇인가? 그 이유는 무엇인가? 부활이 실제로 일어난 역사적 사건이라면 세상에 어떤 의미가 있는가? 당신의 삶에는 어떤 의미가 있는가?

5장. 하나님을 체험하다

1. 살아오면서 오직 하나님의 역사하심으로만 설명할 수 있는 체험을 해본 적이 있는가? 그때 상황을 설명해보라. 그 사건이 신앙에 어떤 영향을 미쳤는가?

2. 리처드 스윈번이 제안한 '수용의 원칙'과 해롤드 네틀랜드의 '비판적 신뢰 접근법'에 대해 어떻게 생각하는가? 종교적 체험의 진정성을 판단할 때, 이 원칙들이 유용하다고 보는가? 그렇다면 혹은 그렇지 않다면 이유는 무엇인가? 다른 평가 기준으로는 무엇이 있을까?

3. 영적 체험이 개인에게 미치는 영향은 인정하지만, 타인의 체험담도 영향력이 있다고 생각하는가? 다른 사람의 이야기를 들을 때 어떻게 반응하는가? 회의적으로 듣는 편인가, 아니면 수용적인가? 그 이유는 무엇인가?

4. 회의론자들은 종교적 체험이 단지 소망이 이뤄지는 것에 불과하다고 보지만, 더글라스 그로타이스는 이에 반대하는 시각을 제시한다. 종교적 체험의 실제성에 대한 이 두 견해 중 어느 쪽이 더 설득력 있다고 보는가? 모든 종교적 체험은 비논리적일 수밖에 없다고 주장하는 회의론자에게 뭐라고 답하겠는가?

5. 몰몬교 선교사가 몰몬경을 읽고 '가슴이 뜨거워지는 느낌'이 있는지 확인해보라고 권한다면 어떻게 대응하겠는가? 어떤 생각이 들 것 같은가?

6. 성경은 그리스도를 따르는 이들이 위로, 인도, 부르심, 평안 등의 방식으로 하나님을 체험하게 될 것이라고 말한다. 이러한 체험을 통해 도움을 받은 적이 있는가? 그때의 경험을 설명해보

라. 그러한 감정이 예수 그리스도에게서 온 것임을 확신하는가? 그 이유는 무엇인가?

7. 그로타이스는 하나님 체험만으로 그분의 존재를 증명하기에 충분하지 않다며, 다른 증거도 함께 고려해야 한다고 말한다. 지금까지의 하나님에 대한 증거 중 어떤 것이 가장 설득력 있었는가? 우주론적 논증, 우주의 미세조정 증거, 우리 몸의 생물학적 정보, 예수 부활의 역사적 자료 중에서 가장 당신에게 설득력이 있었던 것은 무엇이었는가? 그 이유는?

6장. 어떤 하나님이 진짜인가?

1. 이번 장을 처음 접했을 때, 당신은 대체로 회의적인 태도를 가지고 있었는가, 혹은 영적으로 열린 마음이었는가, 아니면 이미 확고한 믿음을 가진 상태였는가? 읽고 난 후, 당신의 신념에 변화가 있었다면, 그 변화는 어떤 면에서 일어났는가?

2. 채드 마이스터는 상반된 믿음을 가지고 있지만 신뢰할 만한 사람들을 만난 후로 기독교를 의심하는 시기를 겪었다. 당신도 믿음에 의심을 품은 적이 있는가? 무슨 일이 있었는가? 그런 일을 어떻게 겪어냈는가? 어떤 해결책을 찾았는가?

3. 마이스터의 변증 피라미드 개념이 이해되는가? 이 피라미드가 탐구해야 할 중요한 문제들을 다루고 있다고 느껴지는가? 당신에게 가장 중요한 단계는 어디였고, 그 이유는 무엇인가?

4. 본디오 빌라도는 "진리가 무엇이냐"라는 유명한 질문을 던졌다. 이 질문에 당신은 뭐라고 대답하겠는가? 마이스터와의 인터뷰를 읽기 전과 지금의 대답에는 변화가 있었는가?

5. 마이스터는 하나님을 믿는 세 가지 이유로 우주의 기원, 우주의 미세조정, 객관적인 도덕의 존재를 제시했다. 이러한 주장이 어떤 면에서 설득력이 있다고 보는가?

6. 성경과 코란은 상충되는 주장을 펼친다. 이 가운데 기독교 관점에서 목격자의 역할은 얼마나 중요하다고 보는가? 외부 자료로 기독교를 입증하는 것이 중요하다고 여기는가? 1에서 10까지의 척도(1은 완전한 회의주의, 10은 성경을 전적으로 신뢰)에서 당신은 어디쯤 있는가? 그 이유는?

7. 철학자 리처드 퍼틸은 기적을 하나님의 능력으로 일어난 사건으로 정의하며, 하나님이 역사 속 개입을 드러내기 위해 자연법칙에 일시적 예외를 두신 것으로 해석했다. 살면서 기적 외에 달리 설명할 수 없는 경험을 한 적이 있는가? 구체적으로 어떤 경험이었나? 그것이 당신에게 미친 영향은 무엇인가?

8. 마이스터 피라미드의 최고 단계는 복음이다. 예수님이 왜 '우리 죄를 위해' 죽으셨는지 질문을 받는다면 뭐라고 대답하겠는가? 마이스터가 묘사한 하나님 나라가 매력적으로 들리는가? 이 시점에서 하나님이 정말로 계시고 그분과 영원히 함께할 것이라는 확신이 드는가?

7장 딴지 걸기 #1: 하나님이 계신다면, 왜 고통이 있는가?

1. 고통과 아픔이 너무 커서 사랑의 하나님이 정말 있는지 의문을 품게 된 적이 있는가? 어떤 상황이었는가? 어떤 감정을 경험했는가? 그 경험이 영적 관점에 어떠한 변화를 가져왔는가? 문제 해결의 실마리를 찾았는가, 아니면 여전히 신앙 여정에 방해가

되고 있는가?

2. 철학자 피터 크리프트가 말한 바와 같이, 성경은 하나님을 찾는 자가 하나님을 만날 것이라고 말씀한다. 당신은 진심으로 하나님을 찾고 있는가? 어떤 방식으로 찾았고, 그 과정에서 어떤 진전을 경험했는가?

3. 피터 크리프트가 말하는 '악의 존재가 오히려 하나님 증거가 될 수 있다'는 주장을 어떻게 이해하는가? 그의 견해가 신빙성 있다고 생각하는가? 그렇다면 혹은 그렇지 않다면 그 이유는 무엇인가?

4. 크리프트는 "우리보다 훨씬 더 고통스러운 환경에서 살아온 인류의 90% 이상이 어떻게 신을 믿을 수 있었을까요?"라는 질문을 제기한다. 당신은 뭐라고 대답하겠는가?

5. 나는 크리프트에게 어떻게 그리스도인들이 다음 다섯 가지를 믿을 수 있는지 물었다. "첫째, 하나님은 계신다. 둘째, 하나님은 온전히 선하시다. 셋째, 하나님은 전능하시다. 넷째, 하나님은 온전히 지혜로우시다. 다섯째, 악은 존재한다." 그리고 이 모든 진술이 동시에 참일 수 있는지 물었다. 그는 어떻게 대답했는가? 그의 답변이 만족스러운가? 어떤 부분이 부족했는가, 아니면 충분했는가?

6. 크리프트는 하나님이 우주에서 일어날 수 있는 최악의 일, 즉 하나님 아들의 죽음을, 우주에서 일어날 수 있는 최선의 일, 즉 그를 따르는 모든 이들에게 천국이 열리는 일로 바꾸셨다고 말했다. 이 사건이 당신의 삶 속 고통을 받아들이는 데 어떤 도움이 되었는가?

7. 한 대목에서 크리프트는 이렇게 말했다. "우주는 영혼을 만드는 장치이며, 제작 과정의 일부에는 어렵고 힘들며 고통스러운 경험을 통해 배우고 성숙하고 성장하는 과정이 들어 있지요. 세상을 살아갈 때 중요한 것은 안락함이 아니라 영원을 위한 훈련과 준비입니다. 예수도 '고난으로 순종함을 배[우셨다]'고 성경은 말합니다. 예수도 그랬는데 하물며 우리는 더욱 그래야 하지 않을까요?" 이 의견을 어떻게 생각하는가?

8. 이번 인터뷰로 고통에 관한 전반적 관점에 무슨 변화가 생겼는가? 크리프트는 악과 고통의 실재가 하나님의 존재를 긍정적으로 보여주는 증거를 부정하지 않는다고 강조했다. 하나님이 계시다는 이성적 결론에 다다른 후에도, 하나님이 고통을 허락하시는 이유에 대한 만족할 만한 해답을 찾기란 여전히 쉽지 않은가?

8장 딴지 걸기 #2: 하나님이 계신다면, 왜 숨어 있는가?

1. 하나님께 개인적으로 말씀을 더 듣고 싶을 때, 하나님이 침묵하여 좌절하거나 화가 난 적이 있는가? 어떤 상황이었는가?

2. 켄 샘플스는 투수와 포수 비유를 사용해 하나님의 감추심 문제를 분석한다. 당신은 어떻게 생각하는가? 하나님의 침묵은 투수(하나님)의 문제인가, 아니면 포수(우리)의 문제인가? 아니면 둘 다의 문제인가? 그렇게 생각하는 이유는 무엇인가?

3. 과거에는 홍해를 가르셨을 때처럼 하나님이 자신의 존재를 쉽게 드러내신 때가 있었다. 그럼에도 고대 이스라엘은 여전히 반역의 길을 갔다. 오늘날 하나님이 자신을 더 분명하게 드러내

신다면 상황이 달라질 것이라고 보는가? 그렇다면 혹은 그렇지 않다면 그 이유는 무엇인가?

4. 로마서는 하나님이 존재하심을 인간이 알 수 있는 충분한 증거가 자연에 있다고 말하지만, 우리는 그 진리를 억누르고 다른 길을 걷는 경향이 있다. 당신은 그것이 사실이라고 믿는가? 우리에게 그런 경향이 있는 이유는 무엇인가?

5. 겉으로 드러나지 않는 하나님의 존재가 실제로 사람들에게 긍정적인 영향을 미칠 수 있는가? 어떻게 그러한가? 이런 경우를 몇 가지 들어볼 수 있는가?

6. 철학자 J. P. 모어랜드는 "하나님은 사람들이 그분의 존재를 알 수 있을 만큼 충분히 드러내면서도, 하나님을 무시하려는 이들이 그렇게 할 수 있도록 자신을 감추시는데, 그 사이에서 절묘한 균형을 잡고 계신다. 인간의 운명 선택은 이처럼 진정으로 자유롭다"라고 했다. 그의 말을 어떻게 보는가?

7. 철학자 마이클 레이는 하나님의 침묵은 그분이 선호하는 소통 방식의 표현일 수 있으며, 우리는 하나님의 침묵을 부재로 경험해서는 안 된다고 분석했다. 이 주장을 책임 회피용으로 보는가, 아니면 적절한 지적으로 보는가?

8. 하나님의 전지전능하심에 비추어 볼 때, 최대한 많은 사람이 하나님과 구원 관계를 맺기 위해서는 어느 정도로 자신을 계시해야 하는지 하나님이 정확히 아신다고 볼 수 있지 않은가? 그렇게 본다면 혹은 그렇지 않다면 그 이유는 무엇인가?

결론: 진짜 하나님과의 만남

1. 메리 조 샤프는 위선하는 그리스도인들을 만나면서 신앙의 위기를 경험했다. 입으로는 그리스도인이라고 고백하지만 예수님이 지지하지 않을 방식으로 행동하는 사람을 만난 적이 있는가? 그들을 어떻게 대했는가? 어떤 면에서 자신의 믿음에 의문을 품게 되었는가? 이 문제에 대한 해결책을 찾았는가?

2. 옥스퍼드 대학에서 훈련받은 인류학자 T. N. 루어만은 신앙이 우리 삶에 미칠 수 있는 긍정적인 영향에 대해 얘기했다. 하나님에 대한 믿음 유무가 당신의 일상에 어떤 영향을 미쳤는가? 신체적, 정서적 또는 심리적 건강에 구체적인 영향을 미쳤는가? 어떻게 영향을 미쳤는가?

3. 결론에서는 이 책에서 다룬 기독교에 대한 긍정적인 증거를 요약한다. 우주의 기원, 우주의 미세조정, 생물학적 정보, 부활, 하나님과의 개인적인 체험, 도덕적 논증 중 어떤 범주가 가장 설득력 있다고 보는가? 그것을 가장 중요하게 여기는 이유는 무엇인가?

4. 하나님이 실재한다는 증거의 또 다른 범주로 인간 의식이 언급된다. 의식은 어떤 방식으로 인격적인 하나님에 대한 믿음을 뒷받침하는가? 의식의 존재가 하나님에 대한 설득력 있는 논거가 될 수 있다고 보는가?

5. 나 자신의 영적 여정에서 무신론을 고수하려면, 무에서 유가 창조되고, 미세조정이 우연히 일어나고, 무생물에서 생명이 나오고, 혼돈이 정보를 만들어내고, 무의식에서 의식이 생겨나며, 비이성이 이성을 낳는다고 믿어야 함을 깨달았다. 이것은 공정

한 평가인가? 이 중에서 가장 믿기 어려운 것은 무엇이며, 그 이유는 무엇인가?

6. 달라스 윌라드는 "하나님은 하나님을 알고 싶어 하는 사람에게 자신을 드러내신다"라고 말했다. 이 말이 이해되는가? 윌라드의 말을 자신에게 적용해보라. 당신은 무엇을 원하는가? 믿고자 하는 의지가 있는가? 당신의 가장 큰 영적 소망은 무엇인가?

7. 요한복음 1장 12절에는 믿음의 공식이 담겨 있다. '믿다+영접하다=되다.' 아직 하나님이 실재하시고 예수님이 그분의 독생자임을 믿지 않는다면 구도자의 기도를 해보라. "하나님, 하나님이 진정 누구신지 볼 수 있게 눈뜨게 해주신다면, 제 삶을 온전히 내어 드리겠습니다." 영적 답을 찾기 위해 추가로 어떤 단계를 밟을 계획인가? 어떻게 계속해서 하나님에 관한 진리를 추구할 계획인가?(두 가지 아이디어가 있다. 추천 도서 읽기, 바람직한 지역교회 찾아가기)

8. 하나님이 실재하시고 예수님이 당신의 죄를 위해 죽으신 그분의 아들임을 믿는다면, 당신은 용서와 영생이라는 그분의 선물을 값없이 받아들였는가? 그렇다면 무슨 일이 있었는지 설명해보라. 그 경험은 감정에 휩쓸린 것이었는가, 아니면 이성을 따른 것이었는가? 아직 그 단계를 밟지 않았다면, 지금 바로 회개와 믿음의 기도를 해보지 않겠는가? 그럴 경우 무엇을 기대할 수 있는가? 하나님의 은혜로 한 걸음 내딛는다면, 누구에게 가장 먼저 그 사실을 전하고 싶은가? 그 이유는 무엇인가?

감사의 말

이 책은 저자 혼자만의 작품이 아니라 많은 이들의 협력으로 탄생했다. 존더반 출판사의 마이크 브릭스와 안젤라 구즈만은 "하나님은 정말로 있는가?"라는 질문에 대한 온라인 검색이 많다는 점에 주목하고 이 주제를 다루자고 제안했으며, 나는 그 제안에 공감하여 이 책을 집필하게 되었다. 두 사람의 통찰력과 창의성에 진심으로 감사드린다.

또한 웹스터 욘스, 폴 패스터, 더크 부어스마, 앨리샤 메이 카센을 비롯한 존더반 직원 모두와 편집, 마케팅, 영업, 제작 분야의 많은 이들에게 큰 빚을 지고 있다. 지난 수년간 존더반과 수십 개의 프로젝트를 함께 진행하며 재능 있고 헌신적인 팀과 일할 수 있어 기뻤다. 저작권 대리인 돈 게이츠, 친구이자 동역자인 마크 미텔버그, 그리고 인터뷰에 응해준 모든 학자들에게도 감사를 전한다. 아내 레슬리가 나의 불규칙한 근무 시간과 잦은 출장을 이해해준 것도 잊을 수 없다.

무엇보다 하나님의 사랑과 은혜를 전할 또 다른 기회를 주신 하나님께 감사드린다. 모든 이에게 하나님이 실제로 존재하시며 그분을 개인적으로 영원히 알아갈 수 있다는 사실을 알리는 것보다 더 중요한 일은 없다.

미주

서론

1. "Searching for God: How to Optimize Your Search Results for Biblical Accuracy," incmedia.org, https://incmedia.org/searching-for-god-how-to-optimize-your-search-results-for-biblical-accuracy. 접속일 June 24, 2023.

2. Phillip E. Johnson, *Darwin on Trial*, 2nd ed. (Downers Grove, IL: InterVarsity, 1993), 126–127을 보라.

3. Lydia Saad and Zach Hrynowski, "How Many Americans Believe in God," Gallup, June 24, 2022, https://news.gallup.com/poll/268205/americans-believe-god.aspx에서 인용됨.

4. David Kinnaman, "Rising Spiritual Openness in America," Barna Research, January 18, 2023, www.barna.com/research/rising-spiritual-openness에서 인용됨.

5. Leonardo Blair, "Most Millennials Like Jesus and the Bible, but 30% Identify as LGBT: Study," *Christian Post*, November 4, 2021, www.christianpost.com/news/30-of-

millennials-identify-as-lgbt.html. 이 연구에서는 밀레니얼 세대를 1984~2002년에 태어난 세대로 규정한다.

6. "Atheism Doubles among Generation Z," Barna Research, January 24, 2018, www.barna.com/research/atheism-doubles-among-generation-z.

7. "Youth Behavior Survey: Data Summary and Trends Report, 2011-2021," Centers for Disease Control and Prevention, 2023, www.cdc.gov/healthyyouth/data/yrbs/pdf/YRBS_Data-Summary -Trends_Report2023_508.pdf, 접속일 June 24, 2023.

8. Greg Stier, "A Jesus Revolution Youth Group," Greg Stier.org, March 16, 2023, https://gregstier.org/a-Jesus-revolution-youth-group.

9. Stier, "Jesus Revolution."

10. Adam MacInnis, "Study: Gen Z Wants to Know More about Jesus," *Christianity Today*, October 26, 2022, www.christianitytoday.com/news/2022/october/gen-z-barna-research-survey-christian-faith-jesus.html에서 인용됨.

11. John Blake, "Predictions about the Decline of Christianity in America May Be Premature," CNN, April 8, 2023, www.cnn.com/2023/04/08/us/christianity-decline-easter-blake-cec/index.html을 보라. "Modeling the Future of Religion in America," Pew Research Center, September 13, 2022, www.pewresearch.org / religion/2022/09/13/modeling-the-future-of-religion-in-america도 보라.

12. Ricky Gervais, "Why I'm an Atheist," *Wall Street Journal*, December 19, 2010, www.wsj.com/articles/BL-SEB-56643.

13. Lee Strobel, *The Case for Miracles: A Journalist Investigates Evidence for the Supernatural* (Grand Rapids: Zondervan, 2018), 39-46을 보라. 《기적인가 우연인가》(두란노, 2018 역간)

14. Lee Strobel, *The Case for Faith: A Journalist Investigates the Toughest Objections to Christianity*, rev. ed. (Grand Rapids: Zondervan, 2021), 1-15, 297-298을 보라. 《특종 믿음 사건》(두란노, 2011 역간)

15. Lee Strobel, *Finding the Real Jesus: A Guide for Curious Christians and Skeptical Seekers* (Grand Rapids: Zondervan, 2008), 32-47을 보라. 《리 스트로벨의 예수 그리스도》(두란노, 2009 역간). 2007년에 작고한 브루스 메츠거와의 인터뷰 전문을 보려면, Lee Strobel, *The Case for Christ: A Journalist's Personal Investigation of the Evidence for*

Jesus, rev. ed. (Grand Rapids: Zondervan, 2016), 58-77을 참조하라. 《예수는 역사다》(두란노, 2021 역간)

16. Bart D. Ehrman, *God's Problem: How the Bible Fails to Answer Our Most Important Question—Why We Suffer* (New York: HarperOne, 2008), 3. 《고통, 인간의 문제인가 신의 문제인가》(갈라파고스, 2016 역간); Randy Alcorn, "A Case Study: Bart Ehrman, a 'Christian' Who Lost His Faith," *Eternal Perspectives Ministry*, April 15, 2020, www.epm.org/resources/2020/Apr/15/case-study-bart-ehrman도 보라.

17. Alisa Childers, *Another Gospel? A Lifelong Christian Seeks Truth in Response to Progressive Christianity* (Wheaton, IL: Tyndale Elevate, 2020), 24.

18. Alisa Childers, "Why We Should Not Redeem 'Deconstruction,'" *Gospel Coalition*, February 18, 2022, www.thegospelcoalition.org/article/redeem-reconstruction.

19. 이 현상에 대한 몇 가지 유용한 통찰을 확인하려면, Joe Terrell, "Five Real Reasons Young People Are Deconstructing Their Faith," careynieuwhof.com, April 19, 2022, https://careynieuwhof.com/five-real-reasons-young-people-are-deconstructing-their-faith를 보라.

20. Sean McDowell and John Marriott, *Set Adrift: Deconstructing What You Believe without Sinking Your Faith* (Grand Rapids: Zondervan Reflective, 2023), xiv.

21. 전체 이야기는 Strobel, *Case for Christ*를 보라.

22. 나는 예일 대학교 로스쿨에서 법학석사(MSL) 학위를 받았지만 변호사는 아니다. MSL은 법을 배우되 실무에는 쓰지 않는 전문가를 위한 학위다. 대신에 나는 《시카고 트리뷴》에 법에 관한 글을 기고했고, 획기적인 법원 판례에 관한 책을 저술했으며, 루스벨트 대학에서 수정헌법 제1조를 가르쳤다.

23. J. Warner Wallace, "How Jesus' Resurrection Changes Everything," *Decision*, April 1, 2021, https://decisionmagazine .com/j-warner-wallace-how-jesus-resurrection-changes-everything.

24. J. Warner Wallace, *Cold-Case Christianity: A Homicide Detective Investigates the Claims of the Gospels* (Wheaton, IL: Cook, 2013)를 보라. 《베테랑 형사 복음서 난제를 수사하다》(새물결플러스, 2017 역간); 동일 저자의 *Person of Interest: Why Jesus Still Matters in a World That Rejects the Bible* (Grand Rapids: Zondervan Reflective, 2021)도 보라.

25. Lee Strobel, *The Case for Heaven: A Journalist Investigates Evidence for Life after Death* (Grand Rapids: Zondervan, 2021), 99-101을 보라.

26. 유튜브 www.youtube.com/watch?v=5MVGuez4VEk에서 맥위터(McWhirter)가 자신의 이야기를 전한다("Meth Addict to Worship Leader//My Testimony").

27. Guillaume Bignon, *Confessions of a French Atheist: How God Hijacked My Quest to Disprove the Christian Faith* (Carol Stream, IL: Tyndale Momentum, 2022)를 보라.

28. Strobel, *Case for Christ*, 186-203을 보라.

29. Holly Ordway, *Not God's Type: A Rational Academic Finds a Radical Faith*, rev. ed. (Chicago: Moody, 2010).

30. Lee Strobel, *The Case for Grace: A Journalist Explores the Evidence of Transformed Lives* (Grand Rapids: Zondervan, 2015), 107-122을 보라. 《은혜, 은혜, 하나님의 은혜》(두란노, 2015 역간)

31. Lee Strobel, *In Defense of Jesus: Investigating Attacks on the Identity of Christ* (Grand Rapids: Zondervan, 2007), 204-239을 보라.

32. Thomas A. Tarrants, *Consumed by Hate, Redeemed by Love: How a Violent Klansman Became a Champion of Racial Reconciliation* (Nashville: Nelson, 2019)을 보라.

33. Douglas Groothuis, *Christian Apologetics: A Comprehensive Case for Biblical Faith* (Downers Grove, IL: IVP Academic, 2011), 367-368. 《기독교 변증학》(CLC, 2015 역간)

34. Groothuis, *Christian Apologetics*, 368.

35. C. S. Lewis, *Mere Christianity* (1943; repr., New York: Macmillan, 1960), 120. 《순전한 기독교》(홍성사, 2018 역간)

36. John Elek, "When Ronald McDonald Did Dirty Deeds," *The Guardian*, May 21, 2006, www.theguardian.com/books/2006/may/21/fiction.douglascoupland.

37. Douglas Coupland, *Life after God* (New York: Simon & Schuster, 1994), 359. 《신을 찾아가는 아이들》(문학동네, 1996 역간)

38. 히브리서 11:6.

39. 요한복음 4:14.

40. "Doubt and Faith: Top Reasons People Question Christianity," Barna Research, March 1, 2023, www.barna.com /research/doubt-faith에서 인용됨.

1장. 우주에는 창조주가 필요하다

1. "Where Did Everything Come From?" *Discover magazine*, April 2002.
2. 창세기 1:1.
3. "하나님이 이르시되 빛이 있으라 하시니 빛이 있었고"(창 1:3).
4. Bill Bryson, *A Short History of Nearly Everything* (New York: Broadway, 2003), 13. 《거의 모든 것의 역사》(까치, 2020 역간)
5. Robert Jastrow, *God and the Astronomers*, 2nd ed. (New York: Norton, 1992), 104에 인용됨.
6. 이 책의 모든 인터뷰는 내용과 간결성, 명확성을 위해 편집되었다.

1장. 윌리엄 래인 크레이크 인터뷰

1. Stuart C. Hackett, *The Resurrection of Theism*, 2nd ed. (Grand Rapids: Baker, 1982). 해 킷은 2012년에 작고했다.
2. William Lane Craig and Quentin Smith, *Theism, Atheism, and Big Bang Cosmology* (Oxford, UK: Clarendon Press, 1993), 135.
3. Timothy Ferris, *The Whole Shebang: A State-of-the-Universe(s) Report* (New York: Touchstone, 1998), 265.
4. Brad Lemley and Larry Fink, "Guth's Grand Guess," *Discover*, April 2002, www.discovermagazine.com/the-sciences/guths -grand-guess.
5. 우주의 나이에 관한 성경적 논쟁에 끼어들 생각은 없었다. 여기에서 나는 우주의 나이가 수십억 년이라는 대다수 과학자의 결론을 바탕으로 창조주에 대한 주장을 펼쳤다.
6. Stephen Hawking and Roger Penrose, *The Nature of Space and Time* (Princeton, NJ: Princeton University Press, 1996), 20. 《시간과 공간에 관하여》(까치, 2021 역간)
7. Kai Nielsen, *Reason and Practice: A Modern Introduction to Philosophy* (New York: Harper & Row, 1971), 48.
8. George H. Smith, *Atheism* (Amherst, NY: Prometheus, 1989), 239.
9. 부활에 대한 증거들을 정리한 내용을 보려면, Lee Strobel, *The Case for Easter: A Journalist Investigates the Evidence for the Resurrection* (Grand Rapids: Zondervan, 2004)을 참조하라.

10. William Lane Craig, "J. Howard Sobel on the Kalam Cosmological Argument," Canadian Journal of Philosophy 36 (2006): 565-584, www.reasonablefaith.org/ writings/scholarly -writings/the-existence-of-god/j.-howard-sobel-on-the-kalam- cosmological-argument를 보라.

2장. 우주에는 미세조정자가 필요하다

1. Geraint F. Lewis and Luke A. Barnes, *A Fortunate Universe: Life in a Finely Tuned Cosmos* (Cambridge, UK: Cambridge University Press, 2016), 291.
2. "Christopher Hitchens Makes a Shocking Confession," 유튜브 July 5, 2010, www. youtube.com/watch?v=E9TMwfkDwIY를 보라.
3. Patrick Glynn, *God: The Evidence* (Rocklin, CA: Forum, 1997), 1-20을 보라.
4. Paul Davies, *The Mind of God: The Scientific Basis for a Rational World* (New York: Touchstone, 1992), 16, 232.

2장. 마이클 G. 스트라우스 인터뷰

1. William Lane Craig, *How Do We Know God Exists?* (Bellingham, WA: Lexham, 2022), 44.
2. 물리학 학위를 소지한 기독교 변증가 대니얼 바켄이 알려준 내용이다.
3. Paul Davies, *The Edge of Infinity: Where the Universe Came From and How It Will End* (New York: Simon & Schuster, 1982), 90.
4. Hugh Ross, *The Creator and the Cosmos: How the Latest Scientific Discoveries Reveal God* (Colorado Springs: NavPress, 1995), 117.
5. Roger Penrose, *The Emperor's New Mind: Concerning Computers, Minds, and the Laws of Physics* (Oxford, UK: Oxford University Press, 1989), 344. 《황제의 새 마음》(이화여자 대학교출판부, 2022 역간)
6. Paul Davies, *God and the New Physics* (New York: Simon & Schuster, 1983), 189. 《현 대 물리학이 발견한 창조주》(정신세계사, 2000 역간)
7. Peter D. Ward and Donald Brownlee, *Rare Earth: Why Complex Life Is Uncommon in the*

Universe (New York: Copernicus, 2000), 220; '판구조론'에 대해서는 191-200쪽을 보라.

8. Hugh Ross, "Probability for Life on Earth," *Reasons to Believe*, April 1, 2004, www.reasons.org/articles/probability-for -life-on-earth를 보라; Hugh Ross, *Improbable Planet: How Earth Became Humanity's Home* (Grand Rapids: Baker, 2016)도 보라.

9. 제임스 웹 우주 망원경이 발견한 일부 행성들은 정말 특이하다. 예를 들어, 지구에서 약 1,150광년 떨어진 곳에 위치한 목성형 외계 행성인 WASP-96b는 열과 압력이 매우 높아 암석이 지구의 물처럼 공기 중에 응결되어 모래로 이루어진 구름을 생성할 수 있다(Marina Koren, "There Is a Planet with Clouds Made of Sand," The Atlantic, July 19, 2022, www.theatlantic.com /science/archive/2022/07/james-webb-space-telescope-charts-exoplanets/670568을 보라).

10. John D. Barrow and Frank J. Tipler, *The Anthropic Cosmological Principle* (Oxford, UK: Oxford University Press, 1996)을 보라.

11. Lewis and Barnes, *Fortunate Universe*, 355.

12. Lee Strobel, *The Case for Faith: A Journalist Investigates the Toughest Objections to Christianity*, rev. ed. (Grand Rapids: Zondervan, 2021), 78에 인용됨.

13. Lee Strobel, *The Case for a Creator: A Journalist Investigates Scientific Evidence That Points toward God* (Grand Rapids: Zondervan, 2004), 136에 인용됨. 《창조설계의 비밀》(두란노, 2015 역간)

14. Strobel, *Case for a Creator*, 137에 인용됨.

15. Lewis and Barnes, *Fortunate Universe*, 책 전면부의 추천사

16. John Horgan, "Cosmic Clowning: Stephen Hawking's 'New' Theory of Everything is the Same Old Crap," 블로그 Scientific American 게시물, September 13, 2010, https://blogs.scientificamerican.com/cross-check/cosmic-clowning-stephen-hawkings-new-theory-of-everything-is-the-same-old-crap.

17. 더군다나 스트라우스는 다중우주론이 사실로 밝혀지더라도 실제로 창조주의 존재를 뒷받침할 수 있다고 덧붙였다. 그 이유는 무엇인가? 그는 이렇게 설명했다. "보르데-구스-빌렌킨 정리는 창조자가 필요한 시작을 가리킬 뿐 아니라 끈 이론의 추가 차원은 창조주가 여러 차원에 존재해야 한다는 것을 의미합니다. 이는 창조주가 4차원에서 기적 같은 행동을 쉽게 수행할 수 있다는 것을 의미하지요. 사실 다른 우

주나 추가 차원이 발견되면 어떤 의미에서 창조주의 필요성이 더 커질 것입니다. '무한한 신이라면 얼마나 많은 우주를 창조할 수 있을까'라는 질문을 던질 수 있습니다."

18. John Polkinghorne, *Science and Theology: An Introduction* (Minneapolis: Fortress, 1998), 38.

19. Richard Swinburne, *Is There a God?* (Oxford, UK: Oxford University Press, 1995), 68. 《신은 존재하는가》(복있는사람, 2020 역간)

20. Killian Fox, "Physicist Sabine Hossenfelder: 'There Are Quite a Few Areas Where Physics Blurs into Religion,'" *The Guardian*, November 26, 2022, www.theguardian. com/science/2022/nov/26/physicist-sabine-hossenfelder-there-are-quite-a-few-areas-where-physics-blurs-into-religion-multiverse에서 인용됨.

21. Lewis and Barnes, *Fortunate Universe*, 241.

22. Lewis and Barnes, *Fortunate Universe*, 242.

23. John Leslie, *Universes* (New York: Routledge, 1989), 198.

24. Paul Copan, Tremper Longman III, Christopher L. Reese, and Michael G. Strauss, eds., *Dictionary of Christianity and Science* (Grand Rapids: Zondervan, 2017), 66.

25. "이는 내 생각이 너희의 생각과 다르며 내 길은 너희의 길과 다름이니라. 여호와의 말씀이니라. 이는 하늘이 땅보다 높음같이 내 길은 너희의 길보다 높으며 내 생각은 너희의 생각보다 높음이니라"(사 55:8-9).

3장. 우리의 DNA는 설계자를 요구한다

1. Nicholas Wade, "A Revolution at 50; DNA Changed the World. Now What?" *New York Times*, February 25, 2003, www.nytimes.com/2003/02/25/science/a-revolution-at-50-dna-changed-the-world-now-what.html.

2. Nancy Gibbs, "The Secret of Life," Time, February 17, 2003, https://content.time.com/time/subscriber/article/0,33009,1004240,00.html을 보라.

3. Michael Denton, *Evolution: A Theory in Crisis*, 3rd ed. (Bethesda, MD: Adler & Adler, 2002), 334.

4. Denton, *Evolution*, 334.

5. Larry Witham, By Design: Science and the Search for God (San Francisco: Encounter, 2003), 172에서 인용됨.

3장. 스티브 C. 메이어 인터뷰

1. Bernd-Olaf Küppers, *Information and the Origin of Life* (Cambridge, MA.: MIT Press, 1990), xviii.

2. Henry Quastler, *The Emergence of Biological Organization* (New Haven, CT: Yale University Press, 1964), 16.

3. Francis Darwin, *The Life and Letters of Charles Darwin* (New York: Appleton, 1887), 202.

4. Denton, *Evolution*, 260을 보라.

5. Jim Brooks, *Origins of Life* (Hertfordshire, UK: Lion, 1985), 118.

6. Denton, *Evolution*, 261.

7. Richard Dawkins, *Climbing Mount Improbable* (New York: Norton, 2016)을 보라. 《리처드 도킨스의 진화론 강의》(옥당, 2016 역간)

8. Theodosius G. Dobzhansky, "Discussion of G. Shramm's Paper," in The Origins of Prebiological Systems and of their Molecular Matrices, ed. S. W. Fox (New York: Academic Press, 1965), 309–315.

9. 'RNA 최초 가설'에 반대하는 다른 주장에 대한 요약을 보려면, "How Intelligent Is Intelligent Design: Stephen C. Meyer Replies," *First Things*, October 2000, www.firstthings.com/article/2000/10/how-intelligent-is-intelligent-design을 참조하라.

10. "Evolutionist Criticisms of the RNA World Conjecture: Quotable Quote by Cairns-Smith," Creation Ministries, https://creation.com/cairns-smith-detailed-criticisms-of-the-rna-world -hypothesis, 접속일 June 24, 2023.

11. Gerald F. Joyce, "RNA Evolution and the Origins of Life," *Nature* 338 (March 1989): 217–224.

12. 다큐멘터리 《생명의 신비 풀이》에 나오는 딘 케니언과의 인터뷰에서, Lad Allen 감독 (Ilustra Media and Focus on the Family, 2003). 이 다큐멘터리는 유튜브 www.youtube.com/watch?v=tzj8iXiVDT8에서 볼 수 있다.

13. Michael Polanyi, "Life's Irreducible Structure: Live Mechanisms and Information in DNA Are Boundary Conditions with a Sequence of Boundaries above Them," *Science* 160, no. 3834 (June 1968): 1308-1312을 보라.

14. Francis Crick, *Life Itself: Its Origin and Nature* (New York: Simon & Schuster, 1981), 88.

15. Robert Shapiro, *Origins: A Skeptic's Guide to the Creation of Life on Earth* (New York: Bantam, 1987), 189. 《닭이냐 달걀이냐》(책세상, 1990 역간)

16. Fazale Rana, "Origin-of-Life Predictions Face Off: Evolution vs. Biblical Creation," *Reasons to Believe*, March 31, 2001, https://reasons.org/explore/publications/rtb-101/origin-of-life-predictions -face-off-evolution-vs-biblical-creation.

4장. 부활 사건은 예수가 하나님임을 보여주었다

1. Billy Hallowell, "Lee Strobel Details Conversation He Had with Hugh Hefner about God, Gospel," *Christian Post*, October 7, 2017, www.christianpost.com/news/lee-strobel-details-conversation-he-had-with-hugh-hefner-about-god-gospel.html을 보라.

2. 고린도전서 15:17.

3. 예수가 신성한 주장을 하고 신성한 속성을 성취한 방식을 보려면, Robert M. Bowman Jr. and J. Ed Komoszewski, *Putting Jesus in His Place: The Case for the Deity of Christ* (Grand Rapids: Kregel, 2007)을 참조하라.

4. 요한복음 10:30.

5. 영어성경 NET의 요한복음 10:30 각주는 이 구절이 "삼위일체론적 함의를 지닌 주장"을 반영한다고 말한다. 이 각주에 따르면, "이 주장은 예수님과 하나님 아버지가 한 인격이 아니라 한 '본체'라는 것이다. 두 인격의 동일성이 주장되는 것이 아니라 본질적 단일성(본질의 단일성)이 주장되고 있다."

6. 요한복음 10:33.

7. 요한복음 19:7.

4장. 마이클 리코나 인터뷰

1. Gary R. Habermas and Michael R. Licona, *The Case for the Resurrection of Jesus* (Grand Rapids: Kregel, 2004), 1.

2. John Dominic Crossan, *Jesus: A Revolutionary Biography* (San Francisco: HarperSanFrancisco, 1991), 145. 《예수》(한국기독교연구소, 2007 역간)

3. James D. Tabor, *The Jesus Dynasty: The Hidden History of Jesus, His Royal Family, and the Birth of Christianity* (New York: Simon & Schuster, 2007), 230.

4. 갈라디아서 3:13. 예를 들어, 나무에 달린 자마다 저주 아래에 있다는 기록이 있는 모세오경과 십자가 처형을 연결한다(신 21:23, ESV 참조).

5. W. D. Edwards et al., "On the Physical Death of Jesus Christ," *Journal of the American Medical Association* 255, no. 11 (March 1986): 1455–1463, https://jamanetwork.com/journals/jama/article-abstract/403315.

6. 사도행전 9:26-30; 15:1-35을 보라.

7. 고린도전서 15:3-7.

8. 갈라디아 1:18을 보라.

9. Dean John Rodgers of Trinity Episcopal School for Ministry, Richard N. Ostling, "Who Was Jesus?" *Time*, August 15, 1988에서 인용됨.

10. James D. G. Dunn, *Jesus Remembered*, vol. 1 of Christianity in the Making (Grand Rapids: Eerdmans, 2003), 825.

11. 리코나는 이렇게 말했다. "예를 들어, 바울은 사도행전 13:36-38에서 베드로가 사도행전 2장에서 보고한 것과 매우 유사하게 '다윗은 당시에 하나님의 뜻을 따라 섬기다가 잠들어 그 조상들과 함께 묻혀 썩음을 당하였으되 하나님께서 살리신 이는 썩음을 당하지 아니하였나니 그러므로 형제들아 너희가 알 것은 이 사람[예수]을 힘입어 죄 사함을 너희에게 전하는 이것'이라고 했습니다. 다윗의 몸은 썩었으나 예수는 썩지 않고 죽은 자 가운데서 살아나셨다는 것은 대담하고 솔직한 주장이 아닐 수 없습니다."

12. 나는 이렇게 물었다. "하지만 부활 장면을 묘사하는 마가복음의 마지막 구절은 마가복음 원문의 일부가 아니라는 것을 인정하시지요?" 리코나는 대답했다. "네, 그 말이 맞다고 봅니다. 하지만 마가는 예수의 부활에 대해 분명히 알고 있었습니다. 그는 다섯 군데에서 부활을 예언하는데, 부활에 대한 천사의 증언, 빈 무덤, 갈릴리에

갑자기 나타난 예수의 모습을 보도하고 있지요. 사실 마가복음 16장 7절에 나오는 베드로에 대한 마가의 언급은 방금 내가 언급한 신조에 보고된 것과 똑같은 모습일 수 있습니다. 하나 더 덧붙이자면, 대부분 학자는 마가복음이 최초의 복음서라고 믿습니다. 그러나 우리에게는 부활에 관한 훨씬 더 이른 기록, 즉 제가 언급한 고린도 전서 15장의 신조가 있지요. 이 신조에는 예수가 500명 앞에 나타난 일을 포함해 부활 후의 다양한 모습이 분명하게 기록되어 있습니다."

13. *The Case for Christ: A Journalist's Personal Investigation of the Evidence for Jesus*, rev. ed. (Grand Rapids: Zondervan, 2016), 35에 나오는 신약성경학자 크리이그 블룸버그와의 인터뷰를 보라.

14. 리코나는 이렇게 말했다. "일반적으로 로마의 가장 위대한 황제로 알려진 카이사르 아우구스투스의 경우, 역사가들은 짧은 장례식 비문, 사후 50-100년 사이에 기록된 자료, 사후 100-200년 사이에 기록된 세 가지 자료 등 다섯 가지 자료를 사용해 그의 성인기 역사를 쓴다. 따라서 예수의 경우, 그가 처형된 후 35-65년 사이에 기록되었다고 자유주의자들조차 동의하는 전기가 네 권이나 된다는 것은 정말 놀라운 일이다."

15. 클레멘트1서 42:3(게리 하버마스와 마이클 리코나 번역).

16. 빌립보 교회에 보낸 폴리캅의 편지 9:2(게리 하버마스와 마이클 리코나 번역).

17. Paula Fredriksen, *Jesus of Nazareth, King of the Jews* (New York: Vintage, 1999), 264.

18. 사도행전 9, 22, 26장; 고린도전서 9:1; 15:8을 보라.

19. 마가복음 3:21, 31; 6:3-4; 요한복음 7:3-5을 보라.

20. 리코나는 형제들이 회의적이었다는 다른 증거가 없느냐는 질문에 이렇게 대답했다. "십자가에 달렸을 때 예수는 누구에게 어머니를 돌보라고 부탁했나요? 이복형제 중 한 명에게 어머니를 맡기는 게 당연한 선택이었지만, 신자인 요한에게 그 일을 맡겼습니다. 도대체 왜 그랬을까요? 충분히 미루어 생각해볼 수 있는 일이지요. 야고보나 그의 형제들 중 누구라도 신자였다면 그들이 대신 고개를 끄덕였을 테지요. 그러므로 그들 중에 신자가 없었고, 예수는 어머니를 영적으로 형제인 자에게 맡기는 것을 더 고려했다고 결론 내리는 게 합리적입니다."

21. 리코나는 말했다. "사실 야고보가 바울에게 고린도전서 15장의 신조를 전달하는 데 관여했을 수 있습니다. 이 경우에 야고보는 신조가 자신에 대해 보고하는 내용을 개인적으로 보증한 셈이 됩니다."

22. 사도행전 15:12-21 ; 갈라디아 1:19을 보라.

23. 요세푸스(Jewish Antiquities 20:200) ; 헤게세푸스(Ecclesiastical History 2:23에서 유세비우스가 인용함) ; 알렉산드리아의 클레멘트(Ecclesiastical History 2:1, 23에서 유세비유스가 인용함)를 보라.

24. 일부 회의론자들은 예수의 무덤이 비어 있었던 이유는 시신이 없었기 때문이라고 말한다. 로마인들이 십자가 처형을 당한 자의 매장을 허용하지 않았기 때문에 예수의 시신을 개들의 먹이가 되라고 구덩이에 던져버렸다는 것이다. 그러나 저명한 신약학자 크레이그 에반스는 "로마인들이 십자가에 못박힌 자를 포함해 처형된 사람의 매장을 허용하지 않았다는 주장은 잘못되었다. 복음서의 내러티브는 평소 로마 당국이 존중했던 유대인의 관습과 완전하게 일치한다"("Getting the Burial Traditions and Evidences Right," in *How God Became Jesus: The Real Origins of Belief in Jesus' Divine Nature*, ed. Michael F. Bird et al. 〔Grand Rapids: Zondervan, 2014〕, 89). 또한, 무신론자에서 형사로 변신한 기독교 역사학자 J. 워너 윌리스는, 십자가에 처형된 자의 유골이 담긴 납골당이 1968년에 발견되었는데, 발뒤꿈치 뼈에 철제 가시의 일부가 남아 있어 적어도 어느 정도는 십자가 처형자가 매장되었음을 보여주는 증거가 된다고 지적했다(Lee Strobel, *The Case for Miracles: A Journalist Investigates Evidence for the Supernatural* 〔Grand Rapids: Zondervan, 2018〕, 189-210)을 보라).

25. 사도행전 2:32.

26. William Ward, *Christianity: A Historical Religion?* (Valley Forge, PA: Judson, 1972), 93-94.

27. 20년 넘게 대학 교수로 재직하며 심리학에 관한 24권의 책을 저술했으며, 전국 심리학자 및 상담가 협회 회장을 역임한 고 게리 콜린스(Gary Collins)에 따르면, "환각은 개별적으로 일어나는 현상이다. 본질적으로 오직 한 사람만 주어진 환각을 한 번에 볼 수 있지, 무리가 볼 수 있는 게 분명 아니다. 한 사람이 다른 사람에게 유발시킬 수도 없다. 환각은 주관적이고 개인적인 의미로만 존재하므로 다른 사람이 이를 목격할 수 없는 게 당연하다."(Strobel, *Case for Christ*, 238에서 인용함).

28. 또한, 나는 리코나에게 보다 더 미묘한 작용이 있었는지, 다시 말해 암시에 걸리기 쉬운 사람들이 다른 사람들의 영향을 받아 실제로 보지 못한 것을 보았다고 믿게 되는 집단사고가 작용했을 수 있는지 물었다. 리코나는 "설령 그렇더라도 기껏해야 부활한 예수를 봤다는 제자들의 믿음을 설명할 수 있을 뿐입니다. 그럴 경우 시신이

여전히 무덤에 있어야 하는데 무덤이 비어 있다는 건 설명이 안 되지요. 바울과 같은 적대자가 집단 사고에 취약할 것 같지 않으므로 그의 개종을 설명할 수 없습니다. 회의론자 야고보도 마찬가지입니다."

29. Tryggve N. D. Mettinger, *The Riddle of Resurrection: "Dying and Rising Gods" in the Ancient Near East* (Stockholm: Almqvist & Wicksell, 2001), 221.

30. Mettinger, *Riddle of Resurrection*, 221.

31. Mettinger, *Riddle of Resurrection*, 221.

32. Marcus J. Borg and N. T. Wright, *The Meaning of Jesus: Two Visions* (San Francisco: HarperSanFrancisco, 1999), 124-125.

33. N. T. Wright, *The Resurrection of the Son of God* (Minneapolis: Fortress, 2003), 718.

5장. 하나님을 체험하다

1. Lee Strobel and Mark Mittelberg, *The Unexpected Adventure: Taking Everyday Risks to Talk with People about Jesus* (Grand Rapids: Zondervan, 2009), 272-274을 보라.

2. Mark Mittelberg, *Confident Faith: Building a Firm Foundation for Your Beliefs* (Carol Stream, IL: Tyndale, 2013), 155-157을 보라.

3. 누가복음 14:15-24을 보라.

4. Nabeel Qureshi, *Seeking Allah, Finding Jesus: A Devout Muslim Encounters Christianity* (Grand Rapids: Zondervan, 2014). Lee Strobel, *The Case for Miracles: A Journalist Investigates Evidence for the Supernatural* (Grand Rapids: Zondervan, 2018), 139-141을 보라.

5. Tom Doyle, *Dreams and Visions: Is Jesus Awakening the Muslim World?* (Nashville: Nelson, 2012), 127에서 인용되었음.

6. Tyler Huckabee, "How M. I. A. Found Jesus," Relevant, September 21, 2022, https://relevantmagazine.com/magazine/how-m-i-a-found-jesus.

7. Lee Strobel, "Does Science Support Miracles? New Study Documents a Blind Woman's Healing," *The Stream*, May 16, 2020, https://stream.org/does-science-support-miracles-new-study-documents-a-blind-womans-healing. Clarissa Romez et al., "Case Report of

Instantaneous Resolution of Juvenile Macular Degeneration Blindness after Proximal Intercessory Prayer," *Explore* 17, no. 1(January-February 2021), www.sciencedirect.com/science/article/pii/S1550830720300926도 보라. 의학 저널에 수록된 또 다른 기적에 대해서는 Clarissa Romez et al., "Case Report of Gastroparesis Healing: 16 Years of a Chronic Syndrome Resolved after Proximal Intercessory Prayer," Complementary Therapies in *Medicine* 43 (April 2019), https://doi.org/10.1016/j.ctim.2019.03.004을 보라.

8. 이 설문지는 미국 성인 1,000명을 무작위로 대표하는 표본으로 작성되었다. 표본오차는 95% 신뢰 수준에서 +/-3.1%포인트이고, 응답률은 55%였다. 조사는 2015년에 실시되었다.

9. Dallas Willard, *Hearing God: Developing a Conversational Relationship with God* (Downers Grove, IL: InterVarsity, 2012), 21.

10. T. M. Luhrmann, *When God Talks Back: Understanding the American Evangelical Relationship with God* (New York: Knopf, 2012), xi, xv.

11. Luhrmann, *When God Talks Back*, xx. 이 연구에 따르면, 23%의 미국인이 스스로 은 사주의자 또는 오순절파라고 부르거나 적어도 일 년에 몇 번씩 방언을 하는 것으로 나타났다(퓨리서치센터, 2006).

12. Naomi Reese, "The Evidential Value of Religious Experience: An Interview with Harold Netland," *Worldview Bulletin*, March 16, 2022, https://worldviewbulletin.substack.com/p/the-evidential-value-of-religious에서 인용함.

13. Harold Netland, *Religious Experience and the Knowledge of God: The Evidential Force of Divine Encounters* (Grand Rapids: Baker Academic, 2022), 3.

14. Randy Alcorn, "Can Cancer Be God's Servant?" *Eternal Perspective Ministries*, December 19, 2022, www.epm.org/blog/2022/Dec/19/cancer-servant에서 인용함.

15. Douglas Groothuis, *Christian Apologetics: A Comprehensive Case for Biblical Faith* (Downers Grove, IL: IVP Academic, 2011), 388.

5장 더글라스 그로타이스 인터뷰

1. Strobel, *Case for Miracles*, 235-253을 보라.

2. Douglas Groothuis, *Walking through Twilight: A Wife's Illness—A Philosopher's Lament*

(Downers Grove, IL: InterVarsity, 2017)를 보라.

3. "하나님이 자기 형상 곧 하나님의 형상대로 사람을 창조하시되 남자와 여자를 창조하시고"(창 1:27).

4. Francis A. Schaeffer, *Escape from Reason* (Downers Grove, IL: IVP Classics, 2006), 37을 보라.

5. 이사야 6장을 보라.

6. "도둑이 오는 것은 도둑질하고 죽이고 멸망시키려는 것뿐이요 내가 온 것은 양으로 생명을 얻게 하고 더 풍성히 얻게 하려는 것이라"(요 10:10).

7. 갈라디아서 5:22-23(ESV)을 보라.

8. "사랑하는 자들아 영을 다 믿지 말고 오직 영들이 하나님께 속하였나 분별하라 많은 거짓 선지자가 세상에 나왔음이라"(요일 4:1).

9. Rudolf Otto, *The Idea of the Holy*, 2nd ed. (New York: Oxford University Press, 1958)를 보라.

10. Richard Swinburne, *The Existence of God*, 2nd ed. (New York: Oxford University Press 2004), 303을 보라.

11. Swinburne, *Existence of God*, 322-324을 보라.

12. Strobel, *Case for Miracles*, 146-148을 보라.

13. Sigmund Freud, *The Future of an Illusion* (Garden City, NY: Anchor, 1961), 49.

14. Hans Küng, *Does God Exist? An Answer for Today*, trans. Edward Quinn (1980; repr., Eugene, OR: Wipf and Stock, 2006), 301.

15. 마태복음 5:22을 보라.

16. Paul Vitz, *Faith of the Fatherless: The Psychology of Atheism* (Dallas, TX: Spence, 1999)을 보라.

17. C. S. 루이스는 "무신론자였을 때 나는 '인류 대다수가 가장 중요한 문제에 관해 언제나 잘못 생각해왔다'라고 스스로에게 애써 확신시켜야 했다"라고 말했다(*Mere Christianity* [1943; repr., New York: Macmillan, 1960], 43).

6장. 채드 V. 마이스터 인터뷰

1. Chad Meister, *Building Belief: Constructing Faith from the Ground Up* (Grand Rapids: Baker, 2006).

2. 요한복음 18:38.

3. Edith Hamilton and Huntington Cairns, eds., *The Collected Dialogues of Plato* (Princeton, NJ: Princeton University Press, 1989), 262E-263D를 보라.

4. Jonathan Barnes, ed., *The Complete Works of Aristotle*, rev. ed. (Princeton, NJ: Princeton University Press, 1984), 4.1011b25-27을 보라. 마이스터는 다음과 같이 썼다. "리차드 커크햄은 플라톤이 그의 저작 《소피스트 *Sophist*》에서 진리대응론(또는 일치 대응)을 제시하고 있으며, 아리스토텔레스는 여기서 가장 초기의 대응을 상관 이론으로 제시하고 있다고 지적한다"(Meister, Building Belief, 201). Richard L. Kirkham, *Theories of Truth: A Critical Introduction* (Cambridge, MA: MIT Press, 1992), 119-140도 보라.

5. "비모순율은 고전 논리학의 기본 법칙 중 하나다. 같은 맥락을 다룰 때 어떤 것이 참인 동시에 참이 아닌 것이 될 수 없다는 뜻이다. 예를 들어, 지금 내 거실에 있는 의자는 나무로 만든 것인 동시에 나무로 만들지 않은 것이 될 수 없다"("Law of Non-Contradiction," CARM, https://carm.org/dictionary/law-of-non-contradiction, 접속일 June 24, 2023).

6. John Stackhouse, *Humble Apologetics: Defending the Faith Today* (New York: Oxford University Press, 2002), 95.

7. Carl Sagan, 1980년에 방영된 TV 시리즈 《코스모스》에서

8. William Lane Craig and Walter Sinnott-Armstrong, *God? A Debate between a Christian and an Atheist* (New York: Oxford University Press, 2004), 32-36을 보라.

9. Richard Dawkins, *The Selfish Gene*, rev. ed. (New York: Oxford University Press, 2006), xxi을 보라. 《이기적 유전자》(을유문화사, 2023 역간)

10. Mary Baker Eddy, *Science and Health with Key to the Scriptures* (Boston: First Church of Christ, Scientist, 1934), 480.

11. Michael Ruse and Edward O. Wilson, "The Evolution of Ethics," in *Philosophy of Biology*, ed. David L. Hull and Michael Ruse (New York: Macmillan, 1989), 316.

12. 장 폴 사르트르(Jean-Paul Sartre, 1905-1980)는 1946년 강연에서 이렇게 말했다 (Walter Kaufman, ed., *Existentialism from Dostoyevsky to Sartre* [New York: Plume, 1975]를 보라).

13. Stephen G. Michaud and Hugh Aynesworth, *Ted Bundy: Conversations with a Killer* (London, UK: Mirror Books, 2019)을 보라.

14. "우리가 … 환난은 인내를, 인내는 연단을, 연단은 소망을 이루는 줄 앎이로다"(롬 5:3-4).

15. Augustine, *On the Free Choice of the Will*, trans. Thomas Williams (Indianapolis: Hackett, 1993)을 보라. 마이스터는 어거스틴(354-430)이 신플라톤주의 철학자 플로티누스(기원전 205-270년)가 쓴 《엔네아데스》에서 논증을 도출했다는 점을 지적한다.

16. C. S. Lewis, *The Problem of Pain* (New York: Macmillan, 1962), 93. 《고통의 문제》(홍성사, 2018 역간)

17. 윌리엄 레인 크레이그는 다음 책에서 이런 말을 했다. Lee Strobel, *The Case for Faith: A Journalist Investigates the Toughest Objections to Christianity*, rev. ed. (Grand Rapids: Zondervan, 2021), 88.

18. Michael Ruse, *The Darwinian Paradigm: Essays on Its History, Philosophy, and Religious Implications* (New York: Routledge, 1989), 262, 269.

19. Strobel, *Case for Faith*, 88-90을 보라.

20. 저자에게 보낸 개인 이메일(2022년 12월 12일). 코판은 플로리다주 웨스트팜비치에 위치한 팜비치 애틀랜틱 대학교의 철학과 윤리를 가르치는 석좌교수이자 종교철학 석사 과정의 교수다.

21. Lee Strobel, *In Defense of Jesus: Investigating Attacks on the Identity of Christ* (Grand Rapids: Zondervan, 2007), 68-105

22. 누가복음 1:1-4을 보라.

23. 베드로후서 1:16을 보라.

24. 고린도전서 15:3-8을 보라.

25. 역사가 에드윈 야마우치(Edwin Yamauchi)는 우리가 신약성경이나 다른 기독교 문헌이 없더라도 고대 비기독교 사료에 나오는 예수에 대해 다음과 같은 사실을 알 수 있다고 말했다. "첫째, 예수는 유대인 교사였다. 둘째, 많은 사람이 예수가 병을 고치고 귀신을 쫓아냈다고 믿었다. 셋째, 그를 메시아로 믿은 사람들이 있다. 넷째, 그는 유대인 지도자들에게 배척당했다. 다섯째, 티베리우스 시대에 본디오 빌라도 아래서 십자가에 못 박혀 죽었다. 여섯째, 이 수치스러운 죽음에도 불구하고 예수가 여전히 살아 있다고 믿은 그의 추종자들이 팔레스타인을 넘어 퍼져나갔다. 여섯째, 도시와 시골에서 온 온갖 사람들, 즉 남성과 여성, 노예와 자유민이 예수를 하나님

으로 경배했다"(Lee Strobel, *The Case for Christ: A Journalist's Personal Investigation of the Evidence for Jesus*, rev. ed. 〔Grand Rapids: Zondervan, 2016〕, 93).

26. 요한복음 10:30에서 예수가 이런 주장을 했다.

27. Strobel, *Case for Christ*, 275에서 인용함.

28. 갈라디아서 5:22-23(ESV)을 보라.

7장. 딴지 걸기 #1: 하나님이 계신다면, 왜 고통이 있는가?

1. Sheldon Vanauken, foreword to Peter Kreeft, *Making Sense Out of Suffering* (Ann Arbor, MI: Servant, 1986), viii.

2. Philip Yancey, *Where Is God When It Hurts?*, rev. ed. (Grand Rapids: Zondervan, 1990), 21, quoting novelist Peter De Vries.

3. OmniPoll, 바나그룹 실시 (January 1999).

4. 이 질문은 전체 응답자의 17%가 답했다.

7장. 존 크리프트 인터뷰

1. 찰스 템플턴과의 인터뷰 전문을 보려면 다음 책을 보라. Lee Strobel, *The Case for Faith: A Journalist Investigates the Toughest Objections to Christianity*, rev. ed. (Grand Rapids: Zondervan, 2021), 1-15.

2. 마태복음 7:7.

3. Peter Kreeft and Ronald K. Tacelli, *Handbook of Christian Apologetics: Hundreds of Answers to Crucial Questions* (Downers Grove, IL: IVP Academic, 1994), 48-88을 보라.

4. C. S. Lewis, *The Problem of Pain* (New York: Macmillan, 1962), 15.

5. 로마서 5:3-4.

6. "그가 아들이시면서도 받으신 고난으로 순종함을 배워서"(히 5:8).

7. "주의 약속은 어떤 이들이 더디다고 생각하는 것 같이 더딘 것이 아니라 오직 주께서는 너희를 대하여 오래 참으사 아무도 멸망하지 아니하고 다 회개하기에 이르기를 원하시느니라"(벧후 3:9).

8. Lewis, *Problem of Pain*, 93.

9. 마태복음 9:12-13.

10. 예레미야 6:13.

11. 이사야 64:6.

12. C. S. Lewis, *Mere Christianity* (1943; repr., New York: Macmillan, 1960), 59을 보라.

13. Augustine, *Enchiridion* xi.

14. 마태복음 10:29, 31(템플턴 번역)을 보라.

15. Charles Templeton, *Farewell to God: My Reasons for Rejecting the Christian Faith* (Toronto: McClelland & Stewart, 1996), 201.

16. 고린도후서 4:17을 보라.

17. Teresa of Ávila, *The Way of Perfection*, chap. 40, para. 9에서 각색함. Christian Classics Ethereal Library, https://ccel.org/ccel/teresa/way/way.i.xlvi.html

18. "또한 모든 것을 해로 여김은 내 주 그리스도 예수를 아는 지식이 가장 고상하기 때문이라 내가 그를 위하여 모든 것을 잃어버리고 배설물로 여김은 그리스도를 얻고"(빌 3:8).

19. Philip Yancey, *Where Is God When It Hurts?*, rev. ed. (Grand Rapids: Zondervan, 1990), 260.

20. Corrie ten Boom, *The Hiding Place* (1971; repr., Grand Rapids: Chosen, 2006), 227. 《주는 나의 피난처》(좋은씨앗, 2023 역간)

21. Beverly Ivany, "The Pastor and the Agnostic," *Salvationist*, October 17, 2013, https://salvationist.ca/articles/2013/10/the-pastor-and-the-agnostic에서 인용함.

22. Tom Harpur, "Charles Templeton," *Toronto Star*, June 24, 2001, 1.

23. Ivany, "Pastor and the Agnostic," Greg Laurie, Billy Graham: The Man I Knew (Washington, DC: Salem, 2021), 159-170을 보라. 저명한 목사이자 전도사인 로리는 템플턴이 천국에 있다고 확신한다. "저는 빌리〔그레이엄〕가 2018년에 죽었을 때, 그의 오랜 친구 찰스 템플턴이 하나님의 보좌 근처에 앉아 그를 환영하고 있었을 것이라고 믿어 의심치 않습니다"(p. 170).

8장 딴지 걸기 #2: 하나님이 계신다면, 왜 숨어 계시는가?

1. "How Is It My Fault If I Can't Feel God?"에서 인용함. 유튜브, August 27, 2022, www.youtube.com/watch?v=hE5Bu8TdFxQ; Jesse T. Jackson, "Former Christian Rocker Details Why He Left the Faith, Cites 'The State of Christian Culture in America,'" *ChurchLeaders*, July 29, 2022도 보라. https://churchleaders.com/news/430755-jon-steingard-details-why-he-left-the-faith -cites-the-state-of-christian-culture-in-america.html; Elyse Pham, "How Christian Singer's Life Has Changed Since Revealing He No Longer Believes in God," *The Today Show*, October 6, 2020, www.today.com/popculture/how-jon-steingard-s-life-has-changed -revealing-he-no-t192211.

2. Robert Anderson, *The Silence of God* (New York: Dodd, Mead, 1897), 63.

3. Friedrich Nietzsche, Daybreak, trans. R. J. *Hollingdale* (Cambridge, UK: Cambridge University Press, 1985), 52.

4. 2015년 바나그룹에 의뢰해, 미국 성인 1,000명을 무작위로 추출해 하나님의 기적이라고 말할 수밖에 없는 경험을 한 적이 있는지 질문한 설문조사에 근거한 결과다. 표본 오차는 95% 신뢰 수준에서 +/-3.1% 포인트이며, 응답률은 55%였다.

5. Matthew Dillahunty, "Atheist Debates - Divine Hiddenness," 유튜브, October 1, 2015, www.youtube.com/watch?v= TRB0TDq8tWE.

6. Daniel Wiley, "The God Who Reveals: A Response to J. L. Schellenberg's Hiddenness Argument," *Themelio* 44, no. 3 (August 2020), www.thegospelcoalition.org/themelios/article /the-god-who-reveals-a-response-to-j-l-schellenbergs-hiddenness-argument.

7. Daniel Howard-Snyder and Adam Green, "Hiddenness of God," *Stanford Encyclopedia of Philosophy*, Edward N. Zalta, ed., https://plato.stanford.edu/entries/divine-hiddenness, 접속일 June 24, 2023.

8장. 케네스 리처드 샘플스 인터뷰

1. 시편 22:1-2.

2. 이사야 45:15.

3. Joel S. Burnett, *Where Is God? Divine Absence in the Hebrew Bible* (Minneapolis: Fortress, 2010), 149.

4. Burnett, *Where Is God?*, 117.

5. Michael C. Rea, *The Hiddenness of God* (Oxford, UK: Oxford University Press, 2018), 6을 보라.

6. C. S. Lewis, *Mere Christianity* (1943; repr., New York: Macmillan, 1960), 123-124을 보라.

7. Corrie ten Boom, *Jesus Is Victor* (Grand Rapids: Revell, 1985), 183.

8. Kenneth Samples, "Divine Hiddenness: A Sender or Receiver Problem?" *Worldview Bulletin*, December 30, 2022.

9. "너희가 온 마음으로 나를 구하면 나를 찾을 것이요 나를 만나리라"(렘 29:13); "하나님〔은〕…자기를 찾는 자들에게 상 주시는 이심〔이라〕"(히 11:6).

10. "구하라 그리하면 너희에게 주실 것이요 찾으라 그리하면 찾아낼 것이요 문을 두드리라 그리하면 너희에게 열릴 것이니"(마 7:7).

11. "네가 하나님은 한 분이신 줄을 믿느냐 잘하는도다 귀신들도 믿고 떠느니라"(약 2:19).

12. William Lane Craig, "Excursus on Natural Theology (Part 29): The Hiddenness of God," www.reasonablefaith.org/podcasts/defenders-podcast-series-3/s3-excursus-on-natural-theology/excursus-on-natural-theology-part-29, 접속일 June 24, 2023.

13. "여호와께서 그들 앞에서 가시며 낮에는 구름 기둥으로 그들의 길을 인도하시고 밤에는 불 기둥을 그들에게 비추사 낮이나 밤이나 진행하게 하시니"(출 13:21).

14. 출애굽기 14장을 보라.

15. 시편 42:1.

16. 시편 14:1; 로마서 1:18-21; 5:12, 18-19을 보라.

17. Douglas Groothuis, *Christian Apologetics: A Comprehensive Case for Biblical Faith*, 2nd ed. (Downers Grove, IL: IVP Academic, 2022), 445.

18. 시편 10:4.

19. Michael Rea, "Divine Hiddenness, Divine Silence," in Louis P. Pojman and Michael C. Rea, *Philosophy of Religion: An Anthology*, 6th ed. (Stamford, CT: Cengage Learning, 2012), 266-275을 보라.

20. Thomas Nagel, *The Last Word* (New York: Oxford University Press, 1997), 130.

21. 창세기 3:8을 보라.

22. Groothuis, *Christian Apologetics*, 446.

23. Rea, "Divine Hiddenness, Divine Silence"를 보라.

24. Strobel, *The Case for Faith: A Journalist Investigates the Toughest Objections to Christianity* (Grand Rapids: Zondervan, 2000), 201.

25. 이사야 6:5을 보라.

26. Blaise Pascal, *Pensées*, trans. and ed. *Alban Krailsheimer* (New York: Penguin, 1966), 149/430, 80. 《팡세》(민음사, 2003 역간)

27. Rea, "Divine Hiddenness, Divine Silence," 271을 보라.

결론: 진짜 하나님과의 만남

1. 샤프의 여정에 대한 더 많은 이야기는 그녀의 다음 책을 보라. *Why I Still Believe: A Former Atheist's Reckoning with the Bad Reputation Christians Give a Good God* (Grand Rapids: Zondervan, 2019).

2. T. M. Luhrmann, *When God Talks: Understanding the American Evangelical Relationship with God* (New York: Knopf, 2012), xvi.

3. Dan Delzell, "A Christian Turned Atheist vs. Atheist Turned Christian," *Christian Post*, February 25, 2023, www.christianpost.com/voices/bart-ehrman-and-hugh-ross-provide-context.html에서 인용함.

4. Kai Nielsen, *Reason and Practice: A Modern Introduction to Philosophy* (New York: Harper & Row, 1981), 48.

5. Lee Strobel, *The Case for Faith: A Journalist Investigates the Toughest Objections to Christianity* (Grand Rapids, Zondervan, 2000), 80을 보라.

6. Robert Jastrow, *God and the Astronomers*, 2nd ed. (New York: Norton, 1992), 14.

7. Alexander Vilenkin, *Many Worlds in One: The Search for Other Universes* (New York: Hill and Wang, 2006), 176.

8. Lee Strobel, *The Case for Miracles: A Journalist Investigates Evidence for the Supernatural* (Grand Rapids: Zondervan, 2018), 186을 보라.

9. Strobel, *Case for Miracles*, 187.

10. Killian Fox, "Physicist Sabine Hossenfelder: 'There Are Quite a Few Areas Where Physics Blurs into Religion,'" *The Guardian*, November 26, 2022, www.theguardian.com/science/2022/nov/26/physicist-sabine-hossenfelder-there-are-quite-a-few-areas-where-physics-blurs-into-religion-multiverse.

11. Strobel, *Case for Miracles*, 183.

12. Jastrow, *God and the Astronomers*, 118을 보라.

13. Lee Strobel, *The Case for a Creator: A Journalist Investigates Evidence That Points toward God* (Grand Rapids: Zondervan, 2004), 225.

14. George Sim Johnson, "Did Darwin Get It Right?" *Wall Street Journal*, October 15, 1999.

15. Fazale Rana, "Origin-of-Life Predictions Face Off: Evolution vs. Biblical Creation," Reasons to Believe, March 31, 2001, https://reasons.org/explore/publications/rtb-101/origin-of-life-predictions-face-off-evolution-vs-biblical-creation.

16. Tish Harrison Warren, "Did Jesus Really Rise from the Dead?" *New York Times*, April 9, 2023, www.nytimes.com/2023/04/09/opinion/jesus-rise-from-the-dead-easter.htm을 보라.

17. William D. Edwards, Wesley J. Gabel, and Floyd E. Hosmer, "On the Physical Death of Jesus Christ," *Journal of the American Medical Association* 255, no. 11 (March 21, 1986): 1455-1463, https://jamanetwork.com/journals/jama/article-abstract/403315.

18. Lee Strobel, *The Case for Christ: A Journalist's Personal Investigation of the Evidence for Jesus*, rev. ed. (1998; repr., Grand Rapids: Zondervan, 2016), 277에서 인용함.

19. Lee Strobel, "Does Science Support Miracles? New Study Documents a Blind Woman's Healing," *The Stream*, May 16, 2020, https://stream.org/does-science-support-miracles-new-study-documents-a-blind-womans-healing; Clarissa Romez et al., "Case Report of Instantaneous Resolution of Juvenile Macular Degeneration Blindness after Proximal Intercessory Prayer," *Explore* 17, no. 1 (January-February 2021): 79-83도 보라. www.sciencedirect.com/science/article/pii/S1550830720300926.

20. 이 이야기에 관한 더 자세한 사항은 Lee Strobel, *Case for Miracles*, 101-105을 보라.

21. 이 설문지는 미국 성인 1,000명을 무작위로 대표하는 표본으로 작성되었다. 표본 오차는 95% 신뢰 수준에서 +/-3.1% 포인트이며, 응답률은 55%였다. Strobel, *Case*

for Miracles, 29-31을 보라.

22. Douglas Groothuis, *Christian Apologetics: A Comprehensive Case for Biblical Faith*, 388.

23. 저자에게 보낸 개인 이메일(2022년 12월 12일).

24. Strobel, *Case for Faith*.

25. Mark Mittelberg, *Confident Faith: Building a Firm Foundation for Your Beliefs* (Wheaton, IL: Tyndale, 2013).

26. Peter Kreeft and Ronald K. Tacelli, *Handbook of Christian Apologetics: Hundreds of Answers to Crucial Questions* (Downers Grove, IL: IVP Academic, 1994), 47-88.

27. Colin McGinn, *The Mysterious Flame: Conscious Minds in a Material World* (New York: Basic Books, 1999), 13-14.

28. Michael Ruse, *Can a Darwinian Be a Christian? The Relationship between Science and Religion* (New York: Cambridge University Press, 2000), 78.

29. Lee Strobel, *The Case for Heaven: A Journalist Investigates Evidence for Life after Death* (Grand Rapids: Zondervan, 2021), 43.

30. Strobel, *Case for a Creator*, 270.

31. Blaise Pascal, *Pensées*, trans. W. F. Trotter (Overland Park, KS: Digireads, 2018), 121.

32. Strobel, *Case for Heaven*, 44.

33. Staks Rosch, "Atheism Has a Suicide Problem," *Huffington Post*, December 8, 2017, www.huffpost.com/entry/atheism-has-a-suicide-problem_b_5a2a902ee4b022ec613b812b.

34. Kanita Dervic et al., "Religious Affiliation and Suicide Attempt," *American Journal of Psychiatry* 161, no. 12 (December 2004), https://ajp.psychiatryonline.org/doi/full/10.1176/appi.ajp.161.12.2303.

35. 조사원들은 이 연구를 위해 10만 명 이상의 간호사와 그 외 의료 전문가들을 17년 동안 추적 조사했다. Ying Chen et al., "Religious Service Attendance and Deaths Related to Drugs, Alcohol, and Suicide Among U.S. Health Care Professionals," *JAMA Psychiatry 77*, no. 7 (May 6, 2020)을 보라. https://jamanetwork .com /journals / jamapsychiatry/fullarticle /2765488.
    흥미롭게도, 베일러 종교연구소의 리전 위치가 발표한 요약에 따르면, 종교 사회학 저널이 발표한 연구는 "종교의 대면 예배 참석은 정신적, 신체적 건강 개선과 관련이 있는 반면, 가상 참석은 어느 결과와도 유의한 관련이 없다"라는 사실이 밝혀졌다"(Aaron Earls, "Does Online Church Attendance 'Count'?" Lifeway Research, March 28, 2023을 보라. https://research.lifeway.com/2023/03/28/does-online-church-attendance-count).

36. W. Mark Lanier, *Atheism on Trial: A Lawyer Examines the Case for Unbelief* (Downers Grove, IL: InterVarsity, 2022), 59.

37. Nancy R. Pearcey, *Love Thy Body: Answering Hard Questions about Life and Sexuality*, rev. ed. (Grand Rapids: Baker, 2019), 256.

38. 마가복음 9:24을 보라.

39. Strobel, *Case for Faith*, 289.

40. Strobel, *Case for Faith*, 289.

41. H. H. Price, *Belief* (London: Allen & Unwin, 1969), 484. 이 책은 1960년 애버딘 대학에서 한 기포드 강의를 바탕으로 하고 있다.

42. "너희가 온 마음으로 나를 구하면 나를 찾을 것이요 나를 만나리라"(렘 29:13); "하나님〔은〕… 자기를 찾는 자들에게 상 주시는 이심〔이라〕"(히 11:6).

국제제자훈련원은 건강한 교회를 꿈꾸는 목회의 동반자로서 제자 삼는 사역을 중심으로
성경적 목회 모델을 제시함으로 세계 교회를 섬기는 전문 사역 기관입니다.

하나님의 시그니처

초판 1쇄 인쇄 2024년 6월 14일
초판 1쇄 발행 2024년 6월 21일

지은이 리 스트로벨
옮긴이 김애정

펴낸이 오정현
펴낸곳 국제제자훈련원
등록번호 제2013-000170호(2013년 9월 25일)
주소 서울시 서초구 효령로68길 98(서초동)
전화 02)3489-4300 **팩스** 02)3489-4329
이메일 dmipress@sarang.org

ISBN 978-89-5731-901-7   03230

※ 책값은 뒤표지에 있습니다. 잘못된 책은 구입하신 곳에서 교환해드립니다.